播音与主持艺术专业"十三五"规划教材

21世纪播音与主持艺术专业简明教材

播音主持
综合训练教程新编

战 迪 ◉ 主编
冀 鹏 刘思雨 穆 童 ◉ 副主编

BOYIN ZHUCHI ZONGHE
XUNLIAN JIAOCHENG
XINBIAN

中国传媒大学出版社
·北京

战 迪，1981年出生，吉林长春人，文学博士、传播学博士后。深圳大学传播学院副教授，博士后合作导师，深圳大学"荔园优青"培养对象。曾获深圳市哲学社会科学奖新人奖、中国电视文艺"星光奖"理论奖二等奖、中国电视剧"飞天奖"理论奖一等奖（政府奖）、中国高校影视学会"学会奖"二等奖。近五年来，先后在《文艺研究》《文艺争鸣》《现代传播》《新闻大学》《中国电视》等刊物发表论文60余篇，部分文章被《人大复印资料》全文转载。先后主持国家社科基金一般项目1项，省部级项目3项。主要研究领域为：视听传播、影视文化、语言传播与播音主持艺术。

目 录

绪　论　走进播音主持艺术大门 / 1

第一章　前提:学好普通话 / 5
第一节　普通话的概念详解 / 5
第二节　语音规范 / 7
第三节　发音简论 / 9
第四节　发声简论 / 60

第二章　基础:表达技巧与情感驾驭 / 79
第一节　播音创作基础 / 79
第二节　表达的内部技巧 / 81
第三节　表达的外部技巧 / 96

第三章　朗诵稿件的类型与案例分析 / 113
第一节　朗诵的基本概念与稿件选择 / 113
第二节　散文朗诵 / 116
第三节　诗歌朗诵 / 121
第四节　小说、故事播讲 / 124
第五节　朗诵稿件专项练习 / 129

第四章　新闻播音的表达规范与训练技巧 / 134
第一节　新闻播音概说 / 134
第二节　新闻播音创作规范 / 138
第三节　新闻播音技巧处理 / 153
第四节　新闻播音专题练习 / 159

第五章　即兴评述的表达方式与训练方案 / 176

第一节　即兴评述的前提：口语表达 / 176

第二节　即兴描述——客观真实的情景展示 / 180

第三节　即兴评论——个性鲜明的观点传播 / 188

第四节　即兴评述的分解训练 / 192

第五节　新闻评述专项训练与常见问题规避 / 216

后　记 / 224

绪 论

走进播音主持艺术大门

播音与主持艺术专业,是我国特有的艺术学科之一,它随着文化产业的迅猛发展应运而生,学科自身发展与人才培养模式随着中国历史进程、社会文化变迁不断推进。

播音与主持艺术专业原名为播音专业,教育部在1998年颁布的《普通高等学校本科专业目录》中将本专业更名为"播音与主持艺术"专业,并将其定位为艺术类专业。2012年,教育部颁布的《普通高等教育本科专业目录(2012年)》中新增五个艺术学门类一级学科,这其中包含戏剧与影视学,播音与主持艺术专业为戏剧与影视学下的33个专业之一。

20世纪60年代,北京广播学院播音专业筹建,这便是无数播音主持专业艺考生神往的中国传媒大学播音主持艺术学院前身。随着时代发展,播音与主持艺术专业不断发展壮大起来,并以培养专门从事播音主持活动方面的语言艺术人才为基础,现今延伸至包含人才的文化、艺术以及美学层次的综合教育培养,愈发成为中国艺术专业门类中的热门选择。

中国播音界泰斗、原中国传媒大学播音主持艺术学院院长张颂先生在著作《中国播音学》中说:"播音是一项特殊的言语活动,具有言语传播的性质;播音是一项新闻实践活动,具有新闻性;播音是一项艺术创作活动,具有某些艺术属性。"因而,播音与主持艺术专业,是以新闻性为根本属性,以艺术性为重要属性的,而播音员主持人是新闻工作者,是党和政府的喉舌,是媒体平台有声语言的创作者。

据有关部门不完全统计,我国设置播音与主持艺术相关专业的高校已达160余所。这其中有中国传媒大学、浙江传媒学院、天津师范大学等以播音主持为传统王牌专业的高校,亦不乏吉林大学、武汉大学、湖南大学、华东师范大学等全国一流大学。时代变迁,媒介更迭。当今媒介融合又进入崭新阶段,播音与主持艺术专业的学科发展与人才培养具有更强的专业性与针对性。不少高校结合学生特点与社会岗位需求,将学生分为新闻播音、综艺主持、双语播音、影视配音、采编播一体化等不同方向，还有一些高校在招生时就进行了这项工作。

2018年，教育部公示了全国高校新增艺术类专业名单，共有13所高校将增设播音与主持艺术专业。北京电影学院、北京体育大学两所分别以影视、体育专业见长的高校出现在名单之中，格外引人关注。两所高校新增设的播音与主持专业对于人才培养的方向不同，北京电影学院结合近年来视听新媒体发展需求，将着重培养互联网节目主持方向的复合型人才；而北京体育大学则依托自身中外体育名校的优势，重点打造体育解说与评论方面的人才。这些变化，无一不显示出如今开设播音与主持专业的院校为适应媒介新时代潮流，不仅对学生的文化基础、艺术修养等方面进行全方位培养，还要重点打造专业型人才。

我国人民广播事业的第一位男播音员、新中国广播事业奠基人之一齐越先生曾在《寄语青年播音员》一书中这样写道："播音是一种具有独立性的语言艺术创作。在向其他语言艺术学习的时候，我们要吸取那些对我们有益的东西，融会于我们的创作中，使播音发展成为更具有特点、更具有独立风格的语言艺术。"他山之石，可以攻玉。播音与主持艺术专业就是这样集众多姊妹专业所长，而成为一门独立学科的。它既有哲学、文学、新闻学、传播学、语言学等诸多学科的基础，亦有戏剧、音乐等其他艺术专业的经验，跨学科间的交叉知识给播音与主持艺术专业以充分滋养。在播音主持岗位上，除了播音与主持专业的毕业生外，也有许多相关专业的人才。齐越先生毕业于西北大学新闻系，老一辈播音员夏青先生毕业于东北大学中文系。如今，家喻户晓的主持人白岩松毕业于北京广播学院（现中国传媒大学）新闻系，撒贝宁毕业于北京大学法学系，等等。这样的例子不在少数，播音与主持艺术专业也正基于此，才具有其特有的大众性。

播音主持的前辈们具有深厚的文化底蕴，通过不断地播音主持实践熟悉掌握播音创作规律。播音与主持艺术专业的培养，正是将一代又一代播音员主持人艰苦摸索出的播音主持规律，教授给即将从事这一行业的后辈，从而有效地避免刚入门的学生走弯路、走错路、走回头路。这便是播音与主持艺术专业教育存在的目的与意义。

纵观播音与主持专业繁荣发展的几十年，每年的毕业生，除了成为传统媒体的节目播音员主持人外，节目导演、出镜记者等亦不乏播音主持专业背景的人才。长期的专业训练令播音主持专业的学生具备了较强的语言表达能力、逻辑思维能力、公共社交能力等，这使得毕业生在企事业单位中从事形象宣传、对外联络与沟通、活动策划与排演、部门管理与组织等重要工作显得游刃有余。值得关注的是，媒体融合正以昂扬的姿态大步迈进，国内知名的视频网站利用互联网理念制作独播视频节目，吸引了不少播音与主持专业人才的加入；而湖南卫视等传统媒体为先，各大卫视、地方媒体也在向互联网靠拢，自办视频网站，向新媒体发起进军。各地广播电视媒体正转变固有的传播思路,加快融媒体改革的步伐,再有自媒体的兴起与狂热,未来的媒体态势必定为播音主持专业的人才提供更加广阔的就业平台。

播音与主持艺术专业学生的基本素质和专业能力,着重体现在三个方面。第一,规范的普通话语音与清晰的语言表达能力。播音与主持艺术专业学生的普通话语音面貌应当标准、规范。清晰的语言表达能力主要是考查学生的发音器官是否健康、完善,是否具备成为播音员主持人的硬件条件。此外,声音条件、吐字归音等也是考核的内容之一。第二,较好的语言感受能力与较敏锐的应变能力。学生应透过稿件文字去领悟其背后更深层的意味,运用有声语言表达时能做到有感而发、声随情动,具有一定的语言感染力;在短时间内迅速理解稿件文字,迅速组织语言、在脑海中形成语言表达框架,轻松自如地进行表达。有时,学生还需要具备迅速组稿、快速记忆的能力等。第三,良好的外形综合条件和基础文化素质。播音与主持艺术专业的学生,尤其是以后要成为电视主持人的,对其形象、气质等要求都会较高。

文艺作品朗诵、新闻播报、即兴口语评述等成为播音主持专业基础训练的核心。

朗诵一般以文学作品为主。学生朗诵文学作品对语音的准确度、吐字的清晰度、音色的表现力有非常直观的展现。这需要学生对文学作品有较强的理解力和感受力,能理解文字所提供的内容,丰富而具体地想象和联想。除此之外,还要求学生的有声语言表达基调符合稿件内容,叙事拿捏得清晰准确,语言状态自然真挚、感情充沛,音色变化依据稿件而丰富,具有一定的吸引力。

新闻播报是播音与主持专业学生的必备技能。首先,学生应具有一定的新闻从业者和党的宣传员的基本素质,具有一定的把控新闻稿件的能力,遵循新闻稿件的内容,符合尊重于事实和传播于受众的原则,强烈的播讲愿望、积极的播讲状态,完成形之于声、及于受众的播报过程。其次,学生应能在较短时间内基本准确地把握新闻事实,将新闻事实叙述清楚、基调确定准确无误、节奏把握恰到好处。在播报过程中,具有新鲜感和对象感。最后,学生还应掌握新闻播报的特有语言方式,这对学生的语音规范、字正腔圆等方面提出了更高的要求。

即兴评述主要考查学生评论热点话题、热点事件的能力,也是新闻工作者的基本技能。这要求学生具有一定的话题讲述技巧,根据题目能较为迅速、有条理地在大脑中组织语言,恰当地进行话题的切入、转换、延伸等,做到观点鲜明、结构清晰、言之有物、目的明确。在评述中,学生还应当巧妙地运用有声语言技巧,语音规范清晰,声音朴实大方,传达出自己的态度。

播音与主持专业的学习是一个长期的过程。扎实的播音主持基本功是学习本专业的第一步也是关键一环,而后文艺作品演播、新闻话题评述以及节目主持才能够有的放矢,锦上添花。本书为刚刚了解播音与主持艺术专业的初学者们,按照科学系统的学习方法编纂了此书,希望每一位学生,从基本功的训练出发,一步一个脚印，逐渐适应本专业的培养方式，取得收获与进步。

　　播音主持专业，旨在培养学生感受美、表现美、鉴赏美、创造美的能力，促进学生的全面发展和健康成长。一段时间以来，我国教育部门越来越重视学生艺术教育的普及与艺术类学科的发展，在专业建设、师资配备以及招生政策中予以倾斜。相信未来，播音与主持艺术专业在媒介融合的大潮中，必将顺应变革，呈现更丰富、专业的学科建设，培养出更具文化素养和专业能力的优秀专业人才。

第一章

前提：学好普通话

第一节　普通话的概念详解

一、普通话的概念

普通话是以北京语音为标准音，以北方方言为基础方言，以典型的现代白话文为语法规范的现代汉民族共同语。普通话是我国各民族的共同语，也是我国人民进行国际交流的官方语言。

普通话的定义从语音、词汇、语法三个方面对普通话的内涵进行阐述。普通话的语音标准是指"以北京语音为标准音"，但这其中并不包含北京话中的土音、土语成分，而且轻声、儿化音特别多，比如：北京话中"暂时"的"暂"读成上声 zǎn，而普通话中"暂"是读成 zàn；又如普通话中从小特别好的朋友是"发小"，北京话则读成"发小儿（fà xiǎor）"等，我们在学习的时候要仔细辨别这些区别。

普通话的词汇标准以北方话为基础，是北方话中具有广泛性、典型性的普遍词汇。因为词汇之间的流通性、地方性很强，并且相互渗透，所以它不能局限于一个地方的方言。

普通话的语法标准是"以典范的现代白话文为语法规范"。典范的白话文著作是指具有代表性、在命词遣意行文方面可称楷模的作品。这种语法标准规范包括现代优秀作家、理论家的优秀作品等，但必须舍弃一些不健康的古语和方言词汇，这也是语法规范标准的一条原则。从语法规范的角度分析，方言和普通话有很大差异。在语序、词序方面，以粤方言为例，普通话说"为什么"，粤方言则是"点解"；普通话说"要紧"，粤方言则是"紧要"；普通话说"夜宵"，粤方言则是"宵夜"。因此学好、运用好普通话，除了要掌握词汇用法和语音系统之外,还需要从语法规范的角度来记忆和运用。

二、普通话的语音特点

第一,语音系统简单,音节结构形式较少,有21个声母,39个韵母,声韵相拼成400多个音节。

第二,轻声母较多,发音明快、清晰;元音占多数,音节响亮、悦耳。

第三,声调系统简单,阴、阳、上、去4个调值,其中高音成分多,变化明显,使整个语言系统听起来清脆高扬,声调的抑扬顿挫的变化,使得普通话具有了音乐色彩。

第四,音节之间间隔分明,语音富有节奏感。

第五,语流音变中,词语双音节较多,轻重格式、轻声、儿化的使用,使有声语言表达更加具体准确、富有韵律。

三、播音员主持人学习普通话的意义

第一,我国语言政策的要求。

我国是个多民族国家。为了促进经济、文化、教育等领域的交流与发展,党和政府历来十分重视语言的规范化问题,把推广普通话作为我国长期的重要的语言政策。国家相继出台了一系列法律:

《中华人民共和国宪法》第十九条规定:国家推广全国通用的普通话。

《中华人民共和国广播电视管理条例》第三十六条规定:广播电台、电视台应当使用规范的语言文字。官博电台、电视台应当推广全国通用的普通话。

国家语言文字工作委员会、国家教育委员会、广播电影电视部联合颁发的[国语(1994)43号]文件《关于开展普通话水平测试工作的决定》规定:县级以上(含县级)广播电台和电视台的播音员、主持人应达到一级水平。

2000年10月31号,第九届全国人民大会常务委员会第十八次会议通过的《中华人民共和国国家通用语言文字法》第十九条规定:凡以普通话作为工作语言的岗位,其工作人员应当具备说普通话的能力。以普通话作为工作语言的播音员、节目主持人和影视话剧演员、教师、国家机关工作人员的普通话水平,应当分别达到国家规定的标准;对尚未达到国家规定的普通话的标准的,分情况进行培训。第二十四条规定:国务院语言文字工作部门颁布《普通话水平测试等级标准》。

第二,播音主持工作岗位的要求。

播音、节目主持是特殊的言语活动。它既有言语传播的性质,又是一项新闻实践活动。播音工作明确规定播音员是党的新闻工作者。播音员、节目主持人要把国内外形势的发展变化和人民群众的思想准确及时地、高效率高质量地形之于声,及于受众,使丰富的思想感情与完善的语言技巧在话筒前尽可能统一,准确、鲜明、生动地表达节目的精神实质,发挥广播电视教育和鼓舞广大人民群众的作用。在播音和主持过程中语言必须规范,其语音、语法、修辞等都必须严格遵守普通话所规定的标准。把不标准、不规范的语音当作自己的个性、特色充斥在播音、主持中,把貌似"生活化""自然亲切"的语言掺入播音、主持中的自然主义随意性倾向,是极其错误和不严肃的。

播音不仅是一项新闻工作,同时也是艺术语言表达的再创作过程。作为艺术语言,它就有了更高的要求。首先是语音要纯正。纯正主要指发音吐字要在现代汉语普通话语音要求的基础上,不但发音部位准确,还要充分利用共鸣器官把字音发得圆润、集中、饱满,符合美的要求。只有熟练掌握了普通话才能在语言表达过程中语句流畅,充分体现出普通话语音本身所蕴含的韵律美,能够声随情动,准确地表达出稿件所蕴含的思想内容,给受众以美的享受,达到教育人、感染人的目的。

第三,播音员、主持人承担着推广普通话的责任。

播音、主持是广播电视传播过程中最重要的一个环节。播音员、主持人每天向听众、观众传播党的政策和社会信息,就像是每天向听众、观众做普通话学习的口头示范。广大受众在有意或无意中受到播音、主持语言的感染,在客观上播音员、主持人就起了推广普通话的作用。为了承担推广和教学普通话的任务,不对听众、观众进行错误的诱导,播音员、主持人自身必须加强语言修养,用准确、鲜明、优美、生动的语言为广大人民群众服务。

第二节　语音规范

一、音节

因为一个汉字就是一个音节,所以音节是语音的基本构成单位,也是最容易辨别的语音单位。如:"人们"是两个汉字,就是两个音节;"花团锦簇"是四个汉字,就是四个音节。

二、音素、元音、辅音

音素,是构成语音的最小单位。一个音节可以由一个音素构成,也可以由两个或两个以上的音素构成。如:"啊"字是由一个音素"a"构成的;"普"字是由两个音素"p"

和"u"构成的;"话"字是由三个音素"h""u""a"构成的;"闯"字是由四个音素"ch""u""a""ng"构成的。

音素又可以分为元音和辅音两大类。

元音:发音时,气流在发音的过程中没有受到明显阻碍,呼出的气流相对较弱,发音器官均衡紧张,声带颤动,声音响亮,是乐音。

辅音:发音时,气流在口腔中受到明显阻碍,呼出气流相对较强,形成阻碍部分的肌肉紧张,声带不颤动,声音不响亮,不是乐音。

三、声母、韵母、声调

按照汉语语音学的传统分析方法,可将一个音节划分为声、韵、调三个部分,即声母、韵母和声调。

声母,是指一个音节开头的部分,由除 ng 之外的 21 个辅音音素充当。但在拼写过程中也不难发现,还有一些特殊音节的声母是缺失的,如:安(ān)、熬(áo)、爱(ài)等。因此,这些声母缺失的音节被称为"零声母"音节。

韵母,是指一个音节中声母后面的部分,共有 39 个。按结构可划分为单韵母、复韵母和鼻韵母三种。按韵母开头元音发音时的口型又可划分为开口呼、齐齿呼、合口呼和撮口呼四类。

按照汉语拼音方案的规定,在拼写韵母时,如以 i、u、ü 为开头的韵母前没有声母,即以 i、u、ü 开头的零声母音节在拼写时,为了避免音节界限的混淆,要使用隔音字母 y 和 w,如:盐(yán)、悟(wù)、缘(yuán)等。

声调,是指汉语音节所固有的,可以区别意义的声音高低和升降。因为它是区别音节的基本要素,所以声调又叫作字调。如:一(yī)、姨(yí)、椅(yǐ)、意(yì)。在汉语中,声调起着区别字义的作用。

四、学习普通话的方法

普通话语音的学习包括发音和正音两大部分。

(一)发音

发音指的是用拼音拼写出的字、词,能准确地念出。发音准确是语音学习最基本的要求。而现实情况是,很多同学对发音的训练,只停留在机械的发音器官锻炼上,尽管长期坚持训练,语音面貌的进步却不大。问题究竟出在哪里呢?究其原因,这是由于对发音的认识有偏差而造成的。发音准确,除了与发音器官的灵活度和控制力有关外,还与耳朵听音、辨音的能力有很大关系。也就是说,训练普通话不仅要关注发音器官,更要关注耳朵的听音、辨音能力。熟悉声乐训练的朋友一定听过这样的说法,即"听得准才能唱得准",而这种说法借用到普通话语音的训练过程中也是同样成立的,即"听得准才能说得准"。因此,学习普通话,首先要从提高耳朵对语音的分辨能力开始,同时结合发音器官的训练,以达到"心中有标准,耳中有音准,嘴上能说准"的要求,并在此基础上反复练习、巩固,直到完全熟练掌握。

(二)正音

正音是指掌握汉字、词语的普通话标准读音,纠正受方言影响而产生的偏离普通话的语音习惯,这属于一种记忆能力的训练。其实,方言语音同普通话语音的差异并不是毫无规律的,在通过学习与听辨了解了它们之间的对应规律后,就不必一个字一个字地死记,而可以一批一批地去记了。然后在正音的基础上,通过大量朗读、会话的练习,逐步将标准普通话读音运用到实际的口语传播过程中。

总而言之,普通话的学习,应该是一个由听到说再到记的过程。只要在学习的过程中逐步提高听音辨音能力、强化发音控制能力,找到普通话和方言的对应关系并加强相关字词的记忆,坚持不懈,就一定能够练就标准、动听、优雅、自信的普通话。

第三节 发音简论

一、声母

(一)什么是声母

声母是指音节开头的部分,共有 21 个,分别是 b、p、m、f、d、t、n、l、g、k、h、j、q、x、zh、ch、sh、r、z、c、s。还有部分没有声母的音节,叫作"零声母音节"。例如:"安全"的"安",拼音作"an",这就是零声母音节。

需要提示的是,声母是由辅音充当的,但并不是所有的辅音都是声母。辅音共有 22 个,除了 21 个辅音声母外,余下的辅音 ng 只能充当韵母的韵尾部分。

(二)声母的分类

1.按照发音部位划分

发音部位是指辅音声母发音时,口腔中接触或者接近并对气流形成阻碍的地方。

对发音部位的准确把握,应建立在准确把握人的咬字器官的基础上。

人的咬字器官包括上唇、下唇、上齿、下齿、齿、硬腭、软腭、小舌、舌尖、舌面和舌根,如图 1-1 所示。

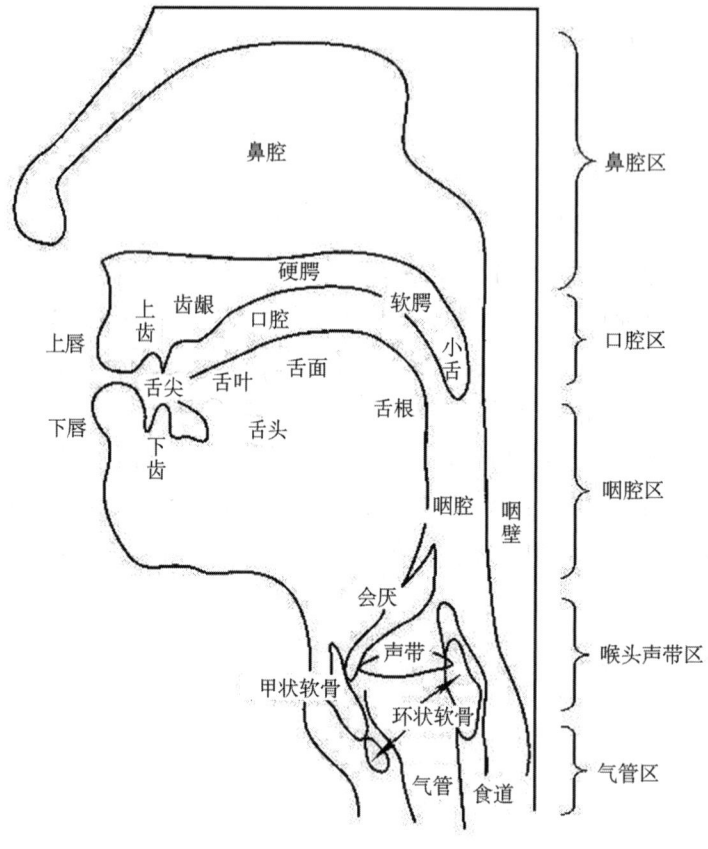

图 1-1　咬字器官图

通过对咬字器官在发音时协同配合的各部位进行分析,将辅音声母按发音部位划分为以下几类,如图 1-2 所示。

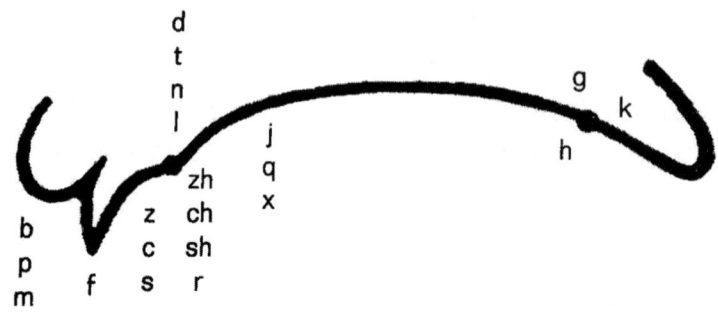

图 1-2　辅音声母发音部位图

双唇阻：b、p、m

唇齿阻：f

舌尖前阻：z、c、s

舌尖中阻：d、t、n、l

舌尖后阻：zh、ch、sh、r

舌面阻：j、q、x

舌根阻：g、k、h

2.按照发音方法划分

发音方法是指辅音发音时，气流克服阻碍的方式。普通话中21个辅音声母的发音方法可分为5种，分别是：塞音、擦音、塞擦音、鼻音和边音。

塞音：成阻部位完全闭塞。软腭上升，关闭鼻腔通路。气流通过口腔时冲破阻碍，爆破成音。塞音共有6个：b、p、d、t、g、k。

擦音：成阻部位接近，留下狭窄缝隙。软腭上升，关闭鼻腔通路。气流经成阻部位的窄缝挤出，摩擦成音。擦音共有6个：f、h、x、s、sh、r。

塞擦音：成阻部位完全闭塞。软腭上升，关闭鼻腔通路。气流经过成阻部位时，先突破阻碍，形成一条狭窄缝隙，接着气流从窄缝中挤出，摩擦成音。塞擦音的发音要分两步，即：先爆破、后摩擦，二者须紧密结合。塞擦音共有6个：j、q、zh、ch、z、c。

鼻音：成阻部位完全闭塞。软腭下降，鼻腔通路打开，气流直接从鼻腔流出。鼻音有2个：m、n。

边音：成阻部位接触，舌翼两侧留有空隙。软腭上升，关闭鼻腔通路。气流从舌翼两边流出，边音只有1个：l。

3.按照送气与否划分

送气音，即发音时呼出气流相对较强，包括：p、t、k、c、ch、q。

不送气音，并不是不出气，而是发音时呼出的气流相对较弱，包括：b、d、g、j、z、zh。

值得注意的是，所谓送气与不送气是相对而言。除了所列举的这两类音外，其他音的送气量均衡。

4.按照清浊与否划分

清音与浊音是针对辅音声母发音时声带是否颤动而言的。

清音，气流呼出时，声带不颤动，发出声音不响亮，包括：b、p、f、d、t、g、k、h、j、q、x、zh、ch、sh、z、c、s。

浊音，气流呼出时，声带颤动，发出声音比较响亮，包括：m、n、l、r。

5.声母的发音过程及发音原则

声母的发音过程是指声母发音时，发音器官形成阻碍，气流到达口腔后克服阻碍并完成发音的过程,包括成阻、持阻和除阻三个阶段。

成阻——形成阻碍。发音器官某部分由静止状态到形成阻碍的发音状态,即发音部位开始接触或者接近,要求部位准确。

持阻——持续阻碍。发音器官保持紧张状态,气流持续受阻。这是正确发音状态的一种延续,要求有控制,强而有力。

除阻——解除阻碍,发出声音。除阻时,要干脆利落,弹吐有力,才能带动后面的韵母响亮清晰。

这三个阶段概括起来,就是声母的发音原则,即:成阻准、持阻强、除阻快,成吸气状态。

(三)声母的作用

1.区别意义

如果两个音节韵母和声调都相同但声母不同,字义就不同。发不准普通话的声母就有可能造成字义混淆,影响传播与交际效果。

2.区别音节的清晰度

声母的发音短促有力,能在音节开头有效地带动整个音节的发音。所以干脆利落地发好声母,能使普通话语流中的音节界限区别明显,字音清晰可辨。

3.增强音节力度和亮度

声母发音时蓄气充足、弹射有力,并与韵头迅速结合,能使整个音节的力度和亮度显著增强。

(四)声母的发音

1.双唇阻:b、p、m

(1)发音部位:上下唇中部。

(2)发音要领

b:双唇不送气清塞音

双唇闭合,软腭上抬,关闭鼻腔通道;气流到达双唇后蓄气并且产生压力后,蓄积在口腔中的气流突然打开双唇爆破成音。声带不颤动。

p:双唇送气清塞音

成阻和持阻阶段与 b 相同。除阻时,声门(即声带开合处)打开,从肺部呼出气流成声,这个过程俗称"送气"。让发音的后半段为一个独立的"送气段"。声带不颤动。

m:双唇浊鼻音

发音时上唇、下唇闭紧,软腭下降,关闭口腔通道,打开鼻腔通道,气流振动声带,并从鼻腔冲出成声。

(3)练习材料

【词语练习】

b：奔波、摆布、宝贝、包办、标兵、白布、辨别、卑鄙、白板、帮补、包底、辨别

p：偏旁、偏僻、批评、匹配、拼盘、澎湃、乒乓、铺平、攀爬、品牌、平铺、拍片

m：妈妈、面膜、密码、买卖、迷茫、命名、麻木、明明、埋没、谩骂、眉目、美貌

【绕口令练习】

八百标兵　　b、p

八百标兵奔北坡，炮兵并排北边跑。

炮兵怕把标兵碰，标兵怕碰炮兵炮。

白石园里有座白石塔　　b

白石园里有座白石塔，白石塔旁开朵白莲花。

白莲花映着白石塔，白石塔衬着白莲花。

白石塔，白莲花，人人都说美极啦！

炮兵和步兵　　b、p、m

炮兵攻打八面坡，炮兵排排炮弹齐发射。

步兵逼近八面坡，歼敌八千八百八十多。

白庙和白猫　　b、m

白庙外蹲一只白猫，白庙里有一顶白帽。

白庙外的白猫看见了白帽，叼着白庙里的白帽跑出了白庙。

拔萝卜　　b

初八十八二十八，八个小孩儿把萝卜拔。

你也拔，我也拔，看谁拔得多，看谁拔得大。

你拔得不多个儿不小，我拔得不少个儿不大。

一个萝卜一个坑，算算多少用车拉。

白伯伯和彭伯伯　　b、p、m

白伯伯，彭伯伯，饽饽铺里买饽饽。

白伯伯买的饽饽大，彭伯伯买的大饽饽。

白伯伯,彭伯伯,拿到家里给婆婆。
　　婆婆就去比饽饽,比来比去差不多。
　　分不出是白伯伯买的饽饽大,
　　还是彭伯伯买的大饽饽。

　2.唇齿阻:f

　（1）发音部位:上齿与下唇内缘。

　（2）发音要领

　f:唇齿清擦音

　发音时下唇略内收,靠近上齿,形成一条窄缝,软腭上升,关闭鼻腔通道,声带不振动,气流从唇齿音的窄缝中挤出,摩擦成声。

　（3）练习材料

【词语练习】

　f:方法、肺腑、丰富、非凡、奋发、芬芳、反复、仿佛、付费、犯法、风帆、放风

【绕口令练习】

丰丰和芳芳　　f

　　丰丰和芳芳,上街买混纺。
　　红混纺,粉混纺,黄混纺,灰混纺。
　　红花混纺做裙子,粉花混纺做衣裳。
　　穿上衣裳多漂亮,丰丰和芳芳乐得喜洋洋。

凤凰树开凤凰花　　f

　　凤凰树开凤凰花,凤凰花引来火凤凰,
　　火凤凰是红凤凰,凤凰花是粉凤凰。
　　红凤凰爱粉凤凰。

　3.舌尖前阻:z、c、s

　（1）发音部位:舌尖与上齿背

　（2）发音要领

　z:舌尖前、不送气、清、塞擦音

　发音时舌尖轻轻抵住上齿背,软腭上升,关闭鼻腔通道,声带不振动,气流较弱,首先冲开一条窄缝,然后再从窄缝中挤出,摩擦成声。

　c:舌尖前、送气、清、塞擦音

　发音时舌尖轻轻抵住上齿背,软腭上升,关闭鼻腔通道,声带不振动,气流较强,首

先冲开一条窄缝,然后再从窄缝中挤出,摩擦成声。

s:舌尖前、清、擦音

发音时舌尖接近上齿背,形成一条窄缝,软腭上升,关闭鼻腔通道,声带不振动,气流从窄缝中挤出,摩擦成声。

(3)练习材料

【词语练习】

z:祖宗、总则、藏族、自在、总在、曾祖、造作、罪责、自尊、枣子、最早、啧啧

c:层次、苍翠、催促、草丛、粗糙、参差、猜测、措辞、匆匆、璀璨、此次、层次

s:色素、洒洒、四散、搜索、三思、琐碎、思索、诉讼、松散、四岁、速算、瑟缩

【绕口令练习】

做早操　z、c

早晨早早起,早起做早操。

人人做早操,做操身体好。

紫茄子　z

紫紫茄子,紫茄子紫。

紫茄子结籽,紫茄子皮紫肉不紫。

紫紫茄子结籽,紫紫茄子皮紫籽也紫。

你喜欢吃皮紫肉不紫的紫茄子,

还是喜欢吃紫皮紫籽的紫紫茄子。

二人山前来比腿　c

山前有个崔粗腿,山后有个崔腿粗,

二人山前来比腿。不知是崔腿粗比崔粗腿的腿粗,

还是崔粗腿比崔腿粗的腿粗。

子词丝　z、s

四十四个字和词,组成一首子词丝的绕口词。

桃子李子梨子栗子橘子柿子槟子和榛子,栽满院子村子和寨子。

刀子斧子锯子凿子锤子刨子尺子,做出桌子椅子和箱子。

名词动词数词量词代词副词助词连词,成语词诗词和唱词。

蚕丝生丝熟丝缫丝染丝晒丝纺丝织丝,自制粗丝细丝人造丝。

三哥、三嫂与酸枣子　z、s

三哥三嫂子,借给我三斗三升酸枣子,

等我明年收了酸枣子,就如数还给三哥三嫂这三斗三升酸枣子。

桑树与枣树　z、c、s

操场前面有三十三棵桑树,

操场后面有四十四棵枣树。

张三把三十三棵桑树认作枣树,

赵四把四十四棵枣树认作桑树。

4.舌尖中阻:d、t、n、l

(1)发音部位:舌尖与上齿龈。

(2)发音要领

d:舌尖中不送气清塞音

发音时舌尖抵住上齿龈,形成阻碍、软腭上升,关闭鼻腔通道,声带不振动,气流较弱,一下冲破阻碍,爆发成声。

t:舌尖中送气清塞音

发音时舌尖抵住上齿龈,形成阻碍、软腭上升,关闭鼻腔通道,声带不振动,气流较强,一下冲破阻碍,爆发成声。

n:舌尖中浊鼻音

发音时舌尖抵住上齿龈,软腭下降,关闭口腔通道,打开鼻腔通道,气流振动声带,并从鼻腔冲出成声。

l:舌尖中浊边音

发音时舌尖抵住上齿龈(略后),舌头两侧要有空隙,软腭上升,关闭鼻腔通道,气流振动声带,并经舌头两边从口腔冲出成声。

(3)练习材料

【词语练习】

d:电灯、丢掉、地道、督导、短刀、当代、导弹、大地、单调、道德、等待、奠定、打盹

t:团体、铁塔、天堂、探讨、吞吐、体态、逃脱、天天、头疼、淘汰、忐忑、体贴、滩涂

n:奶奶、那年、娘娘、暖男、拿捏、牛奶、南宁、男女、恼怒、农奴、泥泞、能耐、袅娜

l:力量、姥姥、浏览、榴梿、玲珑、来临、理论、流利、嘹亮、老练、轮流、连累、拉拢

【绕口令练习】

打特盗　d、t

调到敌岛打特盗,
特盗太叼投短刀,
挡推顶打短刀掉,
踏盗得刀盗打倒。

炖冻豆腐　d、l

你会炖我的冻豆腐,就来炖我的冻豆腐,你不会炖我的冻豆腐,别胡炖乱炖炖坏了我的冻豆腐。

男旅客女旅客　n、l

男旅客穿着蓝上装,女旅客穿着呢大衣,男旅客扶着拎篮子的老大娘,女旅客搀着拿笼子的小男孩儿。门口有四辆车,你爱拉哪两辆就拉哪两辆。

老龙和老农　n、l

老龙恼怒闹老农,老农恼怒闹老龙。
农恼龙怒农更恼,龙恼农怒龙怕农。

牛郎恋刘娘　n、l

牛郎恋刘娘,刘娘念牛郎。牛郎年年恋刘娘,刘娘年年念牛郎。郎恋娘来娘念郎。

5.舌尖后阻:zh、ch、sh、r

(1)发音部位:舌尖与上齿龈后或硬腭前。

(2)发音要领

zh:舌尖后不送气清塞擦音

发音时舌尖上翘,抵住硬腭前部,软腭上升,关闭鼻腔通道,声带不振动,气流较弱,首先将阻碍冲开一条窄缝,然后经窄缝摩擦成声。

ch:舌尖后不送气清塞擦音

发音时舌尖上翘,抵住硬腭前部,软腭上升,关闭鼻腔通道,声带不振动,气流较强,首先将阻碍冲开一条窄缝,然后经窄缝摩擦成声。

sh:舌尖后清擦音

发音时舌尖上翘,接近硬腭前部,形成窄缝,软腭上升,关闭鼻腔通道,声带不振动,气流从窄缝中挤出,摩擦成声。

r:舌尖后浊擦音

发音时舌尖上翘,接近硬腭前部,形成窄缝,软腭上升,关闭鼻腔通道,声带振动,气流从窄缝中挤出,摩擦成声。

(3)练习材料

【词语练习】

zh:正直、扎针、寨主、抓住、纸质、中专、茁壮、政治、招展、主张、住宅、辗转、庄重

ch:车床、长城、穿插、超出、拆除、长春、传承、驰骋、出产、出差、充斥、超产、戳穿

sh:身世、硕士、实施、收拾、时尚、上市、山水、生疏、上升、事实、施舍、舒适、述说

r:柔软、仍然、人人、软弱、嚷嚷、冉冉、忍让、荏苒、容忍、如若、柔韧、扰攘、融入

【绕口令练习】

晒白菜　ch、sh

大柴和小柴,帮助爷爷晒白菜。大柴晒的是大白菜,小柴晒的是小白菜。大柴晒了四十四斤四两大白菜,小柴晒了三十三斤三两小白菜。大柴和小柴,共晒了七十七斤七两大大小小的白菜。

学时事　zh、ch、sh

史老师,讲时事,常学时事长知识。时事学习看报纸,报纸登的是时事。常看报纸要多思,心里装着天下事。

朱叔锄竹笋　zh、ch、sh

朱家一株竹,竹笋初长出。朱叔处处锄,锄出笋来煮。锄完不再出,朱叔没笋煮,竹株又干枯。

6.舌面音:j、q、x

(1)发音部位:舌面前部抬起和硬腭前部构成阻碍,舌尖自然悬垂在下齿背。

(2)发音方式

j:舌面不送气清塞擦音

舌尖自然悬垂在下齿背,舌面前部抵住硬腭前部,软腭上升,关闭鼻腔通道。声带不振动,较弱的气流冲开一条窄缝,摩擦成声。

q:舌面送气清塞擦音

成阻除阻阶段与j相同。不同的是除阻时,舌面前部与硬腭前部分离有空隙时,呼出较强气流成声。

x:舌面清塞擦音

舌尖自然下垂,舌面两侧边缘和两侧上腭接触,舌面前部接近硬腭而形成适度的间隙,声带不震动,呼出较强气息。

(3)练习材料

【词语练习】

j:阶级、坚决、经济、交际、积极、简洁

q:亲戚、崎岖、确切、蜷曲、强权、请求

x:虚心、学习、形象、相信、新鲜、闲暇

j—x:家乡、教训、觉醒

q—j:浅近、巧计、勤俭

q—x:谦虚、倾向、情形

x—j:胸襟、夏季、喜剧

x—q:吸取、向前、先驱

【绕口令练习】

漆匠和锡匠　　j、q

东边来了个漆匠卖漆,西边来了个锡匠卖锡,漆匠说锡匠偷了他的漆,锡匠说漆匠偷了他的锡,倒不知是锡匠偷了漆匠的漆,还是漆匠偷了锡匠的锡。

小芹和小青　　j、q、x

小芹手脚灵,轻手擒蜻蜓,

小青人精明,天天学钢琴。

擒蜻蜓,趁天晴,小芹晴天擒住大蜻蜓。

学钢琴,趁年轻,小青精益求精练本领。

你想学小芹,还是学小青?

巧巧和小小　　j、q、x

巧巧过桥找嫂嫂,小小过桥找姥姥,

巧巧桥上碰着小小,小小桥上碰着巧巧,

巧巧约小小去找嫂嫂,小小约巧巧找姥姥,

小小与巧巧,同去找姥姥,找罢姥姥又去找嫂嫂。

7.舌根音:g、k、h

(1)发音部位:舌根后缩上抬与软腭接触或接近。

(2)发音要领

g：舌根不送气清塞音

软腭上升，舌根抬起抵住软腭，气流因通路被完全封闭而蓄积在咽腔与口腔后部。舌根下降，脱离软腭，气流迸发而出，爆发成声，声带不振动。

k：舌根送气清塞音

成阻与持阻部位和发音方式与 g 相同，只是发 k 除阻时，冲出的气流比发 g 时要强。g 是舌根不送气清塞音，k 是舌根送气清塞音。

h：舌根清擦音

软腭上升，挡住气流的鼻腔通路，舌根隆起，与软腭之间形成一条窄缝，气流从窄缝中泄出，摩擦成声。声带不振动。

(3)练习材料

【词语练习】

g：哥哥、广告、公共、改革、刚刚、规格、姑姑、杠杆、尴尬、巩固、骨干、改革

k：看看、开课、旷课、刻苦、坎坷、可控、慷慨、亏空、苛刻、困苦、宽阔、开垦

h：哈哈、换号、画画、辉煌、后悔、黄河、豪华、混合、火花、互换、皇后、呼唤

【绕口令练习】

花和瓜　g、h

瓜藤开花像喇叭，娃娃爱花不去掐。
瓜藤开花瓜花结花，没花就没瓜。
吃瓜要爱花，娃娃爱花也爱瓜。

顾老五　g

有个老头本姓顾，人们叫他顾老五，顾老五上街买布又打醋，回来碰见鹰叼兔，兔子绊倒了顾老五，碰掉了他的布，打翻了他的醋，这事儿活活地气坏了顾老五。

华华和红红　h

华华有两朵黄花，红红有两朵红花。
华华要红花，红红要黄花。
华华送给红红一朵黄花，
红红送给华华一朵红花。

哥挎瓜筐过宽沟　　g、k

哥挎瓜筐过宽沟,赶快过沟看怪狗,
光看怪狗瓜筐扣,瓜滚筐空哥怪狗。

二、韵母

(一)什么是韵母

韵母是汉字音节结构中声母后面的部分,是字音圆润响亮的关键。韵母一共有39个,其中单韵母有10个,复韵母有13个,鼻韵母有16个。

(二)韵母的结构

韵母由韵头、韵腹、韵尾三部分构成。

韵头是韵母中韵腹前面的元音,由于它介于主要元音与声母之间,所以又被称为"介音",由i、u、ü充当;韵腹由口腔开度最大、最响亮的元音充当,又为主要元音;韵尾是韵母中韵腹后面的部分,又叫作尾音,由i、u包括u音的拼写形式o及两个辅音n、ng充当。例如"交",拼音写作"jiāo",其中j是声母,i是韵头,a是韵腹,o是韵尾。

另外,并不是每个韵母都由韵头、韵腹和韵尾组成。有些韵母没有韵头,如"贪"tān;有些没有韵尾,如"家"jiā;也有些韵母头尾皆无,如"他"tā;因此,一个韵母可以没有韵头和韵尾,但韵腹是字音中不可或缺的,如"啊"ā。

(三)韵母的分类

1.按照语音结构进行分类,韵母分成:单韵母、复韵母和鼻韵母

单韵母是指只包含一个元音的韵母,共有10个,分别是a、o、e、i、u、ü、ê、-i〔前〕、-i〔后〕、er。

复韵母是指包含有两个或三个元音的韵母,共有13个,分别是ai、ei、ao、ou、ia、ie、ua、uo、üe、iao、iou、uai、uei。

鼻韵母是指包含有鼻辅音的韵母,共有16个,分别是an、en、ian、in、uan、uen、üan、ün、ong、eng、iong、uang、ing、ueng、ong、iong。

2.按照韵母开头元音的唇形特点分类,韵母分为四呼,分别是:开口呼、齐齿呼、合口呼和撮口呼

开口呼是指不以i、u、ü开头的韵母,如a、o、e、ai、ei、ao、ou等。

齐齿呼是指以 i 为开头的韵母,如 i、ia、ie、iao、iou 等。

合口呼是指以 u 为开头的韵母,如 u、ua、uo、uai、uan 等。

撮口呼是指以 ü 为开头的韵母,如 ü、üe 等。

(四)单韵母的发音规范及练习

单韵母是指由一个元音音素构成的韵母。单元音根据发音时舌面部位所呈的状态分为舌面元音韵母 a、o、e、i、u、ü、ê(如图 1-3 所示)和特殊元音韵母-i[前]、-i[后]、er,共 10 个。

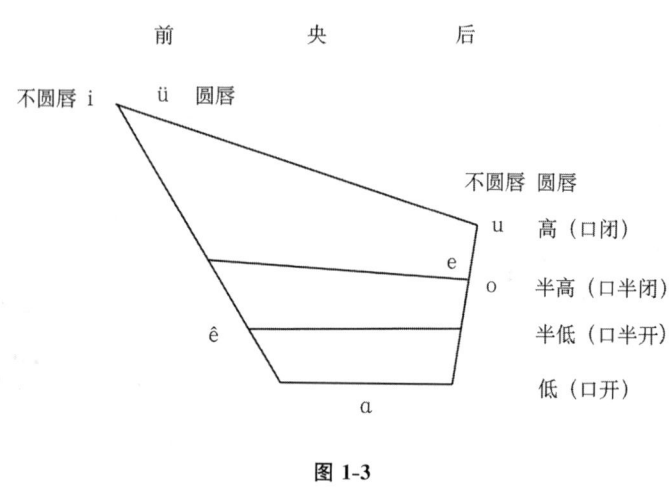

图 1-3

宽音窄发,窄音宽发;圆唇扁发,扁唇圆发。呈吸气状态。

【训练提示】

因为单韵母没有韵头和韵腹,所以结合声母训练时要注意唇舌的控制,同时应始终保持舌体呈收势,使单韵母发音圆润、饱满。

1.a:舌面央低不圆唇元音

发音要领:口张大,舌尖离开下齿背,上下齿微露,舌中部偏后微微隆起和硬腭后部相对。发音时,声带颤动,软腭上升,关闭鼻腔通路。

发音提示:发音时,喉部和下巴应保持松弛自然状态,不要有憋、挤、僵硬的感觉,使气流均匀通畅地通过发音器官。

【字词训练】

单音节:喀、哈、拿、哒、怕、蛙、踏、骂、葩、妈、发、他、炸、叉、擦、卡、娜、疤

双音节:喇叭、大巴、打靶、大厦、爸爸、妈妈、拉萨、打蜡、哈达、发达、咔嚓、砝码、嘎巴、吧嗒、沙发、哪怕、大码、打发

四音节:八拜之交、大智若愚、八面玲珑、煞费苦心、拉帮结派、牙牙学语、跋山涉水、拔刀相助

2.o：舌面后半高圆唇元音

发音要领：上下唇自然拢圆，舌体后缩，舌面后部隆起，和软腭相对，舌位半高。发音时，声带颤动，软腭上升，关闭鼻腔通路。

发音提示：发音时唇部应自然收拢，不应向前噘起。

【字词训练】

单音节：脖、寞、摸、播、破、膜、佛、颇、跛、叵、握、波、鄱、漠、抹、勃、魄、婆

双音节：波兰、拨款、破费、末尾、模式、佛教、佛号、魔术、破绽、抹杀、墨菊、筢箩、博古、波涛、驳斥、渤海、薄荷、破除

四音节：迫在眉睫、莫逆之交、波涛汹涌、博学多才、破釜沉舟、波澜壮阔、摸爬滚打、莫名其妙

3.e：舌面后半高不圆唇元音

发音要领：口半闭，嘴角向两边微展，舌体后缩，舌尖离下齿背较远，舌面比元音o略高而偏前。发音时，声带颤动，软腭上升，关闭鼻腔通路。

发音提示：为了更好地体会e音舌位，可用o发音时的舌头位置来带动。o与e发音时，舌头位置是一样的，区别主要在于唇形的圆展差异。所以只要先发o，体会舌头后缩、舌根上抬的位置与状态，在这个基础上，边发o音边将唇形缓缓展开，形成不圆唇形，就能找到e音的标准舌头位置了。

【字词训练】

单音节：贺、勒、鹅、合、特、热、德、涩、割、可、磕、饿、册、哥、壳、瑟、择、客

双音节：合撤、割舍、色泽、瑟瑟、客车、折射、塞责、特赦、隔阂、隔热、菏泽、特色、折合、苛刻、歌德、合格、讷讷、哥哥

四音节：和气生财、特立独行、择善而从、歌舞升平、热血沸腾、各奔前程、侧目而视、乐不思蜀

4.i：舌面前高不圆唇元音

发音要领：发音时，口腔开度较小，舌尖在下齿背，舌中部隆起，前舌面上升接近硬腭，气流通道狭窄，但不应使气流产生摩擦，嘴角向两边展开成扁平状。练习时，尽量把口腔打开些，舌位稍后些，把窄元音发宽。

发音提示：i音是单韵母里舌位靠前且高的音，发音时声音会呈现略扁的音质，所以在练习时，要找适度拉开口腔发音的感觉，也就是将偏扁、偏窄的音发得更宽、更通畅一些。

【字词训练】

单音节：例、地、洗、辟、级、劈、戏、习、衣、泥、挤、踢、琦、忆、啤、臂、谜、计

双音节：契机、嫡系、遗弃、犀利、基地、积极、厘米、比例、吸气、笔记、比拟、体系、霹

雳、机密、袭击、机器、地理、激励

四音节：疾言厉色、离合悲欢、离题万里、体无完肤、历历在目、地大物博、立竿见影、力不从心

5.u：舌面后高圆唇元音

发音要领：发音时，口腔外部开度较小，舌头后缩，舌尖离下齿背稍远，舌根上升接近软腭，气流通路狭窄，嘴唇拢圆，如吹气状，声音较闷，音色偏暗。

发音提示：虽然从外面看，u音的口腔开度是较小的，但发音时，口腔内部的开度仍是需要保障的。只有口腔内有足够的开度，舌根才能充分后缩到u音的舌位上，另外，由于u音的舌位是单韵母里最靠后且位置最高的，所以u的音色容易闷暗。发音时应注意将舌头的位置适当往前整体移动一些，做到靠后的音往前送，避免闷暗。

【字词训练】

单音节：猪、怒、鲁、酷、胡、鼓、舞、母、组、苏、福、故、顾、如、虎、素、雾、捕

双音节：酷暑、互助、祝福、督促、读物、葫芦、住宿、露珠、瀑布、幅度、服务、糊涂、附属、出路、出租、初步、辜负、鼓舞

四音节：古今中外、路不拾遗、不声不响、怒目而视、无中生有、狐假虎威、木已成舟、苦中作乐

6.ü：舌面前高圆唇元音

发音要领：发音时，口腔开度较小，唇圆收成扁平形小孔，双唇聚拢，稍向前撮，没有u圆，舌位比i微微靠后一点。

发音提示：在练习时，如果念不准ü，可以先念i，再将声音拖长，逐渐收敛嘴角，当口形成为圆形，就变成ü了。

【字词训练】

单音节：桔、铝、趋、嘘、徐、迂、娶、女、剧、许、驴、去、举、鱼、叙、居、毓、屈

双音节：絮语、聚居、吕剧、语序、序曲、屡屡、玉宇、渔具、橘绿、曲剧、屈居、豫剧、区域、女婿、旅居、语句、须臾、浴具

四音节：屡战屡胜、曲高和寡、雨过天晴、旭日东升、局促不安、嘘寒问暖、渔翁得利、与虎谋皮

7.单韵母绕口令训练

张大妈、夏大妈　a

张大妈、夏大妈，你看咱们的好庄稼，高的是玉米，低的是芝麻，开黄花紫花的是棉花，圆溜溜的是西瓜，谷穗长得像镰把，钩着想把地压塌。张大妈、夏大妈，边看边乐笑哈哈。

婆婆和嬷嬷　o

婆婆和嬷嬷,来到山坡坡。婆婆默默采蘑菇,嬷嬷默默拔萝卜。婆婆拿了一个破簸箕,嬷嬷带了一个薄笸箩。婆婆采了半簸箕小蘑菇,嬷嬷拔了一笸箩大萝卜。婆婆采了蘑菇换饽饽,嬷嬷卖了萝卜买馍馍。

人心齐,泰山移　i

人心齐,泰山移。
男女老少齐出力,
要与老天比高低。
挖了干渠几十里,
保浇了万亩良田地。

湖州和福州　u

湖州人穿西服和福州人玩西湖。福州人喜欢湖州西服,湖州人喜欢福州西湖。福州人掉进了湖州人喜欢的福州西湖,湖州人脱下了福州人喜欢的湖州西服,跳进了湖州人喜欢的福州西湖。掉进湖州人喜欢的福州西湖的福州人没有浮,跳进了福州西湖去救福州人的湖州人抓住了西葫芦。

小黑虎数猪　u

爷爷领着孙子小黑虎,来到猪圈数黑猪。黑猪圈在猪圈里,各个猪圈都有猪。小黑虎不马虎,挨着个儿地把猪数。黑猪围着小黑虎,转来转去乱乎乎。黑虎数了半天小黑猪,不知哪些黑猪挨过黑虎数,也不知黑虎数过哪些小黑猪。逗得爷爷抿嘴笑,急得黑虎直要哭。爷爷说:"小黑虎,你别哭,一共十五头小黑猪。"

卖鱼和牵驴　ü

老齐去卖鱼,巧遇老吕去牵驴。老齐要用老吕的驴去驮鱼,老吕说老齐要用我的驴驮鱼就得给我鱼。要不给我鱼就别用我老吕的驴去驮鱼,二人争来争去没完没了误了去赶集。

(五)复韵母的发音规范及练习

复韵母由复元音构成,又叫"复元音韵母",复元音指的是由两个或三个元音复合而成的音。它不是两个或三个元音的简单相加,和复韵母比较,单韵母发音时发音器官各部位不能变化,音色始终如一。复韵母是由两个或三个元音复合而成的。由两个元音构成的叫作二合复韵母,其中韵母处在开头位置的叫作前响复韵母,共有 4 个:ai、ei、ao、ou。韵腹处在末尾位置的叫后响复韵母,共有 5 个:ia、ie、üe、ua、uo。由 3 个元音构成的叫作三合复韵母,因为韵腹处在中间,所以又叫中响复韵母,共有 4 个:iao、iou、uei、uai。

复韵母发音时,唇形的圆展、口腔开合以及舌位的高低、前后都会有一系列连续的变化,我们称为动程,动程的滑动过程是渐变的,不是跳动的。舌位移动过程中,音色的变化是由发音时舌头在口腔内滑动而产生变化的。

复韵母的发音特点如下:

第一,复元音韵母必须读成一个整体,中间不能间断;

第二,复韵母是由两个或三个元音结合而成的韵母。这种复合元音并不是两个元音或三个元音的简单相加,而是一种新的固定音组,在口、耳里与单元韵有同感,应把它们作为一个语音整体;

第三,元音有主有次,其中开口度大、响度大、发音较清晰的元音叫主元音,又叫"韵腹"。主元音前后的元音发音轻、短、模糊,分别叫"韵头""韵尾"。

1.前响复韵母

元音舌位都是由低向高滑动,开头的元音音素响亮清晰,收尾的元音音素轻短模糊。

(1)ai

a 发音时受尾音 i 的影响,处于偏前的位置,我们称它"前 a",发音开始关闭鼻腔通道,舌尖抵住下齿背,舌位逐渐上升向着 i 的方向滑,口腔渐闭,动程较宽;首音 a 响而长,尾音弱些、短些,收尾的音色从听感上比单元音 i 要含混,因为受 a 的影响,舌位略低,口腔比单发时要大(如图 1-4)。

例:彩排、拍卖、爱戴、灾害、采摘、海带、来龙去脉、爱不释手、外强中干。

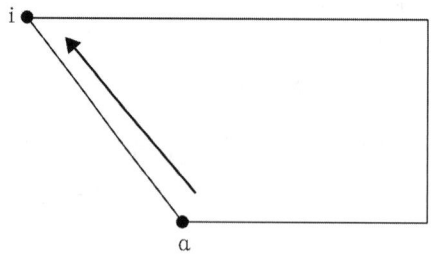

图 1-4

(2)ei

发音时首音 e 受 i 的影响,部位比 e 稍前稍高一点,由前半高开始发音(如图1-5)。发音时关闭鼻腔通道,舌尖抵住下齿背,舌位升高向 i 的方向滑动,口腔渐闭,尾音 i 受 e 的影响,舌位有所降低,没单发时高。e 音响亮而长,音弱而短,整个音动程较短。例:狒狒、北美、配备、黑莓、肥美、背道而驰、美轮美奂、飞蛾扑火、为所欲为。

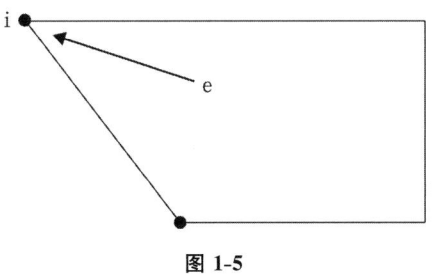

图 1-5

(3)ao

首音 a 受 o 的影响发成"后 a"。发音时,关闭鼻腔通道,舌头后缩,舌尖离开下齿背,舌位逐渐上升向 o 的方向滑动(如图1-6)。唇形逐渐由大开到收敛、拢圆。o 的舌位比单元音 o 高,接近 u 的位置,但舌位略低于 u。首音响而长,尾音 o 弱而短。

例:犒劳、敖包、高傲、牢靠、报告、毛骨悚然、草木皆兵、老当益壮、包罗万象。

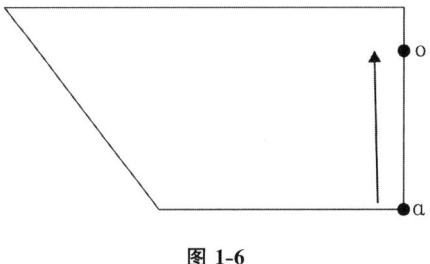

图 1-6

(4)ou

由两个后元音复合而成。首音 o 比单元音 o 的舌位略高,音色有点接近央元音[ə],发音时,关闭鼻腔通道,舌位逐渐上升,向 u 的方向滑动(如图1-7)。尾音 u 的舌位比单元音 u 的舌位略低,唇形逐渐收敛、拢圆。首音 o 稍响、稍长,尾音较弱、较短。此音是普通话韵母中动程最短的复合元音。

例:抖擞、欧洲、喉头、守候、丑陋、手忙脚乱、后发制人、谋财害命、漏洞百出。

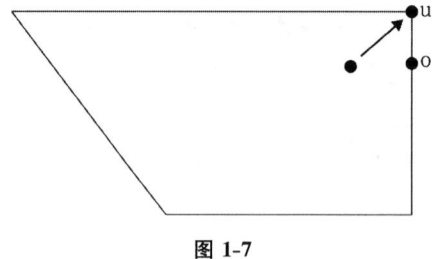

图 1-7

2.后响复韵母

舌位由高向低滑动,收尾的元音音素响亮清晰,开头的元音处于韵母的韵头位置,发音不太响亮,比较短促。

(1)ia

由前元音 i 和央元音 a 复合而成。发音时,关闭鼻腔通道,舌位由前高元音 i 逐渐下降滑向 a 止,i 的发音紧而短,a 的发音响而长,整个音动程较宽(如图 1-8)。

例:恰恰、加价、下压、下架、加压、恰如其分、虾兵蟹将、家常便饭、侠肝义胆。

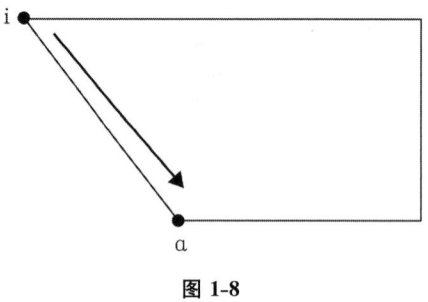

图 1-8

(2)ie

由两个前元音复合而成。发音时,关闭鼻腔通道,舌位由前高元音 i 逐渐下降滑向 ê 止,舌尖始终不离开下齿背,唇形变得自然一些(如图 1-9)。做韵头的 i 又紧又短,ê 又响又长,整个音动程较窄。

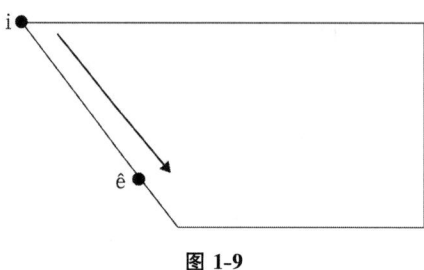

图 1-9

例:结界、爹爹、贴切、歇业、怯怯、怯声怯气、接踵而至、别出心裁、铁面无私。

(3)ua

由一个后元音和一个央元音复合而成。发音时,关闭鼻腔通道,舌位由高逐渐降低滑向央止,唇形渐开(如图1-10)。首音u受a的影响比单发时舌位低,a比单发时舌位稍高。发音紧而短,发音响而长,整个音动程较宽。

例:刮花、挂画、花瓜、耍滑、画画、花红柳绿、花前月下、夸夸其谈、化零为整。

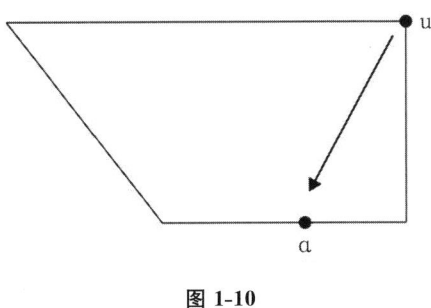

图 1-10

(4)uo

由两个后高元音复合而成。发音时,关闭鼻腔通道,舌位由u降至o,口型稍开(如图1-11)。u发音响而长,整个音动程很窄。

例:说过、错落、懦弱、啰唆、做作、缩手缩脚、火冒三丈、落叶归根、过犹不及。

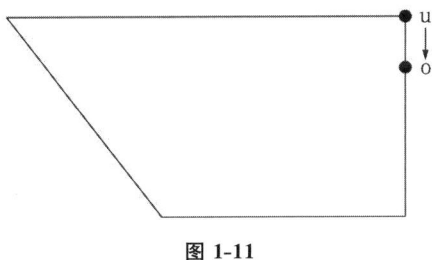

图 1-11

(5)üe

由两个前元音复合而成。发音时,关闭鼻腔通道,舌位由高逐渐下滑向ê止,唇形由圆变得自然(如图1-12)。ü发音紧而短,ê发音响而长,整个音动程较窄。

例:雀跃、雪月、约略、绝学。

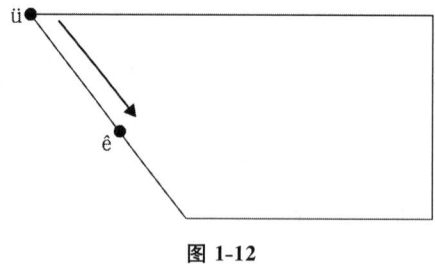

图 1-12

3.三合复韵母的发音

(1)iao

发音时,在 ao 的基础上增加了 i 到 ao 的发音动程。发音时,关闭鼻腔通道,从 i 开始舌位降到低元音靠后一点的地方,再由低向高元音方向滑升,舌位先降后升,由前到后,曲折幅度较大,唇形也从扁平到稍开再向圆唇发展(如图 1-13)。i 音紧而短,a 音响亮,音弱而短。

例:吊桥、疗效、苗条、小巧。

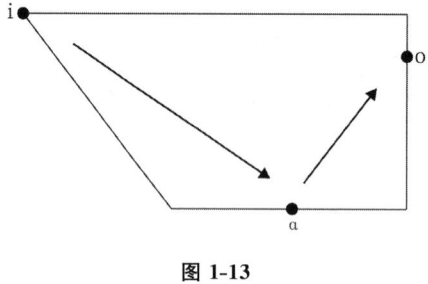

图 1-13

(2)iou

发音时,在 ou 的基础上增加了韵头 i 的发音动程,舌位由前高不圆唇 i 向后高移动,发音时 i 发音比较短而轻,o 发音清晰并快速向着 u 过渡归韵,最后舌位达到后高,收于圆唇,整个过程唇形由展唇到圆唇,舌位由前高到后高(如图 1-14)。

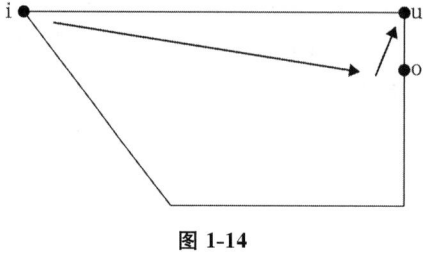

图 1-14

(3)uai

发音时,在 ai 的基础上增加了 u 到 ai 的发音动程,并且受到圆唇 u 音的影响,ai 里的 a 变得稍圆。发音时,u 发得短而轻,a 发得长而响,最后滑动到 i 的舌位(如图 1-15)。

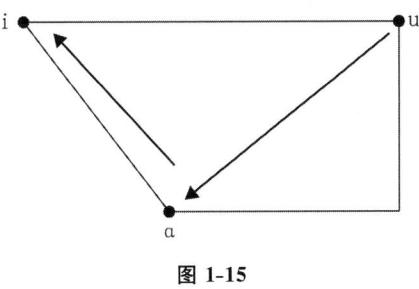

图 1-15

(4)uei

发音时,ei 的前面加了一段 u 的发音动程,舌位从后往前,先降后升,舌面前部向硬腭上升,不圆唇(如图 1-16)。

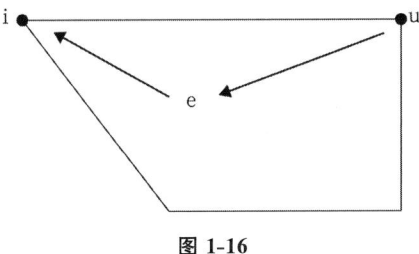

图 1-16

(六)鼻韵母的发音规范及练习

复合鼻韵母简称鼻韵母。鼻韵母是由元音后带鼻辅音 n 或者 ng 组成的韵母,发音时软腭要下垂,打开鼻腔通道。普通话中鼻韵母共有 16 个,可以分为两类,其一是舌尖鼻韵母"n",其二是舌根鼻韵母"ng";又称为前鼻音韵母和后鼻音韵母。前鼻音韵母有:an、en、ian、in、uan、uen、üan、ün;后鼻音韵母有:ang、eng、iang、ing、uang、ueng、ong、iong。

1.前鼻音韵母发音方法

(1)an

发音时,an 中 a 的舌位受到前鼻韵尾 n 的影响,处在相对较前的位置,为前低不圆唇音;n 的归音部分比它充当声母时稍靠后(如图 1-17)。

例:散漫、反弹、参赞、万古长青、慢条斯理。

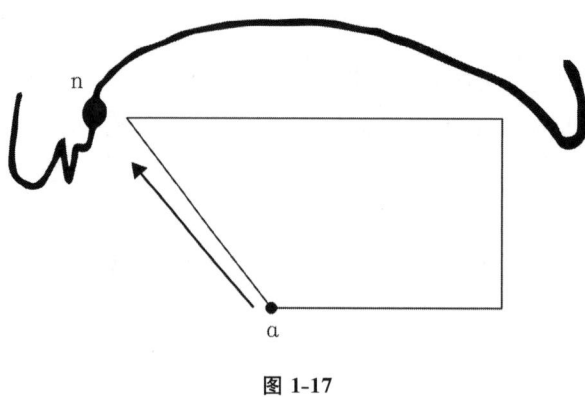

图 1-17

（2）en

发音时，e 的舌位比单发的时候相对靠前，舌头处于静止的位置，然后舌位升高，舌尖顶住上齿龈，软腭下降，气息从鼻腔流出，归音归到前鼻辅音 n 上（如图 1-18）。

例：真人、深沉、根本、深情厚谊、沉鱼落雁、笨鸟先飞。

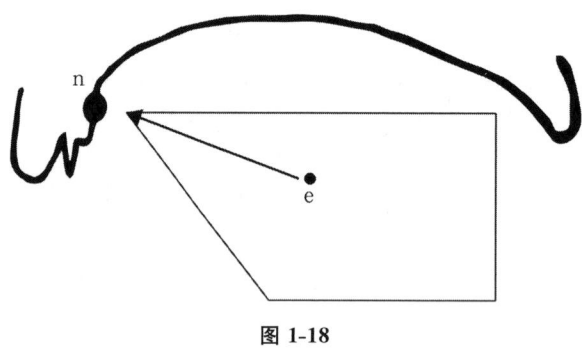

图 1-18

（3）ian

发音时，在 an 韵母前加一个轻短的 i 韵头成音。a 处于相对靠前且较高的位置，发音时注意动程要宽，活动范围相对较大（如图 1-19）。

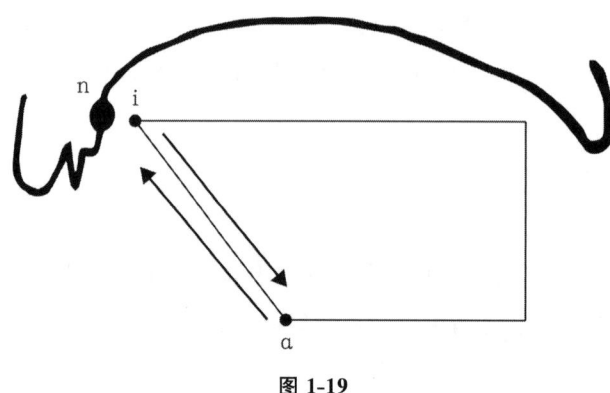

图 1-19

例：千年、前门、变脸、坚强不屈、颠沛流离、念念不忘。

（4）in

发音时，舌尖抵住下齿背发出 i 音，接着舌尖上抬顶住上齿龈，同时软腭下降，打开鼻腔通道（如图 1-20）。发音时有意识地将 i 开口度适当扩大，以增加声音的圆润度。

例：音频、临近、信心、津津有味、品头论足、心心相印。

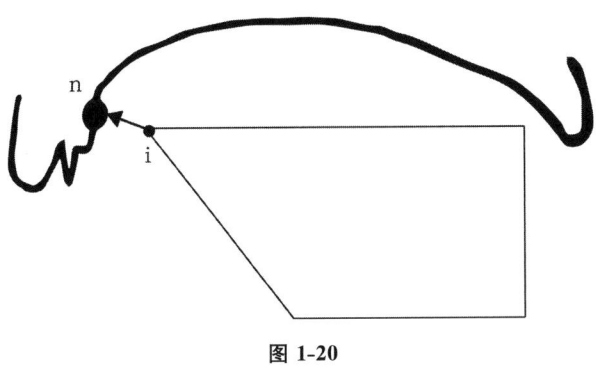

图 1-20

（5）uan

发音时，a 的舌位比单发时靠前，为前低不圆唇音。在发 an 前加一个轻短的 u 韵头，u 的口型比单发时稍圆（如图 1-21）。

例：贯穿、乱窜、酸软、关怀备至、款款而来、环环相扣。

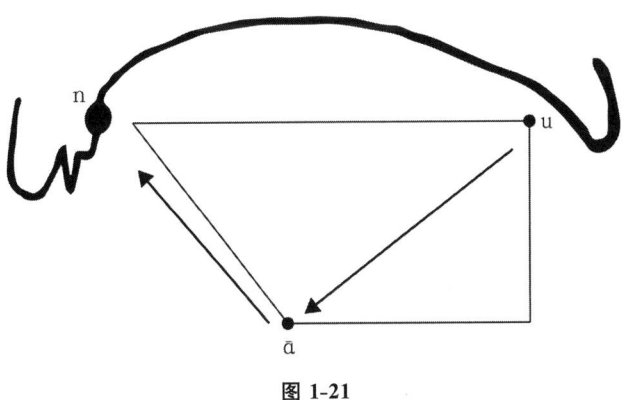

图 1-21

（6）uen

发音时，舌根抬高接近软腭且呈圆唇，要发得轻而短。紧接着，向央元音的位置滑动，然后舌尖前伸抵住上齿龈，软腭下降，气流从鼻腔流出。发音时要注意 u 的圆唇与口腔开度的保持，还需注意中间的元音 e 是过渡性的，在非零声母音节中，中间的 e 会被习惯省略掉，写作 un。

例：伦敦、论文、春笋、论功行赏、浑然一体、混淆视听。

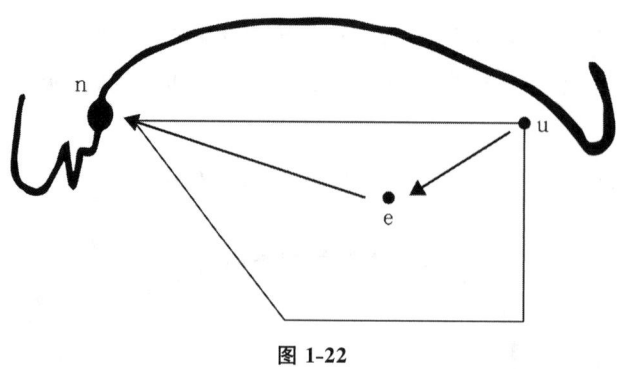

图 1-22

（7）üan

发音时，a 的舌位比单发时相对较高，约在中部，ü 的舌位较高且靠前，唇形较圆（如图 1-23）。

例：源泉、轩辕、全选、原地踏步、轩然大波、远走高飞。

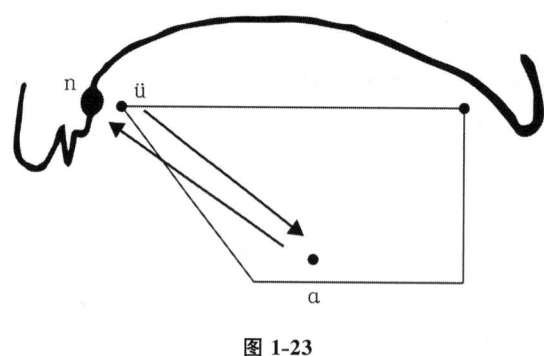

图 1-23

（8）ün

发音时，先发圆唇撮口 ü，不像单发 ü 时那么圆，舌面接近硬腭。然后舌尖前抵住上齿龈，软腭下降，打开鼻腔通道（如图 1-24）。

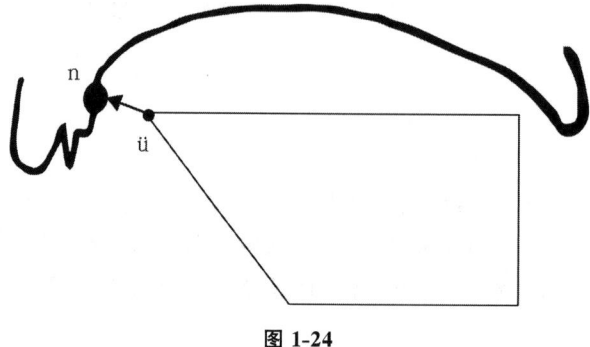

图 1-24

例:军训、均匀、熏晕、训练有素、君临天下、循循善诱。

2.后鼻音韵母发音方法

(1)ang

发音时,ang中的a受后鼻韵尾ng的影响,处于相对较后的位置,为后低不圆唇元音,它的口腔开度比单发时要大,接着舌头后缩上提,舌根与软腭相触,口腔关闭,软腭下降,打开鼻腔通道(如图1-25)。

例:行当、上场、党章、掌上明珠、昂首挺胸、方方正正。

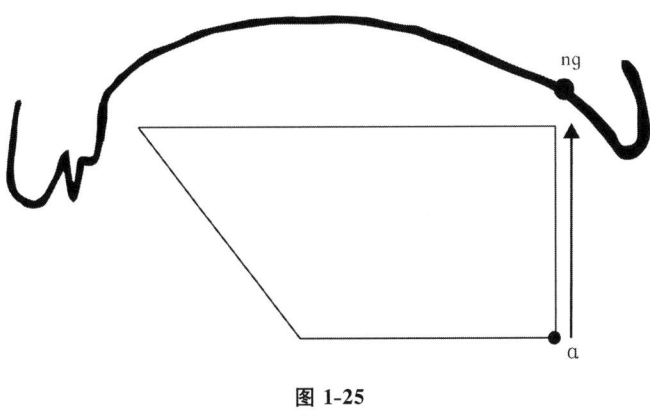

图 1-25

(2)eng

发音时,e的舌位比单发时偏前、略低,舌面接近硬腭,接着舌根与软腭接触,口腔关闭,软腭下降,打开鼻腔通道(如图1-26)。可以在发音时适当增大口腔开度。

例:风筝、冷风、丰盛、风花雪月、登峰造极、冷嘲热讽。

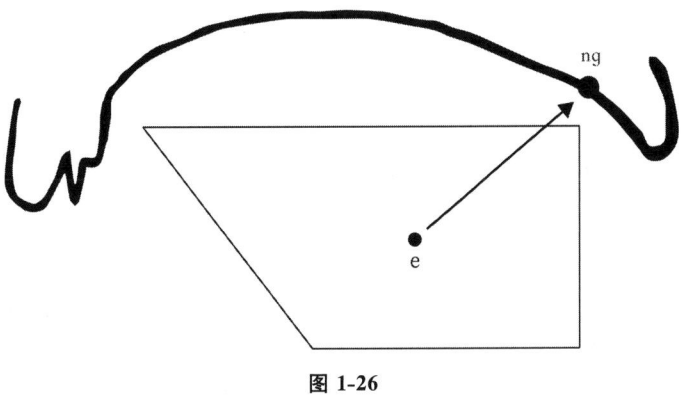

图 1-26

(3) ing

发音时,舌尖接近上齿龈发 i 音,舌面接近硬腭,舌根和软腭相触,口腔关闭,软腭下降,关闭鼻腔通道。i 的开口度适当扩大,增加声音的圆润度(如图 1-27)。

例:情景、定性、行星、听而不闻、鼎力相助、冰清玉洁。

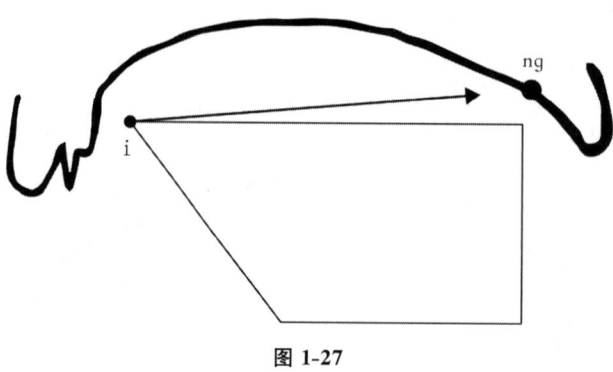

图 1-27

(4) iang

ang 韵母前加一个较短的 i 韵头成音,发音过程中 iang 韵母的动程较大,ang 由于受到 i 的影响,a 的唇形较扁(如图 1-28)。

例:襄阳、亮相、奖项、良药苦口、想入非非、江河日下。

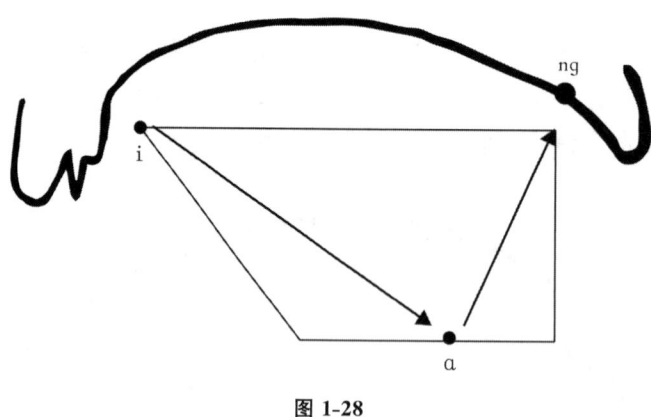

图 1-28

(5) uang

ang 的韵母前加了一个轻短的 u 韵头成音,uang 韵母的发音动程较宽,受到 u 的影响,a 的唇形相对较圆(如图 1-29)。

例:双簧、旺旺、状况、窗明几净、汪洋大海、狂风暴雨。

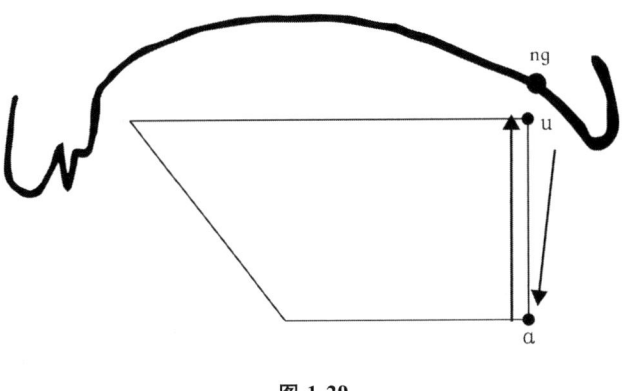

图 1-29

（6）ueng

发音时，双唇撮圆，舌位从后高元音 u 向后半高元音 e 的方向滑落，然后舌根抬起与硬腭相触，软腭下降，打开鼻腔通道（如图 1-30）。

例：老翁、水翁、渔翁、瓮中捉鳖、瓮声瓮气。

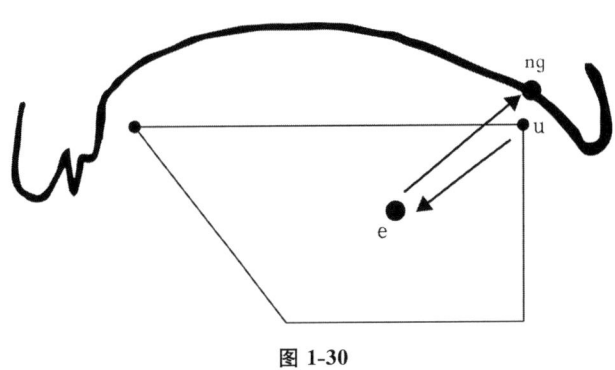

图 1-30

（7）ong

发音时，o 的发音与单元音 o 不同，介于 u 与 o 之间，口腔开度比 u 的开度相对较大，时间较短。接着舌根与软腭相触，口腔通道关闭，发出鼻音（如图 1-31）。

例：龙宫、冲动、公共、戎马一生、动人心弦、红极一时。

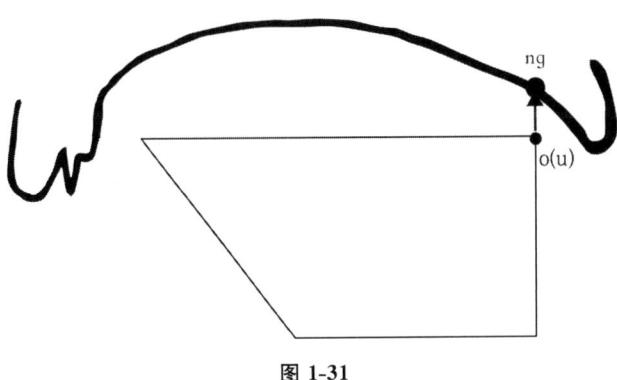

图 1-31

(8) iong

发音时,i 韵头由于受到 o 的影响,唇形接近 ü,在实际运用中,与 j、q、x 相拼时,不要在发音开始就撮口,否则会影响字音的清晰度,口腔开度适当增大(如图 1-32)。

例:熊掌、用功、雄风、用兵如神、永垂不朽、庸人自扰。

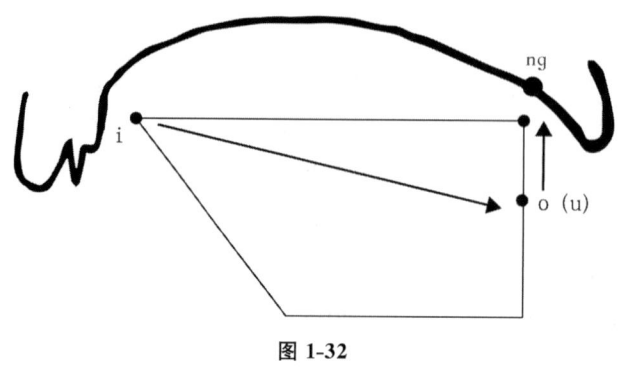

图 1-32

三、声调

声调是在汉语中由音节内部的高低变化构成的,它是每一个音节所固有的且能够区别意义的声音的高低和升降。在普通话里一个音节就是一个汉字,所以声调又名"字调"。

声调的高低不同,取决于音高的变化。声调中音长音强的变化,起决定作用的是音高。声调中音高的高低是相对而言的,声调的高低是声波每秒震动的速度决定的,男性和女性的音高受声带等生理结构以及其他原因的影响。需要加以说明的是,音乐的音高是绝对音高,而声调的高低是相对的音高变化。调值和调类是声调的两个方面。

(一)调值与调类

调值,就是声调的实质,是声调的实际读法;它也称调形,是指声音的高低、升降、曲直、长短的变化形式。普通话里有高平调(55)、高升调(35)、降升调(214)、全降调(51)。而调类是对一种语言声调的分类,也就是把调值相同的音节归纳在一起所建立的类别。普通话有四个调类,分别是:阴平、阳平、上声和去声。调值通常采用五度标记法记录,竖线四格五点表示五度音高,横线、斜线、曲线分别表示声调音高变化。由最低点到最高点共分为五度,即低、半低、中、半高、高,分别用 1、2、3、4、5 来表示(如图 1-33)。

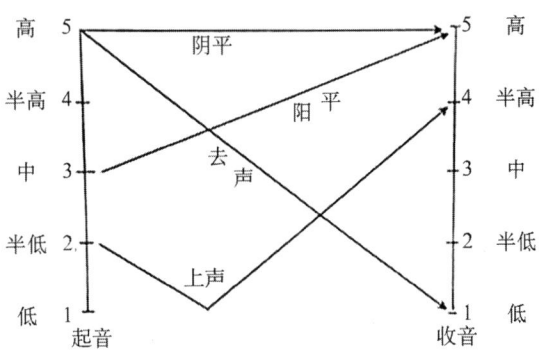

图 1-33 普通话调值图

接下来,我们来详细讲解。

阴平:高平调,调值 55,声音形式高而平,起止音高都是 5 度。全调时值比上声、阳平略短,比去声稍长。发音时声带绷得最紧,保持高平,不拐弯。

阳平:中升调,调值 35,起音音高由 3 度上升到最高音 5 度。全调时值比阴平、去声长,比上声略短。发音时声带从不紧不松到逐渐紧绷,再绷到最紧,要求直上扬,不拐弯。

上声:降升调,调值 214,起音音高由半低音 2 度下降至低音 1 度稍做停留,接着上升到半高音 4 度。全调时值在声调中最长,发音时,要求先降再扬,拐弯处不憋挤、不折断,过渡自然,尾音弱收。

去声:全降调,调值 51,声音由最高 5 度降到最低 1 度。全调时值在四声中最短。发音时,声带从最紧开始,直到完全松弛为止。要求由高往低直下降,尾音不飘,不拐弯。

(二)声调的练习原则

声调的练习原则,可以用这么几句话来概括:音高要有限度,高而不喊;音低要有力度,低而不散;音高声要轻,轻而不浮;音低字要沉,沉而不浊;音量加大时,气足而不挫;音量减小时,气节而不衰。

同时,我们也可以用这样一条口诀来概括四声的发音特点:

阴平——起音高平莫低昂,气息平均不紧张;

阳平——从中起音向上扬,用气弱起逐渐强;

上声——先降后转向上挑,降时气稳扬时强;

去声——高扬直送向低走,强起弱降向低唱。

(三)声调的进阶训练

【单音节字声调练习】

提示:单音节字在练习中要严格按照调值的发音要求,结合气息发音。

1.阴平

八 坡 憨 芳 通 帆 虽 多 飞 欢 科 扎 清 星 烧 香 猜

2.阳平

拔 婆 韩 房 同 烦 随 夺 肥 环 咳 闸 情 行 勺 详 裁

3.上声

把 叵 喊 仿 捅 反 髓 躲 匪 缓 渴 眨 请 醒 少 想 踩

4.去声

爸 破 汗 放 痛 饭 岁 跺 废 换 客 炸 庆 兴 哨 像 菜

【双音节词声调练习】

提示:

(1)两个阴平连读时,可以把第一个阴平调值降为44,第二个阴平调值为55,符合听觉规律。如:西安(44、55),而末尾的阴平字调值只能是55。

(2)两个阳平连读时,很容易出现阳平拐弯的现象。可以把第一个阳平调值稍降到34,后一个阳平调值仍为35。这样发音更充分。如:红旗(34、35),声音直上避免拐弯。

(3)两个上声连读时,第一个上声音变为后半上,近似于阳平。

(4)两个去声连读时,可以把第一个去声调值发成53,第二个去声保持原调51。声音从上往下走,气息要饱满通畅,声音不能"劈"。

阴阴

沟通 征婚 江山 东升 新编 餐厅

丰收 天天 周刊 轻声 芭蕉 芬芳

精心 播音 单一 公安 灯光 咖啡

阴阳

中国 开怀 经营 军团 签名 乌贼

新闻 森林 金鱼 发言 周年 飘扬

星球 天堂 编排 胸怀 坚决 偏旁

阴上

充满 刚果 灯塔 推举 歌曲 猜想

争取 歌舞 根本 焦点 施展 酸雨

珠海	听讲	攀比	批准	签署	资产

阴去

声调	通信	飞快	天籁	经济	欢笑
夸耀	希望	深入	单位	根据	观众
尖锐	播送	庄重	牵挂	观众	单位

阳阴

围巾	承担	农村	革新	国歌	财经
滑冰	前锋	原封	国家	雄风	联欢
成功	年轻	节约	平安	留心	连心

阳阳

达成	人民	随时	球迷	团结	滑翔
房门	停留	华神	农民	达成	灵活
答题	吉祥	合格	驰名	石油	国旗

阳上

翘首	平等	滑雪	狭窄	合法	牛奶
门槛	求索	谜底	男女	没有	渔网
黄海	华北	民主	词典	防守	泉水

阳去

模范	决断	协作	植物	评定	白菜
盘踞	豪迈	宁夏	勤奋	文件	折断
德育	悬念	存放	革命	局势	疼痛

上阴

紧张	许多	广播	每天	北京	纺织
抹杀	法规	老翁	北非	转播	整装
暑期	党风	奖章	垦荒	统一	体贴

上阳

皎洁	小学	署名	指南	普及	反常
解围	雪白	表决	久别	请求	敏捷
改革	统筹	腐蚀	倒霉	场合	北伐

上上

总理	打倒	遣返	场所	表演	鼓掌
友好	选举	隐忍	广场	抚养	审理
展览	北海	永远	舞蹈	领土	取巧

上去
法律　角落　冷酷　恐惧　解劝　扰乱
垮掉　访问　挑战　美妙　理论　巩固
海带　响亮　感叹　水位　主要　广阔

去阴
贵宾　必须　外观　痛心　进军　奋发
秘方　下乡　尽心　腊八　窒息　认真
办公　列车　点灯　象征　救灾　旷工

去阳
命名　制服　告别　上学　落实　自觉
调查　报名　挫折　牧民　辨别　共同
论文　漫谈　向阳　色泽　教条　电台

去上
献血　诉苦　顺水　劝解　问好　运转
刻苦　乐曲　下雨　剧本　问好　酿酒
配偶　或者　购买　罢免　恰巧　探讨

去去
宴会　对话　配乐　借鉴　建造　破例
纪念　自传　复制　布告　愤怒　大厦
示范　岁月　创办　日月　浪费　画像

【四音节词声调练习】

提示：结合调值，读出乐音感，体会四音节词的韵律感。注意字头要有力，拉开字腹，字尾归音，声音连贯，控制气息，速度不要过快。

1.阴阳上去

颠来倒去　阴阳上去　酸文假醋　思前想后
獐头鼠目　飞檐走壁　优柔寡断　音容宛在
斟酌损益　山穷水尽　千锤百炼　光明磊落
深谋远虑　消愁解闷　金迷纸醉　遮人耳目
鸡零狗碎　因循守旧　声名显赫　信命艳绿

2.去上阳阴

万古长青　治理河山　破釜沉舟　聚少成多
一马平川　耀武扬威　万里晴空　救死扶伤
寿比南山　痛改前非　大有文章　碧草如茵

大好河山　确保平安　细雨和风　趁此良机

3.其他组合

严格执行　亭台楼阁　江山多娇　处理稳妥
党委领导　变幻莫测　牛羊成群　见利忘义
天天开心　文如其人　岂有此理　名存实亡

【诗词声调练习】

戏问花门酒家翁
岑　参

老人七十仍沽酒,千壶百瓮花门口。
道傍榆荚仍似钱,摘来沽酒君肯否。

逢侠者
钱　起

燕赵悲歌士,相逢剧孟家。
寸心言不尽,前路日将斜。

淮村兵后
戴复古

小桃无主自开花,烟草茫茫带晚(晓)鸦。
几处败垣围故井,向来一一是人家。

李先生别墅望僧舍宝刹,因作双韵声
温庭筠

栖息消心象,檐楹溢艳阳。
帘栊兰露落,邻里柳林凉。
高阁过空谷,孤竿隔古冈。
潭庐同淡荡,仿佛复芬芳。

夜雨寄北
李商隐

君问归期未有期,巴山夜雨涨秋池。
何当共剪西窗烛,却话巴山夜雨时。

终南山
王 维

太乙近天都,连山接海隅。白云回望合,青霭入看无。
分野中峰变,阴晴众壑殊。欲投人处宿,隔水问樵夫。

饮酒·其五
陶渊明

结庐在人境,而无车马喧。
问君何能尔?心远地自偏。
采菊东篱下,悠然见南山。
山气日夕佳,飞鸟相与还。
此中有真意,欲辨已忘言。

过华清宫绝句三首·其一
杜 牧

长安回望绣成堆,山顶千门次第开。
一骑红尘妃子笑,无人知是荔枝来。

秋下荆门
李 白

霜落荆门江树空,布帆无恙挂秋风。
此行不为鲈鱼鲙,自爱名山入剡中。

山 中
王 维

荆溪白石出,天寒红叶稀。
山路元无雨,空翠湿人衣。

秋凉晚步
杨万里

秋气堪悲未必然,轻寒正是可人天。
绿池落尽红蕖却,荷叶犹开最小钱。

秋 夕
杜 牧

银烛秋光冷画屏,轻罗小扇扑流萤。
天阶夜色凉如水,坐看牵牛织女星。

相 思
王 维

红豆生南国,春来发几枝。
愿君多采撷,此物最相思。

鹿 柴
王 维

空山不见人,但闻人语响。
返景入深林,复照青苔上。

卜算子
李之仪

我住长江头,君住长江尾。日日思君不见君,共饮长江水。
此水几时休,此恨何时已。只愿君心似我心,定不负相思意。

鹊桥仙
秦 观

纤云弄巧,飞星传恨,银汉迢迢暗度。金风玉露一相逢,便胜却人间无数。
柔情似水,佳期如梦,忍顾鹊桥归路!两情若是久长时,又岂在朝朝暮暮!

秋风辞
刘 彻

秋风起兮白云飞,草木黄落兮雁南归。
兰有秀兮菊有芳,怀佳人兮不能忘。
泛楼船兮济汾河,横中流兮扬素波。
箫鼓鸣兮发棹歌,欢乐极兮哀情多。
少壮几时兮奈老何!

苏幕遮·燎沉香
周邦彦

燎沉香,消溽暑。鸟雀呼晴,侵晓窥檐语。叶上初阳干宿雨、水面清圆,一一风荷举。故乡遥,何日去。家住吴门,久作长安旅。五月渔郎相忆否。小楫轻舟,梦入芙蓉浦。

水龙吟·次韵章质夫杨花词
苏　轼

似花还似非花,也无人惜从教坠。抛家傍路,思量却是,无情有思。萦损柔肠,困酣娇眼,欲开还闭。梦随风万里,寻郎去处,又还被莺呼起。

不恨此花飞尽,恨西园、落红难缀。晓来雨过,遗踪何在?一池萍碎。春色三分,二分尘土,一分流水。细看来,不是杨花,点点是离人泪。

雨霖铃·寒蝉凄切
柳　永

寒蝉凄切,对长亭晚,骤雨初歇。都门帐饮无绪,留恋处,兰舟催发。执手相看泪眼,竟无语凝噎。念去去,千里烟波,暮霭沉沉楚天阔。

多情自古伤离别,更那堪,冷落清秋节!今宵酒醒何处?杨柳岸,晓风残月。此去经年,应是良辰好景虚设。便纵有千种风情,更与何人说?

将进酒
李　白

君不见,黄河之水天上来,奔流到海不复回。
君不见,高堂明镜悲白发,朝如青丝暮成雪。
人生得意须尽欢,莫使金樽空对月。
天生我材必有用,千金散尽还复来。
烹羊宰牛且为乐,会须一饮三百杯。
岑夫子,丹丘生,将进酒,杯莫停。
与君歌一曲,请君为我倾耳听。
钟鼓馔玉不足贵,但愿长醉不复醒。
古来圣贤皆寂寞,惟有饮者留其名。
陈王昔时宴平乐,斗酒十千恣欢谑。
主人何为言少钱,径须沽取对君酌。
五花马,千金裘,呼儿将出换美酒,与尔同销万古愁。

【绕口令声调练习】

提示:发音时,注意调值,可以设定情景,有态度地朗读。

(1)蓝教练是女教练,吕教练是男教练。蓝教练不是男教练,吕教练不是女教练。蓝南是男篮主力,吕楠是女篮主力。吕教练在男篮训练蓝南,蓝教练在女篮训练吕楠。

(2)白猫黑鼻子,黑猫白鼻子;黑猫的白鼻子,碰破了白猫的黑鼻子,白猫的黑鼻子破了,剥了秕谷壳儿补鼻子;黑猫的白鼻子不破,不剥秕谷壳儿补鼻子。

(3)司小四和史小世,四月十四日十四时四十上集市,司小四买了四十四斤四两西红柿,史小世买了十四斤四两细蚕丝。司小四要拿四十四斤四两西红柿换史小世十四斤四两细蚕丝。

(4)石室诗士施氏,嗜狮,誓食十狮。施氏时时适市视狮。十时,适十狮适市。是时,适施氏适市。施氏视是十狮,恃矢势,使是十狮逝世。氏拾是十狮尸,适石室。石室湿,氏使侍拭石室。石室拭,施氏始试食是十狮尸。食时,始识是十狮尸,实十石狮尸。试释是事。

(5)南边来了他大大伯家的大奔拉尾巴耳朵狗,北边来了他二大伯家的二奔拉尾巴耳朵狗。他大大伯家的大奔拉尾巴耳朵狗,咬了他二大伯家的二奔拉尾巴耳朵狗一口;他二大伯家的二奔拉尾巴耳朵狗,也咬了他大大伯家的大奔拉尾巴耳朵狗一口。不知是他大大伯家的大奔拉尾巴耳朵狗,先咬了他二大伯家的二奔拉尾巴耳朵狗;还是他二大伯家的二奔拉尾巴耳朵狗,先咬了他大大伯家的大搭奔拉尾巴耳朵狗。

(6)刘奶奶找牛奶奶买牛奶,牛奶奶给刘奶奶拿牛奶,刘奶奶说牛奶奶的牛奶不如柳奶奶的牛奶,牛奶奶说柳奶奶的牛奶会流奶,柳奶奶听见了大骂牛奶奶你的才会流奶,柳奶奶和牛奶奶泼牛奶吓坏了刘奶奶,大骂再也不买柳奶奶和牛奶奶的牛奶。

【文章段落声调练习】

我们仨

杨 绛

三里河寓所,曾是我的家,因为有我们仨。我们仨失散了,家就没有了。剩下我一个人,又是老人,就好比日暮途穷的羁旅倦客;顾望徘徊,能不感叹"人生如梦""如梦幻泡影"?

但是,尽管这么说,我却觉得我这一生并不空虚;我活得很充实,也很有意思,因为有我们仨。也可说:我们仨都没有虚度此生,因为是我们仨。

"我们仨"其实是最平凡不过的。谁家没有夫妻子女呢?至少有夫妻二人,添上子女,就成了我们三个或四个五个不等。只不过各家各个样儿罢了。

我们这个家,很朴素;我们三个人,很单纯。我们与世无求,与人无争,只求相聚在一起,相守在一起,各自做力所能及的事。碰到困难,钟书总和我一同承担,困难就不复困难;还有个阿瑗相伴相助,不论什么苦涩艰辛的事,都能变得甜润。我们稍有一点快乐,也会变得非常快乐。所以我们仨是不寻常的遇合。

现在我们三个失散了。往者不可留,逝者不可追,剩下的这个我,再也找不到他们了。我只能把我们一同生活的岁月,重温一遍,和他们再聚聚。

淡淡的花香
席慕蓉

那天,当我们四个人在那条山道停下来的时候,原来只是想就近观察那一群黑色的飞鸟的,没想到,下了车以后,却发现在这高高的清凉山上竟然盛开着野生的百合花。

山很高,很清凉,是黄昏的时刻,湿润的云雾在我们身边游走,带着一种淡淡的芬芳。这所有的一切竟然完全一样,虽然那么多年已经过去了,为什么连我心里的感觉竟然也完全一样?我迫不及待地想告诉同行的朋友,这眼前的一切和我18岁那年的一个黄昏有着多少相似之处,一样的灰绿色的暮霭、一样湿润和清凉的云雾、一样的满山盛开的百合花;谁说时光不能重回?谁说世间充满着变幻的事物?谁说我不能与错过的美丽重新相遇?

我几乎有点语无伦次了,朋友们大概也感觉到我的兴奋。陈开始攀下山崖,在深草丛里为我一朵一朵地采起来,宋也拿起相机一张一张地拍摄着,我一面担心山崖的陡峭,一面又暗暗希望能够多摘几朵。陈果然是深知我心的朋友,他给我采了满满的一大把,笑着递给了我。当我把百合抱在怀中的时候,真有一种无法形容的快乐和满足。一生能有几次,在高高的清凉山上,怀抱着一整束又香又白的百合花?

然而生命也许就是这样的吧,无论是欢喜或悲伤,总值得我们认认真真地来走一趟。我想,生命应该是这样了。

而这一切都要感激我的朋友们。所以,你说我爱的是花吗?我爱的其实是伴着花香而来的珍惜与感激的心情。

我实在爱极了这个世界。一直想不透的是,为什么这个世界对我是特别仁慈?为什么我的朋友对我特别偏袒与纵容?在我往前走的路上,为什么总是充满着一种淡淡的花香?有时恍惚,有时清晰,却总是那样久久不肯离去?

我有着这么多这么好的朋友陪我一起走这一条路,你说,我怎么能不希望这一段路途可以更长更久一点呢?也就是因为这样,我竟然开始忧虑和害怕起来,在我的幸福与喜悦里,总无法不渗进一些淡淡悲伤,就像那随风袭来的,若有若无的花香一样。

四、语流音变

语流音变是语言流动的结果。在日常的交流中,我们不会只发出单一的音节,而是连续发出,形成语流。在连续的语流中,由于受到相邻的音节、音素、调值或语言环境的影响,会根据发音方式和位置的不断改变发生明显变化,语音学中称之为"语流音变"。

普通话中典型的语流音变现象是指轻声、儿化、变调、语气词"啊"的变化和词的轻重格式。

(一)轻声

普通话中的每一个音节都有它自己独立的声调。但是在语流中,一些词或句子中的音节就会失去原有的声调,让整个音节弱化,失去了原有的声调而读成了一个又短又轻的调子,这就是轻声。轻声音节一般处在词的中间或其他音节的后面,不会出现在词或句子的开头音节中。如:爸爸、妈妈、朋友、月亮等。

轻声主要体现在音长和音强上。发音时,力度较小,音强比较弱且音长短。一般来说,轻声的音高取决于它前面一个音节的音高,若用5度标调符号来表示,轻声的音高有以下变化:

阴平+轻声——2度(半低):
风筝、跟头、姑娘、趴下、天上、杯子
阳平+轻声——3度(中):
迷糊、回来、苗头、沿着、棉花、房子
上声+轻声——4度(半高):
本子、我的、你的、姐姐、躺下、嫂嫂
去声+轻声——1度(低):
月亮、坐下、木头、告诉、弟弟、大夫

1.轻声的变调规律

注意:新词、科学术语一般不会用到轻声,日常用语、常用词才会有轻声音节。

助词"了、的、地、得、着、们、过"等要轻读。如:算了、我的、轻轻地、说得好、听着、他们、试过;

语气助词"啊、呢、吧、吗"等要轻读。如:看啊、他呢、走吧、行吗、去吧、你说呢;

叠音词和动词后面一个音节要轻读;多音节形容词重叠,后一个音节和重叠的部分要读阴平,或不变。如:星星、想想、说说、动动、毛茸茸、亮晶晶、绿油油、金灿灿、明明白白、客客气气;

名词、代词后面表示方位的"上、下、边、面"等要轻读。如:房上、地下、那边、里面、右边;

名词后缀"儿、子、头"要轻读。如:女儿、房子、后头、燕子、桌子、枕头;

数词"一"在重叠动词之间,否定词"不"在形容词、动词之间,或者用在补语结构中要轻读。如:行不行、大不大、拉不开、笑一笑、讲不清。

另外需要注意的是,在《普通话水平测试实施纲要》中的《常用必读轻声词汇表》里,除了以上有规律的轻声变调外,还有一些约定俗成的轻声词汇,无规律可言,建议经常训练、加强记忆。如:

时候	朋友	咳嗽	便宜	石榴
萝卜	篱笆	明白	合同	本事
脊梁	暖和	爽快	打听	老婆
你的	懒得	地方	日子	那么
热闹	阔气	豆腐	在乎	力气
意思	性子	姑娘	消息	清楚

2. 轻声在实际运用中需要注意的问题

(1)轻声音节在播音过程中要注意口腔控制及气息控制,不能在弱化轻声字音的同时改变原韵母的音色。如:"晚上(shàng)",而不是"晚上(shang)"。

(2)避免吃字的情况出现,轻声音节在发音的时候不能把音拖得过长,只能表现得又轻又短,所以在语速偏快时,注意保持原有的声母及韵母发音,适当弱化原有字音和调值,在练习中要注意把握。

3. 轻声专项训练

【轻声绕口令练习】

(1)老姥姥问姥姥,姥姥老问老姥姥。麻妈妈问妈妈,妈妈老问麻妈妈。

(2)屋子里有箱子,箱子里有匣子,匣子里有盒子,盒子里有镯子;镯子外面有盒子,盒子外面有匣子,匣子外面有箱子,箱子外面有屋子。

(3)没风要扇扇子,有风不扇扇子。不扇扇子没风,扇扇子时有风。不扇扇子有风,扇扇子也有风。

(4)红孩子穿双黄鞋子,黄孩子穿双红鞋子。红孩子用黄鞋子换黄孩子的红鞋子,黄孩子用红鞋子换红孩子的黄鞋子。红孩子穿上了红鞋子,黄孩子穿上了黄鞋子。红孩子和黄孩子,换过鞋子乐滋滋。

(5)天上有个日头,地下有块石头,嘴里有个舌头,手上有五个手指头。不管是天上的热日头、地下的硬石头、嘴里的软舌头、手上的手指头,还是热日头、硬石头、软舌头、手指头,反正都是练舌头。

(6)打南边来了个喇嘛,手里提拉着五斤鳎目。打北边来了个哑巴,腰里头别着一喇叭。打南边来的喇嘛,要用手里头提拉的五斤鳎目,换打北边来的哑巴腰里头别着的喇叭。打北边来的哑巴不愿意拿腰里头别着的喇叭换打南边来的喇嘛,手里头提拉的五斤鳎目。打南边来的喇嘛,非要用手里头提拉的五斤鳎目换打北边来的哑巴腰里头别着的喇叭。提拉鳎目的喇嘛,用手里头提拉的五斤鳎目打了别喇叭的哑巴一鳎目。别喇叭的哑巴,用腰里头别着的喇叭打了提拉鳎目的喇嘛一喇叭。也不知是提拉着鳎目的喇嘛打了别喇叭哑巴一鳎目,还是别喇叭哑巴打了提拉着鳎目的喇嘛一喇叭。喇嘛回家炖鳎目,哑巴嘀嘀嗒嗒吹喇叭。

【轻声散文练习】

荷塘月色(节选)
朱自清

曲曲折折的荷塘上面,弥望的是田田的叶子。叶子出水很高,像亭亭的舞女的裙。层层的叶子中间,零星地点缀着些白花,有袅娜地开着的,有羞涩地打着朵儿的;正如一粒粒的明珠,又如碧天里的星星,又如刚出浴的美人。微风过处,送来缕缕清香,仿佛远处高楼上渺茫的歌声似的。这时候叶子与花也有一丝的颤动,像闪电般,霎时传过荷塘的那边去了。叶子本是肩并肩密密地挨着,这便宛然有了一道凝碧的波痕。叶子底下是脉脉的流水,遮住了,不能见一些颜色;而叶子却更见风致了。

(二)儿化

中原至北方等多地方言中有许多词汇的字音韵尾部分因加上轻微卷舌而发生音变现象,这种现象就叫作儿化,儿化的韵母就叫"儿化韵"。需要注意的是,儿化韵虽然是两个音节复合而成,并且一般由两个汉字来书写,但它实际只发一个音,例如:"点儿"是由"dian"和"er"两个音节组成,但在连读的时候要读成"diar"。儿化的代表当属北京话,其次则是天津话、开封话。

1.儿化的作用

儿化在普通话里起着修饰和表示语法功能的积极作用。

(1)区别词义。如:

眼(眼睛)——眼儿(小孔)

头(脑袋)——头儿(领头的人)

信(信件)——信儿(消息)

(2)区分词性。如：

画(动词)——画儿(名词)

盖(动词)——盖儿(名词)

尖(形容词)——尖儿(名词)

(3)表示细小、轻微或少。如：

小刀儿　水珠儿　头发丝儿　丁点儿　没事儿

(4)带有亲切、喜爱的感情色彩。如：

宝贝儿　有趣儿　小狗儿　脸蛋儿

2.儿化的音变规律

(1)音节末尾是 a、o、e、u 的，儿化时只在原韵母后加卷舌动作。

小狗儿　靠谱儿　牙刷儿　小道儿　唱歌儿　括弧儿

脑瓜儿　山坡儿　按钮儿　耍猴儿　毛豆儿　灯泡儿

(2)韵母是 ai、ei、an、en(包括 uei、uan、uen、ian、uai 和 üan)的，儿化时失落韵尾，在主要元音上加卷舌动作。

名牌儿　小孩儿　宝贝儿　小妹儿　一会儿　一块儿

碗筷儿　跑腿儿　鞋带儿　墨水儿　汤圆儿　心眼儿

(3)韵尾是-ng 的，儿化时失落韵尾，加卷舌动作，并鼻化元音。

药方儿　肩膀儿　赶趟儿　香肠儿　花样儿　天窗儿

胡同儿　小熊儿　板凳儿　小样儿　官腔儿　帮忙儿

(4)韵母是 i、ü 的，儿化时保持韵母不变，直接加卷舌动作。

(5)韵母或者韵尾是 e，以及韵母是-i(前)、-i(后)的，儿化时变成央 e[ə]，加卷舌动作。

半截儿　台阶儿　歌词儿　柳枝儿　空缺儿　小鞋儿

(6)韵母是 in、ün 时，儿化时失落韵尾-n，在 i、ü 等主要元音后直接加卷舌动作。

花裙儿　水印儿　掌心儿　听信儿　树荫儿　合群儿

3.儿化的注意事项

(1)属于北京方言的儿化词，不可以出现在广播电视语言的表达中，例如："天儿"就不能代替"天气"。

(2)在广播电视语言表达中，尤其是在新闻节目中，应该尽量减少儿化的运用，保持新闻的严肃性、庄重性。

(3)儿化韵起区别词义和辨别词性的作用，应该儿化而不儿化则容易造成误会。例如："窍门儿"和"撬门"。

(4)对于社会约定俗成、人们习惯使用的一些有表情达意功能的儿化韵，就必须要儿化,否则会影响听觉习惯。例如:遛弯儿、冰棍儿等。

4.儿化韵训练

【词组训练】

打晃儿	天窗儿	烟卷儿	手绢儿	出圈儿	包圆儿
人缘儿	绕远儿	杂院儿	刀背儿	摸黑儿	花盆儿
老本儿	嗓门儿	把门儿	哥们儿	纳闷儿	后跟儿
走神儿	大婶儿	杏仁儿	刀刃儿	钢镚儿	夹缝儿
脖颈儿	半截儿	小鞋儿	旦角儿	主角儿	跑腿儿
一会儿	耳垂儿	墨水儿	围嘴儿	走味儿	打盹儿
胖墩儿	没准儿	开春儿	小瓮儿	瓜子儿	石子儿
没词儿	挑刺儿	墨汁儿	记事儿	垫底儿	肚脐儿
玩意儿	有劲儿	送信儿	脚印儿	花瓶儿	打鸣儿
图钉儿	门铃儿	眼镜儿	蛋清儿	火星儿	人影儿
毛驴儿	小曲儿	合群儿	模特儿	逗乐儿	唱歌儿
挨个儿	打嗝儿	饭盒儿	碎步儿	没谱儿	泪珠儿
有数儿	果冻儿	门洞儿	胡同儿	抽空儿	酒盅儿
小葱儿	小熊儿	红包儿	灯泡儿	半道儿	手套儿
跳高儿	叫好儿	口罩儿	绝招儿	口哨儿	蜜枣儿
鱼漂儿	火苗儿	跑调儿	面条儿	豆角儿	开窍儿
衣兜儿	老头儿	年头儿	小偷儿	门口儿	纽扣儿
线轴儿	小丑儿	加油儿	顶牛儿	抓阄儿	棉球儿
火锅儿	做活儿	大伙儿	小说儿	被窝儿	粉末儿

【语段训练】

(1)下雪了,雪下得真大。雪花儿像鹅毛一样从天上飘下来,落在山上、田野上、房子上、大树上,盖了一层又一层,全是白茫茫的了。外边儿静悄悄的,行人很少。雪停了,太阳出来了。(太阳)光照在树上,亮得耀眼。山啊、田野啊、房子啊、大树啊,全都变了样儿了,都穿上了白色的外衣。校旁那两座小塔,都戴了顶白帽子,比平常更好看了。下课后,同学们都到院子里来了。大家滑雪、扔雪球儿、堆雪人儿。他们的脸跟鼻子都冻得红红的,可还是玩儿得很起劲儿。

(2)桃树、杏树、梨树,你不让我,我不让你,都开满了花赶趟儿。红的像火,粉的像霞,白的像雪。花里带着甜味;闭了眼,树上仿佛已经满是桃儿、杏儿、梨儿。花下成千成百的蜜蜂嗡嗡地闹着,大小的蝴蝶飞来飞去。野花遍地是:杂样儿,有名字的,没名字的,散在草丛里,像眼睛、像星星,还眨呀眨的。

【绕口令训练】

(1)有个小孩儿叫小兰,口袋里装着几个钱儿。又打醋,又买盐,还买了一个小饭碗儿。小饭碗儿,真好玩,红花绿叶镶金边儿,中间还有个小红点儿。

(2)你别看就那么两间小门脸儿,你别看屋子不大点儿。你别看设备不起眼儿,可售货员的服务贴心坎儿。有火柴,有烟卷儿,有背心,有裤衩儿,有手电,有蜡烛、盘子、碗儿。有刀子、勺子、小饭铲儿。起个早儿贪个晚,买什么都在家跟前儿。

(3)进了门儿,倒杯水儿,喝了两口儿运运气儿,顺手拿起小唱本,唱了一曲儿又一曲儿,练完嗓子练嘴皮儿。绕口令儿,练字音儿,还有单弦儿牌子曲儿,小快板儿大鼓词儿,越说越唱越带劲儿。

(4)小哥俩儿,红脸蛋儿,手拉手儿,一块儿玩儿。小哥俩儿,一个班儿,一路上学唱着歌儿。学造句,一串串儿,唱新歌儿,一段段儿,学画画儿,不贪玩儿。画小猫儿,钻圆圈儿,画小狗儿,蹲庙台儿,画只小鸡儿吃小米儿,画条小鱼儿吐水泡儿。小哥俩,对脾气儿,上学念书不费劲儿,真是父母的好宝贝儿。

(三)变调

在语流音变中,相邻音节相互影响、发生变化的现象叫作变调。普通话中的变调有一定的规律,通常体现在上声、去声的变调、"一"和"不"的变调,以及形容词、重叠词、动词的变调。

1.上声的变调

上声音节除单念或在词尾、句尾时声调不变外,其他情况都要发生变化。

上声在非上声前,调值由 214 变为 211。

上声+阴平	许多	火车	美观	首都	酒家	产生
上声+阳平	导航	法庭	改革	演员	取材	漂白
上声+去声	伟大	保护	感谢	坦率	美丽	补办
上声+轻声	马虎	嘴巴	稿子	喜欢	喇叭	姐姐

两个上声相连时,前一个上声音节由 214 变为 35(近似于阳平)。

上声＋上声　铁轨　水果　奖赏　冷水　勇敢　保养　北海

三个或三个以上上声连接时,应根据词义进行自然分节,再依次按照规律进行变调。

单双格 211＋35＋314　小两口　女选手　好小伙　小老虎

2.去声变调

去声音节在非去声音节前声调保持不变,在去声音节前调值由51变为53。如:热线、降落、账户、贵重、记录、赞颂、速递。

3."一"的变调

(1)"一"的变调规律

①在序数词或单念时读阴平:一　十一　第一

②在非去声音节前读去声:一边　一心　一帆风顺　一往情深　一板一眼

③在去声音节前读阳平:一旦　一样　一定　一臂之力　一触即发　一见如故

④在重叠词中间读轻声:读一读　看一看　笑一笑　跳一跳　听一听　想一想

(2)"一"的变调练习

【绕口令训练】

大小多少要记牢

一个大,一个小,一件衣服,一顶帽。

一边多,一边少,一打铅笔,一把刀。

一个大,一个小,一只西瓜,一颗枣。

一边多,一边少,一盒饼干,一块糕。

一个大,一个小,一头肥猪,一只猫。

一边多,一边少,一群大雁,一只鸟。

一边唱,一边跳,大小多少要记牢。

【语段训练】

喜悦,这是一种带有形而上色彩的修养和境界。与其说它是一种情绪,不如说它是一种智慧,一种超拔,一种悲天悯人的宽容和理解,一种饱经沧桑的充实和自信,一种光明的理性,一种坚定的成熟,一种战胜了烦恼和庸俗的清明澄澈。它是一潭清水,它是一抹朝霞,它是无边的平原,它是沉默的地平线。多一点,再多一点喜悦吧,它是翅膀,也是归巢,它是一杯美酒,也是一朵永远开不败的莲花。

——王蒙《喜悦》

4."不"的变调

(1)"不"的变调规律

①处在词、句末尾或单念,以及非去声音节前读去声。如:不、我不、不好、不等、不成、不敢、不行、不才、不安。

②在去声音节前读阳平。如:不必、不备、不去、不见不散、不破不立、不上不下。

③夹在词语中间读轻声。如:看不见、行不行、差不多、了不起、说不好、输不起。

(2)"不"的变调练习

【绕口令训练】

王老汉手拿一根不长不短的鞭子,赶着一辆不新不旧的大马车,拉着满车不计其数的公粮,奔驰在不宽不窄的大道上。到了粮库门口,不慌不忙地停住了那辆不新不旧的大马车,不声不响地放下了手中那根不长不短的鞭子,他不遗余力地肩扛一包一包不计其数的公粮,不厌其烦地装进了国家的大仓房。

【语段训练】

冬冬不小心打碎了一个花瓶,他急得团团转不可开交。爸爸见了不动声色,这使冬冬更不知所措……妈妈不慌不忙地走过来,和蔼地安慰冬冬说:"今天这个花瓶不是你故意打碎的,妈妈不批评你。不过,以后干事情可不要再粗心了。"冬冬歉意地点了点头。接着,爸爸又风趣地说:"旧的不去,新的不来嘛!"这才使冬冬心头的一块石头落了地,连连向爸爸妈妈表示说:"以后我再也不粗心大意、不管不顾了。"

5.重叠词变调

(1)重叠词的变调规律

①AAB式

重叠词部分可以读原声调,也可读阴平,但带儿化韵时,必须读阴平。如:

高高的　美美的　甜甜的　远远的　凉凉的　空空的

②ABB式

两种发音情况,一种直接读原声调,另一种重叠部分读阴平。如:

亮晶晶　红彤彤　黑黝黝　雾茫茫　灰蒙蒙　火辣辣

③AABB 式

两种发音情况,一种重叠部分可不变调,另一种部分需变为阴平。如:

堂堂正正　轰轰烈烈　干干净净　明明白白　舒舒服服　热热闹闹

(2)重叠词变调练习

【语段训练】

　　大雪整整下了一夜。早晨,天放晴了,太阳出来了。推开门一看,嗬!好大的雪啊!山川、树木、房屋,全部罩上了一层厚厚的雪,万里江山变成了粉妆玉砌的世界。落光叶子的柳树上,挂满了毛茸茸、亮晶晶的银条儿;冬夏常青的松树和柏树,堆满了蓬松松、沉甸甸的雪球。一阵风吹来,树枝轻轻地摇晃,银条儿和雪球儿簌簌地落下来,玉屑似的雪末儿随风飘扬,映着清晨的阳光,显出一道道五光十色的彩虹。

——峻青《第一场雪》

(四)语气词"啊"的音变

"啊"作为感叹词用在句前时,仍读本音"a",如是作为语气助词用在句尾,因受它前面音节收尾音素的影响,会使读音发生改变。变化原则是依据前一个字的收尾音素而决定的。

1."啊"的音变规律

(1)前一音节收尾音素是 a、o(ao、iao 除外)、e、ê、i、ü 时,"啊"读 ya,也可写成"呀"。如:

喝茶啊　快划啊　你说啊　真热啊　上坡啊　广播啊

合格啊　祝贺啊　早起啊　喝水啊　逛街啊　节约啊

(2)前一音节收尾音素是 u 时(包括 ao、iao),"啊"读 wa,也可写成"哇"。如:

走啊　好啊　别哭啊　好笑啊　跳舞啊　快跑啊　真热闹啊　受得了啊

(3)前一音节收尾音素是 n 时,"啊"读 na,也可写成"呐"。如:

咱们啊　真准啊　好人啊　弹琴啊

(4)前一音节收尾音素是 ng 时,读成 nga。如:

小熊啊　好清啊　动听啊　是冷啊

(5)前一音节收尾音素是-i(舌尖前特殊元音)时,"啊"读成 za。如:

写字啊　几次啊　自私啊　工资啊

(6)前一音节收尾音素是-i(舌尖后特殊元音)时,"啊"读 ra。如:

节日啊　老师啊　快吃啊　及时啊

2."啊"的音变练习

鸡啊、鸭啊、猫啊、狗啊,一块儿在水里游啊!牛啊、羊啊、马啊、骡啊,一块进鸡窝啊!狼啊、虎啊、熊啊、豹啊,一块儿在街上跑啊!兔儿啊、鼠儿啊、虫儿啊、鸟儿啊,一块儿上窗台啊!

(五)词的轻重格式

在有声语言的表达中,由于词性、词义和感情的不同,一个词的几个音节便产生了轻重长短的差异,而这种约定俗成的差异就是词的轻重格式。在这些词语表达中,词的轻重格式可以分为重、中、轻三种,有的音节读出来短而弱,这样的音节就是"轻",相反,有点音节读出来长而强,这样的音节则为"重",介于二者之间的为"中"。

在我国普通话词汇与方言词汇的对比中,很多轻重格式的差异就会出现,要想普通话表达得纯正自然,就要掌握并了解词的轻重格式。在普通话的表达中,词的轻重格式其实是有一定规律可循的,但大多数都是人们在生活中约定俗成的,而且少数词还会因为语境和语义的不同发生相对的改变。所以在日常生活中,要多听、多记,培养良好的语感,才能更好地掌握词的轻重格式。

1.双音节词的轻重格式

在普通话中,双音节词的轻重格式有三种:中重、重中和重轻格式。其中多数为中重格式。(两个字的人名为中重格式)

(1)中重格式

前一个音节读中音,后一个音节读重音。

播音　跑道　宝贵　交通　说明　民主　友谊　关心　空白　汉字　视频
主持　海洋　北京　年轻　假如　节奏　铁路　新闻　开会　语言　水平

(2)重中格式

前一个音节相较于后一个音节读重一些、长一些。

变化　节日　涵养　宽容　气味　人口　作家　正确　情况　丢掉　动静
便利　爱戴　艺术　面积　仿佛　农业　逍遥　核对　邻居　比较　河流

(3)重轻格式

前一个音节读重音,后一个音节读轻音。

妹妹　唠叨　棉花　说说　石头　喉咙　篱笆　风筝　萝卜　迷糊　葡萄
舌头　石榴　岁数　太太　生意　实在　尾巴　帐篷　自在　嘴巴　知识

2.三音节词的轻重格式

在普通话中,三音节词的轻重格式有四种:中中重、中重轻、中轻重、重轻轻。(三个字的人名是中中重格式)

(1)中中重
播音员　笔记本　计算机　潜台词　幼儿园　办公室　交响乐　护身符
石拱桥　展览馆　工程师　滑翔机　湖南省　自行车　白兰地　向日葵
风景线　红绿灯

(2)中重轻
小姑娘　过日子　两口子　不由得　小便宜　拉关系　小伙子　脑瓜子
找麻烦　没工夫　没商量　牛脾气　犯嘀咕　糖葫芦　明摆着　同志们
卷铺盖　好意思

(3)中轻重
来不及　合不来　怪不得　大不了　吃不消　保不齐　动不动　冷不防
对不起　狐狸精　窟窿眼　机灵鬼　乡巴佬　泡泡糖　豆腐渣　俏皮话
喇叭花　认识论

(4)重轻轻
呼啦啦　丁零零　跳下来　叶子上　骑上去　看见了　跑回来　刷啦啦
笑嘻嘻

3.四音节词的轻重格式

在普通话中,四音节词的轻重格式与其语法结构有关,一般有三种:中重中重、重中中重、中轻中重。

(1)中重中重
鹤发童颜　奇装异服　五光十色　招兵买马　丰衣足食　国泰民安　四通八达
南腔北调　日积月累　南辕北辙　语重心长　赴汤蹈火　耳濡目染　翻江倒海

(2)重中中重
耐人寻味　一扫而空　易如反掌　义不容辞　喜出望外　别开生面　敬而远之
不约而同　狐假虎威　如虎添翼　词不达意　木已成舟　事不宜迟　诸如此类

(3)中轻中重
糊里糊涂　老实巴交　迫不及待　整整齐齐　大大方方　高高兴兴　噼里啪啦
亮亮堂堂　慌里慌张　说说笑笑　慢慢腾腾　嘻嘻哈哈　稀里糊涂　漂漂亮亮

第四节　发声简论

一、播音发声的一般审美要求

播音员、主持人作为一种用有声语言进行情感表达的职业,在传播信息的时候必须要做到以下几点:

(一)准确规范,清晰流畅(对语音提出的基本要求)

准确,指发音方法、发音位置、内容表达以及信息传递等要准确。
规范,指标准规范的普通话的语音运用。
清晰,指吐字归音时要发音清楚、颗粒清晰,表达清晰连贯。
流畅,指语音表达要舒服自然,通顺流畅。

(二)圆润集中,朴实明朗(对发声提出的基本要求)

圆润集中,指声音饱满圆润,形成束状,集中外送。
朴实明朗,指语言表达要平实质朴,接近生活,并能根据不同内容、不同环境变化情感基调和语言色彩。

(三)刚柔并济,虚实结合(对吐字提出的基本要求)

这是指发声要有弹性、韧性、刚柔并济、有实有虚,有些情况也需要虚实结合,要随着意义和感情表达的要求而灵活运用正确的发声方法。

(四)色彩丰富,变化自如(对声音色彩提出的基本要求)

这是指我们应该拥有富于变化的声音色彩和多样化的表达技巧。在日常交流或者稿件表达中,要通过科学的发声方式,以情带声地发出符合听觉审美、符合节目需求、吸引受众注意的好声音。

我们有理由相信,只要通过科学训练,勤加练习,好声音是可以练出来的。

二、呼吸控制与训练方法

呼吸是身体内部与外界环境之间气体交换的过程。呼吸控制是艺术发声中的重要一环,科学地运用气息,把握气息在身体里的流动,在语言表达过程中能够灵活地调节和控制气息,让声音更加稳定。而使声音具有弹性且富于变化是学习气息控制的目的。

(一)气息控制的要领

气息控制的要领是指胸腹式联合呼吸状态下的气息控制,吸气时吸气肌肉群和呼气肌肉群相互对抗、相互制约。它具体表现在横膈肌与小腹的对抗。需要注意的是,不仅仅在吸气的时候要保持控制,在呼气时肌肉群也要保持一定的紧张度,协同呼吸肌肉群形成对抗来进一步控制呼出气流时的强弱急缓。

(二)吸气的要领

1.气沉丹田

吸气时全身放松,双肩自然下垂,不要耸肩。嘴巴轻轻张开,上提软腭,气息从鼻子和牙缝之间自然吸入,把气吸到肺的底部,感觉两肋有充分的扩展,横膈肌下降,腰部鼓起来,小腹微收。可以试着躺在床上,全身放松,像睡着时自然呼吸,寻找吸气的感觉;也可多做"闻花香"的练习,寻找心旷神怡的感觉。

2.后腰撑开

后腰的部位是骨盆上方可以撑开的部位,可以用大笑的方式寻找腰部撑开的感觉,当然要发自内心地大笑,假笑时找不到正确位置。后腰撑开,横膈肌明显收缩下降,这样能够有效地增加进气量。

3.腹壁站定

吸气时小腹要有肌肉"站立"的感觉。小腹的腹壁肌肉要找到紧绷的感觉,保持不凸不凹的状态。

注意以上三个步骤在吸气过程中同步进行,吸气后不要马上放松,保持几秒,体会两肋开、小腹收、后腰撑开与腹壁"站定"的感觉。吸气时,肩膀要放松,不能耸肩,如果不能做到,要放松重新练习,找对方式。

(三)呼气的要领

呼气是整个气息控制的关键,发音吐字就是在呼气的过程中完成的。呼气时要保持吸气时的状态,在吐字发音的过程中想象自己在吸气。吸气肌肉群不能立刻松动回弹,小腹要保持收缩状态牵制横膈肌和两肋,随着呼气肌肉群慢慢回弹,两肋才缓缓回缩,膈肌缓慢上升,小腹逐渐放松,气流均匀地顺着咽壁经软腭送到硬腭前部,感觉用牙齿轻轻地咬住在口中的气团,可以想象在咬一个大苹果,要做到"气到口边放吐字,做字做到口前端"。

【呼吸基础训练】

　　一口气数不了二十四个葫芦,四十八个瓢,一个葫芦两个瓢,两个葫芦四个瓢,三个葫芦六个瓢,四个葫芦八个瓢,五个葫芦十个瓢,六个葫芦十二个瓢,七个葫芦十四个瓢,八个葫芦十六个瓢,九个葫芦十八个瓢,十个葫芦二十个瓢……

(四)呼吸控制的训练方法

1.了解自己的呼吸方式

　　在学习呼吸方式之前,请做一个自我测试——放松身体、头脑放空,按照比自己平时生活中稍微夸张一些的状态进行呼吸。

　　如果你感觉在呼吸的时候感到胸部憋闷,不够舒展,颈部僵硬不够灵活,肩膀也会随着呼吸起伏较大,发出的声音比较浅,并且又窄又细、轻飘飘的,那么这种呼吸方式叫作胸式呼吸。胸式呼吸主要是靠提起胸部肋骨来进行吸气,膈肌基本稳定不动。这种呼吸方式吸气较浅,吸气量小,呼出的气流浅而弱,气息在上胸部,容易导致肩部喉部的紧张,影响发声。

　　如果你在呼吸时发现自己的胸廓没有明显的扩张,但是膈肌下降、腹部外凸,发出的声音比较沉闷、暗哑,那么这种呼吸方式被称为腹式呼吸。这种呼吸方式吸气量较大,呼出的气流较强。

　　而我们需要的正确的呼吸方式是:胸腹式联合呼吸。

2.了解胸腹式联合呼吸

　　胸腹式联合呼吸结合了胸式和腹式两种呼吸方式,相比于其他两种方法,它具有很明显的优势。

　　吸气时,胸廓向外扩展、膈肌下降、小腹内收、胸腔的前后左右全面扩展,这样做吸气量最大,气吸得最深。注意不要只吸到上胸部,小腹始终要收住,不能在吸气时鼓起。呼气时,呼气肌肉群的力量一定要始终与吸气肌肉群相互对抗,这样可以控制气息的强度和流量。把胸部、腹部和膈肌相互联系起来,既可以扩大气息的储存空间,又可以有控制气息的支点。同时,采用胸腹式联合呼吸发出的声音更加响亮、坚实,这也是声音变化自如的基础。

3.胸腹式联合呼吸的要领

　　呼吸训练的关键在于持之以恒的练习,慢慢转化为肌肉记忆,在日常生活中形成习惯。在吸气时要着重体会两肋开、横膈降、小腹收,气息下沉的感觉;而呼气时小腹要保持收紧状态,胸廓和膈肌慢慢恢复,体会呼气时气息的持久、稳定,能够控制自如。需要注意的是:不论是吸气还是呼气,都要保持腹、腰、胸、颈、口的五位平衡。

在实际练习中,需要注意以下几方面:在练习前,可以让身体先平躺下来,让身体完全放松下来,想象自己躺在美丽的大自然中,保持心情舒畅,自然吸气,仔细体会。

【扩胸收腹开肋练习】

首先要调整好坐姿。坐在凳子的三分之一处,腰背挺直,小腹微收,双脚着地,双手平放于腿上或叉腰。

其次轻闭双眼,身体在保证姿势的基础上保持放松,牙关自然打开,双唇微开,舌尖轻轻触碰硬腭,小腹微收,自然吸气。口中可轻发"si"音。气息要吸得深,但不能过多。两肋打开时要控制,保持住,间隔几秒后再缓缓吐气,呼气时找到吸气的感觉。

【松肩松颈练习】

在上一练习的基础上,站起来。

首先要调整好站姿。肩膀要平,一字掰开;脖子要直,在肩膀上放松而平衡,侧面与整个身子是一条直线,不可以前倾。双脚微开,与肩膀同距。屁股要收一点,给背部尾椎骨那里提供呼吸的空间。大家要记住,横膈膜是水平的,扩张的部位不仅是肚子,还有腰部和背部。

其次,轻松自由地转动双手手腕、双肩,以及颈部和头部。身体放松,呼吸自然,两肋开、膈肌降、小腹收。

【松舌根开后背练习】

在上一个练习的基础上,自然坐好,头微微低下,吸气并打开两肋,气息尽量往后吸,想象气息流通到后背后腰,吸好后保持几秒,将头渐渐抬起,缓缓吐气,吐气时要匀速、自然,并保持两肋、腹肌与膈肌的控制。吸气不要过满,七八成就可以,不然会影响到肌肉活动与控制。

(五)正确播音呼吸方法实践

【结合声调训练】

夸张上声练习

雨　好　海　我　宝　满　响　脑　脚　稿　跑
把　想　古　缓　苦　瓦　也　尺　准　俩　努

夸张四声练习

赞不绝口　沧海一粟　所向披靡　山河美丽　快马加鞭
举世无双　目不转睛　攻无不克　饶有风趣　壁垒森严
兵强马壮　花红柳绿　优柔寡断　鸡鸣狗盗　经年累月

【绕口令训练】

数红旗

广场上飘红旗,看你能数多少面旗:一面旗,两面旗,三面旗,四面旗,五面旗,六面旗,七面旗,八面旗,九面旗,十面旗。十面旗,九面旗,八面旗,七面旗,六面旗,五面旗,四面旗,三面旗,两面旗,一面旗。

数　枣

出东门儿,过大桥,大桥底下一树枣,拿着竿子去打枣,青的多红的少,一个枣儿,两个枣儿,三个枣儿,四个枣儿,五个枣儿,六个枣儿,七个枣儿,八个枣儿,九个枣儿,十个枣儿;十个枣儿,九个枣儿……一个枣儿,这是一个绕口令儿,一口气说完才算好。

【古诗词训练】

要求:以情带声,在声音的起承转合中体会呼吸控制,注意声音的高低、强弱、明暗、虚实变化。

自　遣
罗　隐

得即高歌失即休,多愁多恨亦悠悠。
今朝有酒今朝醉,明日愁来明日愁。

把酒问月·故人贾淳令予问之
李　白

青天有月来几时?我今停杯一问之。
人攀明月不可得,月行却与人相随。
皎如飞镜临丹阙,绿烟灭尽清辉发。
但见宵从海上来,宁知晓向云间没。
白兔捣药秋复春,嫦娥孤栖与谁邻?
今人不见古时月,今月曾经照古人。
古人今人若流水,共看明月皆如此。
唯愿当歌对酒时,月光长照金樽里。

题醉中所作草书卷后
陆 游

胸中磊落藏五兵,欲试无路空峥嵘。
酒为旗鼓笔刀槊,势从天落银河倾。
端溪石池浓作墨,烛光相射飞纵横。
须臾收卷复把酒,如见万里烟尘清。
丈夫身在要有立,逆虏运尽行当平。
何时夜出五原塞,不闻人语闻鞭声。

声声慢
李清照

寻寻觅觅,冷冷清清,凄凄惨惨戚戚。乍暖还寒时候,最难将息。三杯两盏淡酒,怎敌他、晚来风急?雁过也,正伤心,却是旧时相识。

满地黄花堆积。憔悴损,如今有谁堪摘?守着窗儿,独自怎生得黑?梧桐更兼细雨,到黄昏、点点滴滴。这次第,怎一个愁字了得!

水调歌头
苏 轼

明月几时有,把酒问青天。不知天上宫阙,今夕是何年。我欲乘风归去,又恐琼楼玉宇,高处不胜寒。起舞弄清影,何似在人间!

转朱阁,低绮户,照无眠。不应有恨,何事长向别时圆?人有悲欢离合,月有阴晴圆缺,此事古难全。但愿人长久,千里共婵娟。

【文艺作品训练】

为有牺牲多壮志

1990年,中央警卫局在清理毛泽东同志的遗物时,无意中发现了一个小柜子,柜子里面装的是毛泽东亲手珍藏的毛岸英同志的几件衣物,有衬衣、袜子,毛巾和一顶军帽。这些物品不是身边的工作人员收拾的,甚至他们连看都没有看到过。

从毛岸英牺牲到毛主席逝世隔了26年。我们不知道,毛主席是在怎样的悲痛和寂寞中把儿子的这些衣物珍藏在身边的,这26年里,主席在北京的住处,至少搬了5次;我们也不知道,他是怎样瞒过所有的工作人员,没有让任何人经手过这些衣物。

当这些衣物再一次呈现在我们面前时，距离毛岸英牺牲已经过去了整整40年，距离毛主席逝世也过去了14年，一个老父亲对离去孩子的思念，就这样被默默地压在衣柜底下，沉默了近半个世纪。

面对这些衣物，让我们对那些熟悉的故事、对毛主席父子之间的深情，有了更多的感受。

1950年9月，28岁的毛岸英赴朝鲜参战，34天之后，他牺牲了，在各种影视剧里，我们最熟悉的是这样的场景：当毛泽东得知岸英在朝鲜战场牺牲的消息，他沉默了很久，才对在场的工作人员说，"战争嘛，总要有牺牲的，这没有什么"。

可这些衣物呢，夜深人静，等到所有人都离开，一个老年丧子的父亲，独自一个人，把孩子留在家里的衣物，一件一件地叠好、收起，放到衣柜深处，这一切，是在那个悲伤消息传来的夜晚吗？

我们很多人听说过这样的故事，当有人建议把岸英的墓迁回国内时，毛泽东说："不必了，共产党人死在哪里就埋在哪里吧。"作为一个领袖，他只能拒绝这份好意，并且在文件上写下这样的字句："把岸英的遗骨，和成千上万的志愿军烈士一样，掩埋在朝鲜的土地上。"

可这些衣物呢？一个把儿子的毛巾和袜子都视若珍宝的父亲，真的就不想他回来吗？他是否也曾经在那些翻身起来的夜里，像每一位失去孩子的父亲一样，把这些衣物，一件一件拿出来，轻轻抚摸。在这些衣物上，是不是也曾浸染过一个男人的眼泪呢？我们不知道，我们不敢深究，我们不忍细想。

这真正痛彻心扉的伤口，是一个男人拒绝任何人分担，禁止任何人触碰的。

隔着这么远的时空啊，当这些衣物突然出现在我们面前时，我们才有机会去还原一个父亲的爱和痛。而作为儿子的毛岸英，他再也体会不到了。

历史总是有太多令人心碎的巧合。当毛泽东悄悄藏起对儿子的思念时，他不知道的是几十年前，他的妻子杨开慧，也把对丈夫的牵挂，藏在了老家房子的砖缝里。

在毛泽东1927年告别妻子之后，由于书信不通，独自抚养三个孩子的杨开慧，把对丈夫的思念和牵挂写成文字。她记下和丈夫相识相爱的过程，她也写下对丈夫无尽的牵念。文稿里有这么几句诗：足疾已否痊，寒衣是否备，念我远行人，何日，何日再重逢。

他们终究没有重逢，毛泽东也没能看到妻子的这些文字。

似乎是早有牺牲的准备，杨开慧把自己写的这首题为《偶感》的诗稿和其他的散文,藏在了长沙板仓镇杨家老屋的砖缝里。1930年,杨开慧牺牲,1982年杨家老屋重新翻修时,这些文字才偶然被发现,得以重现人间。

此时距离杨开慧牺牲已经过去了52年,距离毛泽东逝世已经六个春秋,这四千多字的手稿,已经被岁月侵蚀得陈迹斑斑,一个女性的爱情火焰,就这样,在黑暗而狭小的空间里,独自燃烧了半个多世纪。

妻子对丈夫的爱,父亲对儿子的爱,都曾这样被时间悄悄掩盖,在"天翻地覆慨而慷"的家国叙事中,它们只是深藏幕后,它们只是静静等待。

这些信件和衣物何其不幸,它们承载的绵绵亲情,再也没有机会被它们的主人细细品读。

这些信件和衣物又何其有幸,它们让我们有机会去感受一代伟人撕心裂肺的挚爱,为那段波澜壮阔的宏大历史,做出一个最最温柔的注脚。

1959年,在杨开慧牺牲29年、毛岸英牺牲9年之后,毛泽东终于回到故乡,并写下了那首著名的诗篇《到韶山》:"别梦依稀咒逝川,故园三十二年前。红旗卷起农奴戟,黑手高悬霸主鞭。为有牺牲多壮志,敢教日月换新天。喜看稻菽千重浪,遍地英雄下夕烟。"

"为有牺牲多壮志","牺牲"两个字写得多么豪迈,那一刻心里有多痛,"敢叫日月换新天",一个"敢"字,把多少风云一笔带过,你懂,你就会知道,"新中国"这三个字,有多重!

三、口腔状态与喉部控制

(一)口腔状态

口腔是人类发声的重要腔体,在这个腔体中,咬字器官相互配合,相互作用,可以使语音发声准确清晰,声音圆润集中。而为了充分发挥口腔共鸣作用并提高吐字质量,就离不开口腔控制及各个器官之间的有效配合。它包括一系列动作要领,主要有:提颧肌、挺软腭、打牙关、松下巴以及吐字归音中的唇舌动作要领。这是播音员发声训练的重要环节,也是初学者从松散的发音状态向训练有素的发音状态过渡的重要一步。

1.训练要领与方法

【打开口腔】

为了充分发挥口腔共鸣,我们需要把口腔前后部都打开,但并不是张大嘴,张大嘴时口腔成前大后小状,像"喇叭"似的,而正确的打开方式时呈"马蹄"形,这就要通过

"提颧肌、打牙关、挺软腭、松下巴"来实现。

【提颧肌】

提颧肌，是指播音发声训练口腔控制要领之一，是抬起上颚的前部动作，可以用微笑来找到感觉。颧肌提起时，口腔前部有向上抬起扩张的感觉，鼻孔略有扩大，上唇贴紧齿面。提颧肌对提高声音的亮度和字音清晰度有明显作用。

练习方法：可以用张开大嘴同时展开鼻翼的方式来体会提颧肌的感觉。这样连续、渐快地反复训练多次，颧肌部位会明显感到酸胀，经过反复练习，颧肌力量便会加强，形成习惯，咬字时就会自然提起，口腔前部会有展开的感觉，上唇也会紧贴牙齿，便于唇部发力，对吐字发音及共鸣产生积极作用。

【打牙关】

打牙关主要是打开后牙关，让口腔有一种向上提起的感觉，这样能够给予舌头更多的后移空间，同时也可以美化声音，使口腔共鸣更加丰富，让字音"立"住。

练习方法：可以通过打开口腔，让嘴张到极限或者通过空口咬苹果做出咀嚼状来找到牙关扩张的感觉，还可以通过上齿刮舌面的动作来体会打开牙关。

【挺软腭】

挺软腭是抬起上颚后部的动作，能够有效地打开口腔内部空间，提起软腭可以关闭鼻腔通道，避免过多鼻音，还可以丰富口腔共鸣。

练习方法：可以用夸张吸气、"闭口打哈欠"和"空咬苹果"的动作来体会软腭上抬的感觉。

【松下巴】

松下巴就是让下巴放松，下巴紧张会让喉部肌肉产生不正常的紧张收缩，导致发声吃力紧绷，加大喉部负担，使声带疲劳。要把咬字力量集中在上颚，下巴才能自然内收，这样口腔才能真正打开，保持声音的松弛。

练习方法：喝一小口水，放在舌头下面，尝试着说话，控制水不要从口腔中流出，或者可以模仿牙疼时说话的感觉来体会。

【唇、舌力量集中】

唇、舌力量的集中，能够使发出的声音更加清晰，具有穿透力。想让声音清晰、集中，要做到咬字器官集中力量，要将力量集中在唇中央的三分之一处，同时嘴角不要紧绷，适度放松。

舌头是口腔内最重要的发音器官，要把舌头的力量集中在舌头的前后中纵线上，并且在发音过程中舌体要向中间聚拢。

【声挂前腭】

发声时，在打开口腔的前提下，做到"提、打、挺、松"，然后想象发出的声音沿着软腭、硬腭的中纵线，推动到硬腭前部，可以把这条中纵线视为声音发出的路线，我们在吐字时,字音的着力点就在硬腭前部。练习时,要有意识地把声音打到这个地方,这样才能够让声音集中,音色明朗。

【吐字归音】

吐字归音,是指中国传统戏曲声乐艺术中提及咬字方法时所用的一个术语。它根据汉语语音特点,把一个音节的发音过程分为"出字""立字"和"归音"三个阶段。通过对每个阶段的发音控制,使发音吐字标准规范。吐字归音作为一种发音方法,已从戏曲艺术逐步渗透到歌唱、话剧等艺术语言,以及播音的实践中。它的要求有:出字要叼住弹出,立字要拉开立起,归音要到位弱收。

从汉语拼音的结构特点入手,把一个汉字音节分为字头、字腹和字尾三个部分。字头是音节开头的声母或者声母加韵母的韵头部分;字腹指韵母中的主要元音;字尾则是指韵尾。

吐字归音要求在发音过程中的每个阶段都能进行相应的处理,把对字头、字腹、字尾的处理分别叫作出字、立字、归音。

出字:对字头的处理,要求叼住弹出。

立字:对字腹的处理,要求拉开立起。

归音:对字尾的处理,要求干净利索、趋向鲜明、弱收到位。

2.进阶专项练习

(1)口部操

【唇的练习】

喷唇:也称作双唇后打响,双唇紧闭,将唇的力量集中于后中纵线三分之一的部位,唇齿相依,不裹唇,阻住气流,然后突然连续喷气出声,发出 po、po、po 的音。

咧唇:(提颧肌)将双唇闭紧尽力向前噘起,然后将嘴角用力向两边伸展。(咧嘴)反复进行。

撇唇:双唇后闭紧向前噘起,然后向左歪、向右歪、向上抬、向下压。

绕唇:双唇闭紧向前撮起,上下、左右,顺时针、逆时针 360 度绕动。

【舌的练习】

刮舌:舌尖抵下齿背,舌体贴住齿背,随着张嘴,用上门齿的齿沿刮舌叶、舌面,使舌面能逐渐上挺隆起,再将舌面后移向上贴住硬腭前部,感觉舌面向头顶上部"百会穴"的位置立起来。这一练习对于打开后声腔,纠正"尖音"以及增加舌面隆起的力量很有效。可以训练口腔开度,舌面音 j、q、x 的发音问题。

顶舌:闭唇,用力用舌尖顶住左内颊,似小孩儿嘴里有糖状,然后用舌尖顶住右内颊做同样练习。左右交替、反复练习。

绕舌:闭唇,把舌尖伸到齿前唇后,向顺时针方向环绕 360 度,然后向逆时针方向环绕 360 度,交替进行。

立舌:将舌尖向后贴住左侧槽牙齿背,再将舌沿齿背推至门齿中缝,使舌尖向右侧力翻,然后做相反方向的练习。这一练习对于改进边音l的发音有益。

弹舌:舌尖力量集中,抵住上齿龈,堵住气流,然后爆破成音。或弹发"da、de、ta、te"音,反复练习。

伸舌:用力把舌头往外伸,舌尖越尖越好,再往回缩,尽量伸缩到最大极限。

【牙关练习】

开合:张口像打哈欠,闭口如啃苹果。

咀嚼:张口咀嚼与闭口咀嚼同时进行,舌头自然放平。

(2)绕口令练习

找　宝

一座棚傍峭壁旁,峰边喷泻瀑布长,不怕暴雨飘泼冰雹落,不怕寒风扑面雪飘扬,并排分班翻山攀坡把宝找,聚宝盆里松柏飘香百宝藏,背宝奔跑报矿炮劈火,篇篇捷报飞伴金凤凰。

范福犯法

范福犯法,法院传范福去法院服法。范福不愿去法院服法屡次犯法,犯人范福被法警押到法院服法,法庭审判犯人范福让其伏法。

九与酒

九月九,九个酒迷喝醉酒。九个酒杯九杯酒,九个酒迷喝九口。喝罢九口酒,又倒九杯酒。九个酒迷端起酒,"咕咚、咕咚"又九口。九杯酒,酒九口,喝罢九个酒迷醉了酒。

牛驮油

九十九头牛,驮着九十九个篓。每篓装着九十九斤油。牛背油篓扭着走,油篓磨坏篓漏油,九十九斤一个篓,还剩六十六斤油。你说漏了几十几斤油?

白老八

白老八门前栽了八棵白果树,从北边飞来了八个白八哥儿不知在哪住。白老八拿了八个巴达棍儿要打八个白八哥儿,八个八哥儿飞上了八棵白果树,不知道白老八拿这八个巴达棍儿打着了八个白八哥儿,还是打着了八棵白果树?

六十六头牛

六十六岁的陆老头,盖了六十六间楼,买了六十六篓油,养了六十六头牛,栽了六十六棵垂杨柳。六十六篓油,堆在六十六间楼;六十六头牛,扣在六十六棵垂杨柳。忽然一阵狂风起,吹倒了六十六间楼,翻倒了六十六篓油,折断了六十六棵垂杨柳,砸死了六十六头牛,急煞了六十六岁的陆老头。

(二)喉部控制

1. 喉部控制的重要性

喉是人体的重要器官,更是人类声音的"发源地"。受自身生理条件的影响,每个人都是一个独立的个体,人们的嗓音条件各有不同,因此,要想使发声能力得到提高就要进行科学的训练。在训练喉部控制的同时也要训练气息控制、口腔控制,三者协同配合,用科学的发声方式发声。

在人体中,介于咽和气管之间的部分称作喉,是发音系统中最具代表性的发音器官。气息是动力源,共鸣器官是调音区,喉部是发声源。喉部决定了一个人的声音特质。播音员和主持人要重视发声过程中对喉部的控制与支配,提高声音的美感与质感,使嗓音更加持久、自如。

发声时,喉部应保持相对稳定,避免提喉、压喉,过度挤压声音,提喉声音会"挤",压喉声音会"空",影响吐字清晰度。因此我们发声时应保持喉部相对稳定,找到适合自己的发声位置,使发出的声音自然、通畅、宽窄适度。

2. 喉部位置的调整训练

吞咽口水,体会喉头的上下移动,再有意识地提起、降下喉头,反复进行,并灵活控制。

对着镜子,用手摸着喉头,打开口腔保持发"a"音的状态,同时设想听到或者看到一件事情,令人惊喜、震惊或惊讶,但不出声。这时,就可以感受到喉部在一提一放的紧张和松弛变化中所形成的喉头上下位移。

调动情绪,保持积极乐观的心态以及口腔的静态控制,并呈发"a"音的口腔状态。用手轻弹喉头,通过听觉来体会喉腔的"空旷"感。接着放松喉腔和空腔,轻弹喉头判断声音的"闷、暗",以此来感受发音时喉部应保持的控制状态。

发音时,舌位的高低、前后以及口腔的开合都会连带喉头上下移动,比如在发舌位偏高或者偏前的元音时,喉头往往自然上提,相反则自然下降。

3. 喉部自然放松的练习

声音形象的好坏很大程度上取决于声带和喉头松弛的程度。喉部放松可以让声带自如地颤动,发出的音色更加自然柔和、纯净、持久且富于变化。

放松并不是说声带失去原有的张力,而是要学会用吸气的感觉放松喉头,使喉头有上下松开的感觉,两声带轻轻靠拢,而不是紧紧闭合,这样发出的声音音色介于实声与虚声之间,相较实声柔和,又比虚声结实。所发出的声音,是虚实结合、音色自如的自然声音。

【专项训练】

a 元音"气泡音"练习:

通过气息的带动,让喉部"吹"出气泡一样的声音。半打哈欠,提上颚,使口腔保持静态控制,再用发"a"的状态发气泡音,声带状态要保持稳定,气泡要均匀,气息要平稳。但如果喉部过于紧张、不够放松,是无法发出科学的气泡音的。应做到两条声带轻微闭合,再用少量气息震动声带,才能发出颗粒均匀的小气泡:a……a……a……,也可通过唇舌变化发出六个单元音气泡音:a……o……e……i……u……ü……。

螺旋音练习:

从自如的低音区开始,发 a 或 i,持续发音,层层上绕,气息控制好,小腹收紧,后腰撑起,横膈肌用力,螺旋式音阶,达到高音喉"环形下绕",气息拉住,直到回到低音区,循环渐进。注意喉部发音时的相对稳定与松弛。

阶梯式升高、降低练习:

从个人自如声区低音区开始,发"hei……hei……hei……"气息托住,小腹保持收紧,后腰撑起,由低音区逐渐向高音区过渡,到达高音区后保持,注意不要喊叫,再逐渐回归低音区。

声音色彩变化练习:

通过声音大小、强弱、高低、虚实、明暗等的对比变化,塑造出童话中动物的形象。

猜猜我有多爱你

小兔子要上床睡觉了,它紧紧抓着大兔子的长耳朵,要大兔子好好地听它说。

"猜猜我有多爱你?"小兔子问。

"噢!我大概猜不出来。"大兔子笑笑地说。

"我爱你这么多。"小兔子把手臂张开,开得不能再开。

大兔子有双更长的手臂,它张开一比,说:"可是,我爱你这么多。"

小兔子动动右耳,想:嗯,这真的很多。

"我爱你,像我举得这么高,高得不能再高。"小兔子说,双臂用力往上撑举。

"我爱你,像我举得这么高,高得不能再高。"大兔子也说。

这真的很高,小兔子想:希望我的手臂可以像大兔子一样。

小兔子又有个好主意,它把脚顶在树干上倒立了起来,他说:"我爱你到我的脚指头这么多。"

大兔子一把抓起小兔子的手,将它抛起来,飞得比它的头还高,说:"我爱你到你的脚指头这么多。"

小兔子笑了起来,说:"我爱你像我跳得那么高,高得不能再高。"它跳过来又跳过去。

大兔子笑着说:"可是,我爱你,像我跳得这么高,高得不能再高。"它往上一跳,耳朵都碰到树枝了。

跳得真高哇——小兔子想——真希望我也可以跳得像它一样高。

小兔子大叫:"我爱你,一直到过了小路,在远远的河那边。"

大兔子说:"我爱你,一直到过了小河,越过山的那一边。"

小兔子想,那真的好远。它揉揉红红的两眼,开始困了,想不出来了。它抬头看着树丛后面那一大片的黑夜,觉得再也没有任何东西比天空更远的了。

大兔子轻轻抱起频频打着呵欠的小兔子,小兔子闭上了眼睛,在进入梦乡前,喃喃说:"我爱你,从这里一直到月亮。"

"噢!那么远,"大兔子说,"真的非常远,非常远。"大兔子轻轻将小兔子放到叶子铺成的床上,低下头来,亲亲它,祝它晚安。然后,大兔子躺在小兔子的旁边,小声微笑着说:"我爱你,从这里一直到月亮,再……绕回来。"

四、声音弹性

播音员、主持人的声音就好比画家手中的调色板,色彩变化越丰富细致,对于感情色彩的适应性就会越强。声音弹性的训练就是要拓展声音色彩变化的能力,包括对于气息的把控,声音的刚与柔、强与弱、高与低、明与暗、动与静、实与虚、松与紧、厚与薄等。色彩的对比具有丰富的层次性,但声音不同,所以表达时控制的水平越高,所表达出的层次就越细致。

(一)声音色彩

声音色彩是感情色彩的外部表现,声音色彩与感情色彩之间有一定的对应关系,如人们在心情较为愉悦时声音就较为明朗,而在比较郁闷的时候声音就较为低沉。感情色彩是丰富多变的,因此我们要求声音色彩也应当富有变化。

(二)声音弹性的表现特点

1.声音弹性表现为声音的可变性。离开了声音各方面的变化,也就谈不上有声音弹性了,其中最重要的是气息状态及声音色彩的变化。

2.声音的变化呈现对比性。这种可对比的项目很多,其中主要有:气息的深浅、徐疾,声音的高低、强弱、实虚、明暗、刚柔、厚薄,以及气息声音的收放等。

3.对比具有层次性。在每一对比项目中都有众多的层次,层次之间有着细微的差别。控制力越强,层次之间的差别就越细致。

4.声音弹性不是以单项对比形式出现,而是以各种对比项目的复合形式出现。由于复合的成分不同,各种成分的强度、浓度不同,因而产生了变化万千的声音色彩及性格。

(三)声音色彩的对比训练

【强与弱对比训练】

海燕(节选)
高尔基

在苍茫的大海上,狂风卷集着乌云。在乌云和大海之间,海燕像黑色的闪电,在高傲地飞翔。一会儿翅膀碰着波浪,一会儿箭一般地直冲向乌云,它叫喊着,——就在这鸟儿勇敢的叫喊声里,乌云听出了欢乐。

在这叫喊声里——充满着对暴风雨的渴望!在这叫喊声里,乌云听出了愤怒的力量、热情的火焰和胜利的信心。

海鸥在暴风雨来临之前呻吟着,——呻吟着,它们在大海上飞窜,想把自己对暴风雨的恐惧,掩藏到大海深处。海鸭也在呻吟着,——它们这些海鸭啊,享受不了生活的战斗的欢乐:轰隆隆的雷声就把它们吓坏了。蠢笨的企鹅,胆怯地把肥胖的身体躲藏到悬崖底下……

【高与低对比训练】

长城谣
席慕蓉

尽管城上城下争战了一部历史
尽管夺了焉支又还了焉支
多少个隘口有多少次的悲欢啊

你永远是个无情的建筑
蹲踞在荒莽的山巅
冷眼看人间恩怨

为什么唱你时总不能成声
写你不能成篇
而一提起你便有烈火焚起
火中有你万里的躯体
有你千年的面容
有你的云 你的树 你的风

敕勒川 阴山下
今宵月色应如水
而黄河今夜仍然要从你身旁流过
流进我不眠的梦中

【刚与柔对比训练】

白杨礼赞（节选）

　　那是力争上游的一种树，笔直的干，笔直的枝。它的干呢，通常是丈把高，像是加以人工似的，一丈以内绝无旁枝。它所有的丫枝呢，一律向上，而且紧紧靠拢，也像是加以人工似的，成为一束，绝无横斜逸出。它的宽大的叶子也是片片向上，几乎没有斜生的，更不用说倒垂了；它的皮，光滑而有银色的晕圈，微微泛出淡青色。这是虽在北方的风雪的压迫下却保持着倔强挺立的一种树。哪怕只有碗那样粗细，它却努力向上发展，高到丈许，二丈，参天耸立，不折不挠，对抗着西北风。

【实与虚对比训练】

唐诗里的中国（节选）

　　站在世纪的长河上，你看那牧童的手指，始终不渝地遥指着一个永恒的诗歌盛世——那是歌舞升平的唐朝，是霓裳羽衣的唐朝。唐朝的诗书，精魂万卷，卷卷永恒；唐朝的诗句，字字珠玑，笔笔生花。无论是沙场壮士征夫一去不还的悲壮，还是深闺佳人思妇春花秋月的感慨，唐诗之美，或痛彻心扉，或曾经沧海,或振奋人心,或凄凉沧桑,都是绝伦美奂,久而弥笃。

【明与暗对比训练】

卖火柴的小女孩(节选)

她的一双小手几乎冻僵了。啊,哪怕一根小小的火柴,对她也是有好处的!她敢从成把的火柴里抽出一根,在墙上擦燃了,来暖和暖和自己的小手吗?她终于抽出了一根。哧!火柴燃起来了,冒出火焰来了!她把小手拢在火焰上。多么温暖多么明亮的火焰啊,简直像一支小小的蜡烛!这是一道奇异的火光!小女孩觉得自己好像坐在一个大火炉前面,火炉装着闪亮的铜脚和铜把手,烧得旺旺的,暖烘烘的,多么舒服啊!哎,这是怎么回事呢?她刚把脚伸出去,想让脚也暖和一下,火柴灭了,火炉不见了。她坐在那儿,手里只有一根烧过了的火柴梗。

她又擦了一根。火柴燃起来了,发出亮光来了。亮光落在墙上,那儿忽然变得像薄纱那么透明,她可以一直看到屋里。桌上铺着雪白的台布,摆着精致的盘子和碗,肚子里填满了苹果和梅子的烤鹅正冒着香气。更妙的是,这只鹅从盘子里跳下来,背上插着刀和叉,摇摇摆摆地在地板上走着,一直向这个穷苦的小女孩走来。这时候,火柴灭了,她面前只有一堵又厚又冷的墙。

她又擦着了一根火柴。这一回,她坐在美丽的圣诞树下。这棵圣诞树,比她去年圣诞节透过富商家的玻璃门看到的还要大,还要美。翠绿的树枝上点着几千支明晃晃的蜡烛,许多幅美丽的彩色画片,跟挂在商店橱窗里的一个样,在向她眨眼睛。小女孩向画片伸出手去。这时候,火柴又灭了。只见圣诞树上的烛光越升越高,最后成了在天空中闪烁的星星。有一颗星星落下来了,在天空中划出了一道细长的红光。

【厚与薄对比训练】

猴吃西瓜(节选)

大伙你看看我,我看看你,谁也没有吃过西瓜。小毛猴眨巴眨巴眼睛,挠了挠腮说:"我知道,吃西瓜是吃瓢!""不对!小毛猴说得不对!"秃尾巴猴跳了起来:"我小的时候跟我妈去姥姥家,吃过甜瓜,吃甜瓜就是吃皮。我想,这甜瓜也是瓜,西瓜也是瓜,吃西瓜嘛,当然也是吃皮咯。"这时候,大伙争执起来,有的说:"吃西瓜吃皮!"有的说:"吃西瓜吃瓢!"可争了半天,也没争出个结果,于是都不由得把目光集中到一个老猴的身上……

(四)声音弹性综合训练

【广告配音训练】

(1)你能听到的历史,126年;你能看到的历史,143年;你能品味的历史,430年。(国窖1573)

(2)喧嚣中你需要片刻宁静,沉淀思绪。以全新视野换个角度,而后运筹帷幄,决胜千里。(豪华行政版奥迪A6)

(3)品酒犹如艺术品鉴赏,依赖的是独特眼光,更多的是生活品位始终追求最好的。遇上张裕解百纳干红是我最美丽的邂逅,它的浓郁醇厚跨越百年时空,酝酿世纪感动,我的生活,我的态度,我的选择。(张裕解百纳干红葡萄酒)

(4)品质源于科技,感受融于自然,传递和谐动力,八千里路,天地追随,昆仑润滑油,源自中国石油。(昆仑润滑油)

【寓言故事训练】

两只笨狗熊

狗熊妈妈有两个孩子,一个叫大黑,一个叫小黑,他们长得挺胖,可是都很笨,是两只笨狗熊。

有一天,天气真好,哥儿俩手拉手一起出去玩儿。他们走着,走着,忽然看见路边有一块肉,捡起来闻闻,嘿,喷喷香。可是只有一块肉,两只小狗熊怎么吃呢?大黑怕小黑多吃一点,小黑也怕大黑多吃一点,这可不好办呀!

大黑说:"咱们分了吃,可要分得公平,我的不能比你的小。"

小黑说:"对,要分得公平,你的不能比我的大。"

哥儿俩正闹着呢,狐狸大婶来了,她看见肉,眼珠骨碌碌一转,说:"噢,你们是怕分得不公平吧,让大婶来帮你们分。"哥儿俩说:"好,好,咱们让狐狸大婶来分吧。"

狐狸大婶接过肉,恨不得一口吞下去,可是她没有这样做,一下子把肉分成两片,哥儿俩一看,连忙叫起来:"不行!不行!一块大,一块小。"

狐狸大婶说:"你们别着急,瞧,这一块大一点吧,我咬它一口。"狐狸大婶张开大嘴巴"啊呜"咬了一口,哥儿俩一看,又叫起来了:"不行,不行,这块大的被你咬了一口,又变成小的了。"

狐狸大婶说:"你们急什么呀,那块大了,我再咬它一口吧。"狐狸大婶张开大嘴巴又"啊呜"咬了一口,哥儿俩一看,急得叫起来:"那块大的被你咬了一口,又变成小的了。"

狐狸大婶就这样这块咬一口,那块咬一口,肉只剩下小手指头那么一点儿了。她把一丁点大的肉分给大黑和小黑,说:"现在两块肉都一样大小了,吃吧,吃吧,吃得饱饱的。"

大黑和小黑你看看我,我看看你,一句话也说不出来。

【经典文艺作品训练】

金色花
泰戈尔

假如我变了一朵金色花,只是为了好玩,长在那棵树的高枝上,笑哈哈地在风中摇摆,又在新生的树叶上跳舞,妈妈,你会认识我么?

你要是叫道:"孩子,你在哪里呀?"我暗暗地在那里匿笑,却一声儿不响。我要悄悄地开放花瓣儿,看着你工作。当你沐浴后,湿发披在两肩,穿过金色花的林荫,走到你做祷告的小庭院时,你会嗅到这花的香气,却不知道这香气是从我身上来的。当你吃过午饭,坐在窗前读《罗摩衍那》,那棵树的阴影落在你的头发与膝上时,我便要投我的小小的影子在你的书页上,正投在你所读的地方。

但是你会猜得出这就是你孩子的小影子么?

黄昏时,当你拿了灯到牛棚里去,我便要突然地再落到地上来,又成了你的孩子,求你讲个故事给我听。

"你到哪里去了,你这坏孩子?"

"我不告诉你,妈妈。"这就是你同我那时所要说的话了。

第二章

基础：表达技巧与情感驾驭

第一节 播音创作基础

一、播音创作的基本概念

播音创作基础，是中国播音学的重要组成部分，是理论与实践相结合的重要节点。播音创作，不同于我们之前讲过的播音发声，是播音语言表达的基础，也是由字句到篇章的桥梁和纽带，具有相当的整合价值。

(一) 创作要素与社会功能

有声语言创作的要素，大致可以归纳为四方面：

1. 创作目的

人类所有的社会行为活动都是具有目的性的，无论是现实中明确的功利性目的，抑或是潜意识中存在的思想意图，都会直接影响我们的具体实践活动。播音创作的目的十分明确，它与其产生的社会语境息息相关。

有声语言创作是信息的互联。如果从传播学的角度考量，播音员主持人作为传者，而听众、观众等则作为受众，这是一个"编码—解码"的互动过程。因此，播音创作要能使受众听得清楚、听得明白，否则就不能做到信息的互联。

有声语言创作是审美的体验。播音员主持人的有声语言创作应当是具有美感价值的，无论是新闻播报还是文艺朗诵，都需要调动令受众产生美的认知经验。

基于此，播音创作的目的是以社会信息传播功能为己任的积极的沟通交流、信息分享活动。

2.艰苦劳动

为了实现创作目的,我们必须要付出艰苦劳动。这种艰苦的劳动绝不仅仅限于创作的当下,而应当时时刻刻保持高度的创作自觉。播音员主持人创作是基于一定的艺术实践经验的,因此这是一个需要长期积累、用心体验的过程。我们在创作前需要多推敲、多思考,在创作后也应当多检视、多反思。

在之后的章节我们会具体讲到稿件的准备,也是我们播音创作艰苦劳动的一部分。

3.改变形态

有声语言创作是形态的大转变,需要播讲者在文字的基础上,去充分理解、具体感受、完善表达。

首先是将文字语言转化为有声语言。这里的形态改变,切忌"见字发声",而是要在正确理解稿件背景、内容等的基础上,寻找正确的创作道路。

其次是将内部语言外化成为有声语言。一篇稿件想要表达的主题与目的,一般深藏于文字之下。暗含于段落之间的潜在思想内涵,就是稿件的内部语言。在有声语言创作时,要有意识地将这些潜在的内容诠释出来,以受众为基础去深入理解和感受。

4.作品的完整性

这一要素也是播音创作的最后一环。有时一个作品可能会被拆分成几个小部分,有时一个作品会由几个人共同完成,无论哪一类创作类型,都需要协调各部分之间的有机关系,力求实现作品的整体和谐,进而达到播出或是供受众欣赏的标准。

以上四个要素在播音创作的整个流程中缺一不可、密不可分,需要有声语言创作者充分感受各部分的重要意涵,从而形成一个整体,对作品进行生动的有声化呈现。

(二)创作主体与正确道路

这里所说的有声语言创作主体,就是播音员主持人。播音员主持人的身份具有特殊性,他是新闻工作者,是媒介传播中的重要符号,是节目进程中的驾驭者,更是党、政府和人民的喉舌。

经过老一辈播音艺术家们的反复锤炼,具有中国社会主义特色的播音主持艺术的正确创作道路已基本形成。它可以表述为:站在无产阶级党性和党的政策的立场上,以新闻工作者特有的敏感,把握国内外形势的发展变化和人民群众的思想实际,准确及时、高效率、高质量地完成"深入理解—具体感受—形之于声—及于受众"的过程,以积极自如的话筒前、镜头前状态,进行有声语言的创作,使恰切的思想感情与尽可能完美的语言技巧统一,达到体裁风格与声音形式的统一,准确、鲜明、生动地表达出语言文化的精神实质,展现时代风貌,充满人文关怀,发挥广播电视教育和鼓舞广大人民群众的吸引力、感召力。

二、播音语言的基本特点

播音语言是一种有声语言,也是一种艺术语言,它在兼具上述两种语言共性的同时,又具有自己的独特性。很多人在提到播音员主持人时,都会提到"播音腔"这一概念。"播音腔"本身是对播音主持语言规律的认定,但近年来,越来越多的评论者将"播音腔"等同于"固定腔调",并进行否定性评价。然而,当我们学习了播音语言的基本特点后,就会明白:今天所指称的"播音腔",其糟粕在哪里,我们应当如何去剔除;精华又在哪里,我们应当如何继承和发扬。

播音语言的基本特点可以概括为"三性三感",具体如下:

规范性,是指语言规范、清晰顺畅;
庄重性,是指真实可信、落落大方;
鼓动性,是指情真意挚、爱憎分明;
时代感,是指胸襟开阔、新鲜跳脱;
分寸感,是指准确恰当、不瘟不火;
亲切感,是指恳切谦和、息息相通。

"三性三感",虽然各自含义与要求不同,但它们之间互相关联、互相制约、相互交融、不可分割。在实践中,我们要根据不同稿件的具体要求,进行具体运用,切不可以偏概全。

第二节 表达的内部技巧

一、情景再现

(一)情景再现的概念

情景再现,是指在播音创作的过程中,为把稿件准确生动地再现给听众、观众而采取的迅速调动情感的一种手段。这是一种联想、想象活动,是以稿件提供的文字为根据,展开再造想象,使稿件中的人物、事件、情节、场面、景物、情绪等在播音员脑海中不断浮现,形成连续的活动画面,并不断引发相关的态度和情感的过程。

情景再现作为播音创作的内部技巧之一,主要包含感受、想象、表达三个过程。感受是基础,想象是桥梁,表达是实现。换句话说,掌握情景再现这一有声语言的表达技巧,需要具备三种能力:感受力、想象力、表达力。同时,我们要学会适当地运用自己的身体语言,做到声情并茂。而身体语言作为副语言,是我们在表达过程中辅助我们调动情感思想的技巧之一。

如果说朗读是我们在客观表达作者的内容,朗诵则是化身为作者的艺术化"说话"。所以,朗读好比是我们看到一幅画,朗诵则是我们身在画中以"VR眼镜"的视角在欣赏画卷。但是初学者在表达时要注意避免"无情"和"见字生情"的问题,在平时的训练中如果遇到描写景象的文章,可以在创作阶段先用纸笔画下文中描绘的场景,做到"真听、真看、真感受"。

作为播音主持专业的姊妹学科,在表演艺术教学中,"真听、真看、真感受"是必学的基础知识。在播音创作中,我们也可以汲取表演专业的宝贵经验。当我们读到了文章内容,身体和心理都感受到文字的"温度"时,才能将最为真实的情感传递给受众。我们在学习过程中进行类似情景再现的训练,能够避免"神无所依""情不为所动"等诸多问题。很多播音主持专业的初学者,在有声语言表达时还经常会出现不知道眼神应该往哪里看,手应该怎么配合诸如此类的问题。当我们真正融入稿件中的"大千世界",巧妙运用情景再现的内在技巧时,这些问题就可以迎刃而解。

(二)情景再现的运用与稿件分析

接下来,我们在具体的稿件中来详细讲解如何调动情景再现这一技巧。

白杨礼赞(节选)

那是力争上游的一种树,笔直的干,笔直的枝。它的干呢,通常是丈把高,像是加以人工似的,一丈以内,绝无旁枝;它所有的桠枝呢,一律向上,而且紧紧靠拢,也像是加以人工似的,成为一束,绝无横斜逸出;它的宽大的叶子也是片片向上,几乎没有斜生的,更不用说倒垂了;它的皮,光滑而有银色的晕圈,微微泛出淡青色。这是虽在北方的风雪的压迫下却保持着倔强挺立的一种树!哪怕只有碗来粗细罢,它却努力向上发展,高到丈许,两丈,参天耸立,不折不挠,对抗着西北风。

这就是白杨树,西北极普通的一种树,然而决不是平凡的树!

它没有婆娑的姿态,没有屈曲盘旋的虬枝,也许你要说它不美丽,——如果美是专指"婆娑"或"横斜逸出"之类而言,那么白杨树算不得树中的好女子;但是它却是伟岸,正直,朴质,严肃,也不缺乏温和,更不用提它的坚强不屈与挺拔，它是树中的伟丈夫！当你在积雪初融的高原上走过，看见平坦的大地上傲然挺立这么一株或一排白杨树，难道你就只觉得树只是树，难道你就不想到它的朴质，严肃，坚强不屈，至少也象征了北方的农民；难道你竟一点儿也不联想到，在敌后的广大土地上，到处有坚强不屈，就像这白杨树一样傲然挺立的守卫他们家乡的哨兵！难道你又不更远一点想到这样枝枝叶叶靠紧团结，力求上进的白杨树，宛然象征了今天在华北平原纵横决荡用血写出新中国历史的那种精神和意志。

【训练提示】

这篇节选的第一段并没有告诉我们所描绘的是白杨树，第一句"那是力争上游的一种树"以形带入，画面感极强。第一段主要描写了白杨树的"杆""枝""叶"和"皮"，我们在日常练习时可以先了解白杨树的形象，尤其是没有见过白杨树的人，可以通过网络去搜索一些白杨树的照片、视频。只有脑海中有了白杨树的形象，我们才能描绘得更加贴切。稿件的第二段为接下来赞美白杨树的精神和表达整篇文章的目的，起到承上启下的作用。而在最后一段中读到"当你在积雪初融的高原上走过"时，朗诵者的眼神应该通过情景再现的方法，"真实"地看到平坦的高原上有一层积雪，具体感受到大西北的宽广、辽阔，并通过自己的有声语言表达出来。

家乡的桥

纯朴的家乡村边有一条河，曲曲弯弯，河中架一弯石桥，弓样的小桥横跨两岸。

每天，不管是鸡鸣晓月、日丽中天，还是月华泻地，小桥都印下串串足迹，洒落串串汗珠。那是乡亲为了追求多棱的希望，兑现美好的遐想。弯弯小桥，不时荡过轻吟低唱，不时露出舒心的笑容。

因而，我稚小的心灵，曾将心声献给小桥：你是一弯银色的新月，给人间普照光辉；你是一把闪亮的镰刀，割刈着欢笑的花果；你是一根晃悠悠的扁担，挑起了彩色的明天！哦，小桥走进我的梦中。

我在漂泊他乡的岁月，心中总涌动着故乡的河水，梦中总看到弓样的小桥。当我访南疆探北国，眼帘闯进座座雄伟的长桥时，我的梦变得丰满了，增添了赤橙黄绿青蓝紫。

三十多年过去，我带着满头霜花回到故乡，第一紧要的便是去看望小桥。

啊！小桥呢？它躲起来了？河中一道长虹，浴着朝霞熠熠闪光。哦，雄浑的大桥敞开胸怀，汽车的呼啸、摩托的笛音、自行车的叮铃，合奏着进行交响乐；南来的钢筋、花布，北往的柑橙、家禽，绘出交流欢悦图……

啊！蜕变的桥,传递了家乡进步的消息,透露了家乡富裕的声音。时代的春风,美好的追求,我蓦地记起儿时唱给小桥的歌,哦,明艳艳的太阳照耀了,芳香甜蜜的花果捧来了,五彩斑斓的岁月拉开了！

我心中涌动的河水,激荡起甜美的浪花。我仰望一碧蓝天,心底轻声呼喊:家乡的桥啊,我梦中的桥！

【训练提示】

本文作者以"桥"作为主线,描写了三十年前的"小桥"蜕变为雄浑的大桥,映射了家乡三十来年的变化。在学习这篇文章时需要注意到场景的关系,曲曲弯弯的河上是弓样的小桥,这已经为我们提供了具体的信息,那么我们创作时要充分想象"桥"与"我"的"距离"。假设我们将这篇文章拍成影像,首先应该是"远景镜头";"小桥都印下串串足迹,洒落串串汗珠"应该是"近景"或"特写"。文章的场景在不断变化,我们的"视线"也应该不断变化。"大桥敞开胸怀,汽车的呼啸、摩托的笛音、自行车的叮铃,合奏着进行交响乐;南来的钢筋、花布,北往的柑橙、家禽,绘出交流欢悦图……",经过前期一系列的情景再现,我们要通过在语言节奏上的起伏变化,表达出"方位感"与"时代感",这样才能使听者更清楚地感受到家乡的巨变与时代的发展。

火 光

很久以前,在一个漆黑的秋天的夜晚,我泛舟在西伯利亚一条阴森森的河上,船到一个转弯处,只见前面黑魆魆的山峰下面,一星火光蓦地一闪。

火光又明又亮,好像就在眼前……

"好啦,谢天谢地!"我高兴地说,"马上就到过夜的地方啦!"

船夫扭头朝身后的火光望了一眼,又不以为然地划起桨来。"远着呢!"

我不相信他的话,因为火光冲破朦胧的夜色,明明在那儿闪烁。不过船夫是对的:事实上,火光的确还远着呢。

这些黑夜的火光的特点是:驱散黑暗,闪闪发亮,近在眼前,令人神往。乍一看,再划几下就到了……其实却还远着呢!

我们在漆黑如墨的河上又划了很久。一个个峡谷和悬崖,迎面驶来,又向后移去,仿佛消失在茫茫的远方,而火光却依然停在前头,闪闪发亮,令人神往——依然是这么近,又依然是那么远……

现在,无论是这条被悬崖峭壁的阴影笼罩的漆黑的河流,还是那一星明亮的火光,都经常浮现在我的脑际。在这以前和在这以后,曾有许多火光,似乎近在咫尺,不止使我一人心驰神往。可是生活之河却仍然在那阴森森的两岸之间流着,而火光也依旧非常遥远。因此,必须加劲划桨……

然而,火光啊……毕竟……毕竟就在前头!

【训练提示】

这篇稿件中,"火光"是故事主角,本来"蓦地一闪"到"又明又亮","我"以为快到彼岸,但是船夫以自己的经验浇灭了"我"的兴奋。文中也告诉我们环境是在漆黑的夜里,在河上坐船,"火光"由远及近,朗诵者在把客观距离表达出来的同时,还要把"我"的心理距离体现出来。在第七段以船作为参照物,峡谷和悬崖在向后移去,此处表达应该是由"视线"带动身体的副语言,二者同时进行,强调了表达者的真实感受。最后一段要强化我们的情感和"视线",态度应该是坚决的。

(三)情景再现专项练习

军　礼

红军队伍在冰天雪地里艰难地前进。严寒把云中山冻成了一个大冰坨。狂风呼啸,大雪纷飞,似乎要吞掉这支装备很差的队伍。

将军早把他的马让给了重伤员。他率领战士们向前挺进,在冰雪中为后续部队开辟一条通道。等待着他们的是恶劣的环境和残酷的战斗,可能吃不上饭,可能睡雪窝,可能一天要走一百几十里路,可能遭到敌人的突然袭击。这支队伍能不能经受住这样严峻的考验呢?将军思索着。

队伍忽然放慢了速度,前面有许多人围在一起,不知在干什么。

将军边走边喊:"不要停下来,快速前进!"

"前面有人冻死了。"警卫员跑回来告诉他。

将军愣了一下,什么话也没说,快步朝前走去。

"那我们就一块走吧。"

"不。你先走,我还要等我的同伴呢。"

一个冻僵的老战士,倚靠光秃秃的树干坐着。他一动不动,好似一尊塑像,身上落满了雪,无法辨认他的面目,但可以看出,他的神态十分镇定,十分安详:右手的中指和食指间还夹着半截纸卷的旱烟,火已被雪打灭;左手微微向前伸着,好像在向战友借火。单薄破旧的衣服紧紧地贴在他的身上。

将军的脸色顿时严峻起来,嘴角边的肌肉抽动着。忽然他转过脸向身边的人吼道:"把军需处长给我叫来!为什么不给他发棉衣?"

呼啸的狂风淹没了将军的话音。没有人回答他,也没有人走开。他红着眼睛,像一头发怒的豹子,样子十分可怕。

"听见没有,警卫员?叫军需处长跑步过来!"将军两腮的肌肉抖动着。

这时候,有人小声告诉将军:"他就是军需处长……"

将军愣住了,久久地站在雪地里。他的眼睛湿润了。他深深地吸了一口气,缓缓地举起右手,举到齐眉处,向那位跟云中山化为一体的军需处长敬了一个军礼。

风更狂了,雪更大了。大雪很快地覆盖了军需处长的身体,他成了一座晶莹的丰碑。

将军什么话也没有说,大步走进漫天的风雪中。他听见无数沉重而坚定的脚步声。那声音似乎在告诉人们:如果胜利不属于这样的队伍,还会属于谁呢?

背　影(节选)

朱自清

我说道:"爸爸,你走吧。"他望车外看了看,说:"我买几个橘子去。你就在此地,不要走动。"我看那边月台的栅栏外有几个卖东西的等着顾客。走到那边月台,须穿过铁道,须跳下去又爬上去。父亲是一个胖子,走过去自然要费事些。我本来要去的,他不肯,只好让他去。我看见他戴着黑布小帽,穿着黑布大马褂,深青布棉袍,蹒跚地走到铁道边,慢慢探身下去,尚不大难。可是他穿过铁道,要爬上那边月台,就不容易了。他用两手攀着上面,两脚再向上缩;他肥胖的身子向左微倾,显出努力的样子。这时我看见他的背影,我的泪很快地流下来了。我赶紧拭干了泪。怕他看见,也怕别人看见。我再向外看时,他已抱了朱红的橘子往回走了。过铁道时,他先将橘子散放在地上,自己慢慢爬下,再抱起橘子走。到这边时,我赶紧去搀他。他和我走到车上,将橘子一股脑儿放在我的皮大衣上。于是扑扑衣上的泥土,心里很轻松似的。过一会儿说:"我走了,到那边来信!"我望着他走出去。他走了几步,回过头看见我,说:"进去吧,里边没人。"等他的背影混入来来往往的人里,再找不着了,我便进来坐下,我的眼泪又来了。

二、对象感

(一)对象感的概念

对象感是指在播音过程中意识到对象的存在并与之进行交流、呼应的一种感受。

播音员、主持人在播音时，面前一般是没有实在的传播对象的，就是说"目中无人"，但是，心中必须要有人。要让传播对象始终在脑海里浮现着，好像和他们面对面地说话一样。不仅意识到对象的存在，而且还要意识到他们的"反应"，与之进行思想感情上的交流和呼应。既"存在"，又"交流"，这就是对象感。

有的创作活动，有嘉宾在场或嘉宾和观众同时在场，这时，既要同现场的嘉宾、观众交流，又要同收音机或电视机前的广大受众交流，使交流具有多向性。然而，真正的受众仍是在收音机和电视机前的。现场的嘉宾和受众的参与，也是为收音机、电视机前的受众服务的。无论在什么情况下，播音员主持人都要牢牢把握对象感。

有的学生日常表达十分自如生动，用声也比较松弛，但是在拿着稿子播读时却会出现目光呆滞、肢体僵硬等问题。心理学相关研究告诉我们，外在的肢体语言受心理语言的影响和制约，而对象感是学生获取正确心理状态的重要途径。

(二)对象感的运用与稿件分析

通过不同类型的稿件分析与对比，我们来具体感受对象感这一技巧。

毕业典礼演讲

尊敬的各位领导、老师、亲爱的14届即将毕业的同学们：

大家好！四年前，我们成功通过了高考的检阅，带着"春风得意马蹄疾，一日踏遍长安花"的喜悦与兴奋来到了深圳大学。转眼间，一千多个日出日落，一千多个潮涨潮汐就这样成了我们青春的过往。四年间，在深圳大学，我们不仅收获了知识，收获了同学情、师生情，更收获了特区大学所特有的精神与品格：敢闯、敢试、敢干！我们不会忘记，世界大学生运动会曾在这里召开；不会忘记，青年志愿者的微笑在这里绽放；不会忘记，大学生创业园为毕业生们敞开的深情拥抱；更不会忘记，校园里采摘、分发荔枝时场面的热闹与壮观。

四年的时间在人生的长河中或许仅仅是一朵浪花，但大学学习的四年却是最为闪亮的一朵。诗人说，离别的忧伤有着最动人的甜蜜。是的，在这个多雨的夏天里，荔园中到处飘荡着感伤的味道。穿班服的人多了，不会喝酒的醉了，难得流泪的哭了，就连往日里漫长的校园小路也似乎一下子变短了。总是说，下学期如何如何，可突然间意识到，再也不会有下学期了。我们的情绪也顷刻间变得复杂起来。

曾经，我们陶醉在炸鸡啤酒所营造的消费时尚中不能自拔；曾经，我们沉迷于英雄联盟所带来的网络快感中乐此不疲；曾经，我们为了一点小事，和舍友们斤斤计较……多少个曾经在今天让我们遗憾，追悔。

未来,无限可能;现在,飞驰而过;过去,静立不动。荔园的岁月给我们留下了太多美好和不那么美好的青春记忆,也记录下我们那些值得和不那么值得的喜怒哀乐。然而,在人生中最宝贵的四年时间里,我们从青涩走向成熟,我们的希望也在这里生根、发芽、开花、结果。所以,深圳大学是我们梦开始的地方,也必将成为我们永远的眷恋。

大家还记得 2010 年的网络热词"给力"吗?那么,就让我们高呼"深大14 届给力"的口号,擦干离别的泪水,带着灿烂的笑容走出校门,以梦为马,不负母校的厚望,在恩师期待的目光中走向美好的前程!

再次感谢大家!谢谢!

【训练提示】

我们首先确定稿件的语言表达环境是在全校师生面前,交流对象显然不是一对一,而是一对众。因此,要做到手中无稿但心中有稿,通过学习生活期间的点滴回忆引发学生对自己过去的具象化回顾,不断在自我交流与对众交流间实现无痕切换。

二十美金的价值

一天,爸爸下班回到家已经很晚了,他很累也有点儿烦,他发现五岁的儿子靠在门旁正等着他。

"爸,我可以问您一个问题吗?"

"什么问题?""爸,您一小时可以赚多少钱?""这与你无关,你为什么问这个问题?"父亲生气地说。

"我只是想知道,请告诉我,您一小时赚多少钱?"小孩儿哀求道。"假如你一定要知道的话,我一小时赚二十美金。"

"哦,"小孩儿低下了头,接着又说,"爸,可以借我十美金吗?"父亲发怒了:"如果你只是要借钱去买毫无意义的玩具的话,给我回到你的房间睡觉去。好好想想为什么你会那么自私。我每天辛苦工作,没时间和你玩小孩子的游戏。"

小孩儿默默地回到自己的房间关上门。

父亲坐下来还在生气。后来,他平静下来了。心想他可能对孩子太凶了——或许孩子真的很想买什么东西,再说他平时很少要过钱。

父亲走进孩子的房间:"你睡了吗?""爸,还没有,我还醒着。"孩子回答。

"我刚才可能对你太凶了,"父亲说,"我不应该发那么大的火——这是你要的十美金。""爸,谢谢您。"孩子高兴地从枕头下拿出一些被弄皱的钞票,慢慢地数着。

"为什么你已经有钱了还要?"父亲不解地问。

"因为原来不够,但现在凑够了。"孩子回答:"爸,我现在有二十美金了,我可以向您买一个小时的时间吗?明天请早一点儿回家——我想和您一起吃晚餐。"

【训练提示】

这篇文章中涉及两个人物角色:爸爸和儿子,在表达上要有人物的角色特质。文章已经交代了孩子的年龄是五岁,因此在表达孩子的语言时要结合人物的生理年龄和心理年龄,与爸爸的交流状态应该是经历了充满着期待到失落,再到兴奋这三段流畅的变化,父亲的状态应该是经历了疲惫—愤怒—内疚—疑惑的变化。

(三)对象感专项练习

秋天的怀念
史铁生

双腿瘫痪后,我的脾气变得暴怒无常。望着望着天上北归的雁阵,我会突然把面前的玻璃砸碎;听着听着李谷一甜美的歌声,我会猛地把手边的东西摔向四周的墙壁。母亲就悄悄地躲出去,在我看不见的地方偷偷地听着我的动静。

当一切恢复沉寂,她又悄悄地进来,眼边红红的,看着我。"听说北海的花儿都开了,我推着你去走走。"她总是这么说。母亲喜欢花,可自从我的腿瘫痪以后,她侍弄的那些花都死了。"不,我不去!"我狠命地捶打这两条可恨的腿,喊着,"我可活什么劲儿!"母亲扑过来抓住我的手,忍住哭声说:"咱娘儿俩在一块儿,好好儿活,好好儿活……"

可我却一直都不知道,她的病已经到了那步田地。后来妹妹告诉我,她常常肝疼得整宿整宿翻来覆去地睡不了觉。

那天我又独自坐在屋里,看着窗外的树叶"唰唰啦啦"地飘落。母亲进来了,挡在窗前:"北海的菊花开了,我推着你去看看吧。"她憔悴的脸上现出央求般的神色。"什么时候?""你要是愿意,就明天?"她说。我的回答已经让她喜出望外了。"好吧,就明天。"我说。她高兴得一会坐下,一会站起:"那就赶紧准备准备。""哎呀,烦不烦?几步路,有什么好准备的!"

她也笑了,坐在我身边,絮絮叨叨地说着:"看完菊花,咱们就去'仿膳',你小时候最爱吃那儿的豌豆黄儿。还记得那回我带你去北海吗?你偏说那杨树花是毛毛虫,跑着,一脚踩扁一个……"她忽然不说了。对于"跑"和"踩"一类的字眼,她比我还敏感。她又悄悄地出去了。

她出去了,就再也没回来。

邻居们把她抬上车时,她还在大口大口地吐着鲜血。我没想到她已经病成那样。看着三轮车远去,也绝没有想到那竟是永远的诀别。

邻居的小伙子背着我去看她的时候,她正艰难地呼吸着,像她那一生艰难的生活。别人告诉我,她昏迷前的最后一句话是:"我那个有病的儿子和我那个还未成年的女儿……"

又是秋天,妹妹推着我去北海看了菊花。黄色的花淡雅,白色的花高洁,紫红色的花热烈而深沉,泼泼洒洒,秋风中正开得烂漫。我懂得母亲没有说完的话。妹妹也懂。我俩在一块儿,要好好儿活……

语言的魅力

在繁华的巴黎大街的路旁,站着一个衣衫褴褛、头发斑白、双目失明的老人。他不像其他乞丐那样伸手向过路行人乞讨,而是在身旁立一块木牌,上面写着:"我什么也看不见!"不用说,他是为生活所迫才这样做的。街上过往的行人很多,那些穿着华丽的绅士、贵妇人,那些打扮漂亮的少男少女们,看了木牌上的字都无动于衷,有的还淡淡一笑,便扬长而去。

这天中午,法国著名诗人让·彼浩勒也经过这里。他看看木牌上的字,问盲老人:"老人家,今天上午有人给你钱吗?"

"唉!"那盲老人回答,"我,我什么也没有得到。"说着,脸上的神情非常悲伤。

让·彼浩勒听了,拿起笔悄悄地在那行字的前面添上了"春天到了,可是"几个字,就匆匆地离去了。

晚上,让·彼浩勒又经过这里,问那个盲老人下午的收入情况,那盲老人笑着对诗人说:"先生,不知为什么,下午给我钱的人多极了!"让·彼浩勒听了,摸着胡子满意地笑了。

"春天到了,可是我什么也看不见!"这富有诗意的语言,产生了这么大的作用,就在于它有非常浓厚的感情色彩。是的,春天是美好的,那蓝天白云、那绿树红花,怎么不叫人陶醉呢?但这良辰美景,对于一个双目失明的人来说,只是一片漆黑。这是多么心酸呀!当人们想到这位盲老人,一生中连万紫千红的春天都不曾看到,怎能不对他产生同情心呢?

三、内在语

(一)内在语的概念

内在语,是指稿件文字语言不便表露、不能表露或没有完全显露出来,或没有直接显露出来的语句关系、语句本质。播音要深刻,就要努力挖掘文字后面更深一层的意思,把握好播讲目的,把握好语言链条的承续及语句本质的差异,使语言富有深刻的内涵和生命的活力。内在语具有揭示语句本质、提示语言链条的作用。

(二)内在语的分类

根据内在语的性质和作用的不同,我们把它分为六种基本类型:

1.发语性内在语

所谓发语性内在语,就是在呼台号之前,在节目、稿件、层次、段落、语句之间加上适当的词语。播音员主持人把这些词语作为开头播出来,并与稿件原来开头的词语自然地衔接,将其"带"出来。

(观众朋友大家好)欢迎走进这一时段的新闻直播间,我们来看新闻。

(各位听众,我们这里是)中央人民广播电台!

2.寓意性内在语

寓意性内在语是稿件文字的"弦外之音",是语句的内在含义,是结合上下文语言环境挖掘出来的语句本质和语句目的。

3.关联性内在语

关联性内在语是指那些没有用文字表示出来的语句关系,具体地说,就是那些体现语句逻辑关系和语法意义的隐含性关联词和短语。它的特点是,通过挖掘语句间隐含性的关联词或短语,可使语句关系更加明晰。

4.提示性内在语

提示性内在语用于语句段落层次之间,也是为了解决上下语气衔接的问题,但与关联性内在语有所不同,它不是以关联词和短语的形式出现,而且内容上也更丰富多彩。如果说关联性内在语重在使语句逻辑关系更加严密,那么提示性内在语则更注重使表达语气富于灵动的活力。

5.回味性内在语

回味性内在语一般用于段落、层次,特别是全文的结尾处。它大体上有四种形式:寓意式回味、反问式回味、意境式回味、线索式回味。

6.反语性内在语

反语性内在语直接体现了语句表层意义与深层内在含义,即语句本质的对立关系或对比关系。一般说,它在上下文语境中比较容易把握。它大体可分为:对立型反语内在语、反问型反语内在语、双关型反语内在语和非对立型反语内在语。

(三)内在语的运用与稿件分析

下面,我们通过稿件来具体解读内在语技巧的运用。

商鞅之死

勒死他,勒死他,用这马央勒死他!为什么?为什么我一生下来,我的亲生父亲就要勒死我?因为巫说,你是五岳之子冲克父母。巫?为什么巫要我死我就必须死?你难道还能成为人上之人,还能翻天覆地倒转乾坤吗?为什么不?

我不愿当奴隶,祖祖辈辈甘愿当奴隶,只会哀号不会反抗,我要问,我要问天,如今这浑噩的苍天,我来问你,为什么有的人活着天定为人上之人,而有的人活着却如同一头畜生。商鞅,商鞅乃辛卯年五月七日亥时生人,五岳之子,金质热烈,父母不堪将其受害,祖灭满门,五马分尸,这又如何,绝后代,断宗祀,乃天下第一孤寡之人,孤寡之人,这又如何?

我逃脱了驾驭生命的马央,活过来了,活了整整五十二年,五十二年!人之有为不在其身而在其志,生活在这个时代,你必须为自己争取一切,甚至是生的权利,任何时代都需要英雄,因为英雄能改变这个时代,改变生活在这个时代人的命运。我变法之所以成功正是因为遇上了这样的时代、这样的国家、这样的子民,我要让山川移位乾坤倒转,要让奴隶们见天日,令显贵们变脸色。

听,他们来杀我来了!

不要对我放箭,不要对我放箭,这箭矢曾是用来刺穿敌人胸膛的。我不死,我不能死。我这时要去哪了?哪里不能去?哪里不是我的归宿?

百姓们、奴隶们,我,商鞅,就是为你们而变法的商鞅。你们是秦国的子民,为了秦国的现在和将来,有谁为我说句公道话啊?你们这些愚人!这四野的烈火正在熊熊地燃烧,这是我亲手将它点燃的,而我将在这腾腾的烈焰中化为灰烬,商君!你被自己点燃的火焰吞噬了。秦国,秦国你们的商君将在这里永远地消失了,他将自己的生命浇铸进这秦国的大鼎之中,他用自己的生命铸造起这里的辉煌,而今天他却被自己拯救过的人们暴诛了!啊!

他死了,他走了,他升天了!

你可知商鞅虽死,然商鞅之法千年不败,你可知商鞅虽死,然一百一十七年之后,秦王朝一统天下!

【训练提示】

这篇稿件选自齐越朗诵艺术节作品集,许多播音学生甚是喜爱。稿件中涉及的人物有"商鞅"和"王公贵族"。稿件一开始的"勒死他,勒死他,用这马央勒死他!",这一句人物的语言来自"巫"或是"商鞅"的父亲,第一段的最后一句"为什么不?"所隐含的含义是"为什么不能倒转乾坤,为什么不能逃脱驾驭生命的马央,为什么不能成为人上之人,为什么作为自己的命运要有一个巫甚至是亲生父亲来主宰扼杀"。第二段中"为什么有的人活着天定为人上之人,而有的人活着却如同一头畜生",这一句前者是指以权力地位来欺压底层民众的王公贵族,而后者的"畜生"是指甘愿被欺压不会反抗而也不愿意反抗的人们,此处也表达出商鞅的"王侯将宁有种乎"的观点。"听,他们来杀我来了!"此处我们要突出商鞅的恐惧,这个恐惧不是来自生命的结束,而是他奋不顾身去为一些谋地位和利益的人们面对他所受的迫害无动于衷,对他们的麻木、呆讷感到失望甚至是愤怒。在第六段"这四野的烈火正在熊熊地燃烧,这是我亲手将它点燃的,而我将在这腾腾的烈焰中化为灰烬,商君!你被自己点燃的火焰吞噬了。"这里的"烈火"是指商鞅变法的法律,本来是要用这些"火焰"来惩治恶人,但是没想到自己牺牲在这之中,将自己的血液融入"秦国的大鼎之中"。在创作这篇稿件时要捋清楚每句话的内在语言和上下的逻辑关系,分清楚主次,才算是节奏明了。千万不要进入"呐喊"的漩涡之中,不然给受众的直观感受将会是躁乱。

差　别

两个同龄的年轻人同时受雇于一家店铺,并且拿同样的薪水。

可是一段时间后,叫阿诺德的那个小伙子青云直上,而那个叫布鲁诺的小伙子却仍在原地踏步。布鲁诺很不满意老板的不公正待遇。终于有一天他到老板那儿发牢骚了。老板一边耐心地听着他的抱怨,一边在心里盘算着怎样向他解释清楚他和阿诺德之间的差别。

"布鲁诺先生,"老板开口说话了,"您现在到集市上去一下,看看今天早上有什么卖的。"

布鲁诺从集市上回来向老板汇报说,今早集市上只有一个农民拉了一车土豆在卖。

"有多少?"老板问。

布鲁诺赶快戴上帽子又跑到集上,然后回来告诉老板一共四十袋土豆。

"价格是多少?"

布鲁诺又第三次跑到集上问来了价格。

"好吧,"老板对他说,"现在请您坐到这把椅子上一句话也不要说,看看阿诺德怎么说。"

阿诺德很快就从集市上回来了。向老板汇报说到现在为止只有一个农民在卖土豆,一共四十口袋,价格是多少多少;土豆质量很不错,他带回来一个让老板看看。这个农民一个钟头以后还会弄来几箱西红柿,据他看价格非常公道。昨天他们铺子的西红柿卖得很快,库存已经不多了。他想这么便宜的西红柿,老板肯定会要进一些的,所以他不仅带回了一个西红柿做样品,而且把那个农民也带来了,他现在正在外面等回话呢。

此时老板转向了布鲁诺,说:"现在您肯定知道为什么阿诺德的薪水比您高了吧!"

【训练提示】

这篇稿件讲述了"老板"运用自己的智慧,以事实来告诫自己的员工"布鲁诺"和"阿诺德"之间差别的故事。通过稿件中老板"耐心地听着他的抱怨",可以分析出老板尊重他人,而不是压迫自己员工的"恶"老板,因此我们通过语言塑造老板的形象时不要用错基调。"老板"在开口说第一句话"布鲁诺先生"时,要找准语言环境,我们可以预设布鲁诺是在抱怨而不是在质问老板,布鲁诺的抱怨应该是边工作边用老板能听到的低声在埋怨。所以这一句我们可以理解为"布鲁诺先生(您过来一下)",这样的表达会更贴近生活且更真实,随后那句"您现在到集市上去一下,看看今天早上有什么卖的。"与前一句应该有层次的变化,语言状态上应该是"由远及近",这样节奏上会形成对比,此处我们应该注意老板用的是尊称"您",这里的表达要体现老板的彬彬有礼。"有多少""价格是多少"是老板的疑问,内在语言是"有多少土豆?""土豆的价格是多少",而后他说"好吧",这里表现了"老板"对"布鲁诺"的无奈,而这种无奈是意料之中的。当讲述"阿诺德"所带回来的信息与"布鲁诺"完全不同时,应该用轻快的语气来塑造"阿诺德"做事的干练。稿件最后并没有交代"阿诺德"和"布鲁诺"的工作变化,但是用了老板的一句话"现在您肯定知道为什么阿诺德的薪水比您高了吧!"作为结尾,这一句表达的是"现在您肯定知道你和阿诺德的差别了吧!"。

(三)内在语专项训练

胡适的白话电报

三十年代初,胡适在北京大学任教授。讲课时他常常对白话文大加称赞,引起一些只喜欢文言文而不喜欢白话文的学生的不满。

一次,胡适讲得正得意的时候,一位姓魏的学生突然站了起来,生气地问:"胡先生,难道说白话文就毫无缺点吗?"胡适微笑着回答说:"没有。"那位学生更加激动了:"肯定有!白话文废话太多,打电报用字多,花钱多。"胡适的目光顿时变亮了,轻声地解释说:"不一定吧!前几天有位朋友给我打来电报,请我去政府部门工作,我决定不去,就回电拒绝了。复电是用白话文写的,看起来也很省字。请同学们根据我这个意思,用文言文写一个回电,看看究竟是白话文省字,还是文言文省字?"胡教授刚说完,同学们立刻认真地写了起来。

十五分钟过去,胡适让同学举手,报告用字的数目,然后挑了一份用字最少的文言电报稿,电文是这样写的:

"才疏学浅,恐难胜任,不堪从命。"白话文的意思是:学问不深,恐怕很难担任这个工作,不能服从安排。

胡适说,这份写得确实不错,仅用了十二个字。但我的白话电报却只用了五个字:"干不了,谢谢!"

胡适又解释说:"干不了"就有才疏学浅、恐难胜任的意思;"谢谢"既对朋友的介绍表示感谢,又有拒绝的意思。所以,废话多不多,并不看它是文言文还是白话文,只要注意选用字词,白话文是可以比文言文更省字的。

父亲的爱

爹不懂得怎样表达爱,使我们一家人融洽相处的是我妈。他只是每天上班下班,而妈则把我们做过的错事开列清单,然后由他来责骂我们。

有一次,我偷了一块糖果,他要我把它送回去,告诉卖糖的说是我偷来的,说我愿意替他拆箱卸货作为赔偿。但妈妈却明白我只是个孩子。

我在运动场打秋千跌断了腿,在前往医院途中一直抱着我的,是我妈。爹把汽车停在急诊室门口,他们叫他驶开,说那空位是留给紧急车辆停放的。爹听了便叫嚷道:"你以为这是什么车?旅游车?"

在我生日会上,爹总是显得有些不大相称。他只是忙于吹气球,布置餐桌,做杂务。把插着蜡烛的蛋糕推过来让我吹的,是我妈。

我翻阅照相册时,人们总是问:"你爸爸是什么样子的?"天晓得!他老是忙着替别人拍照。妈和我笑容可掬地一起拍的照片,多得不可胜数。

我记得妈有一次叫他教我骑自行车。我叫他别放手,但他却说是应该放手的时候了。我摔倒之后,妈跑过来扶我,爹却挥手要她走开。我当时生气极了,决心要给他点颜色看。于是我马上爬上自行车,而且自己骑给他看。他只是微笑。

我念大学时,所有的家信都是妈写的。他除了寄支票外,还寄过一封短束给我,说因为我没有在草坪上踢足球了,所以他的草坪长得很美。

每次我打电话回家,他似乎都想跟我说话,但结果总是说:"我叫你妈来接。"

我结婚时,掉眼泪的是我妈。他只是大声擤了一下鼻子,便走出房间。

我从小到大都听他说:"你到哪里去?什么时候回家?汽车有没有汽油?不,不准去。"爹完全不知道怎样表达爱。除非——

会不会是他已经表达了而我却未能察觉?

第三节　表达的外部技巧

一、重音

重音是指朗读或说话时,需要强调突出的词、短语,或者某个音节。这里的重音特指语句重音,不包括词语的轻重音格式。例如:

我是北京大学的学生。(谁是北京大学的学生?)
我是北京大学的学生。(你是不是师范大学的学生?)
我是北京大学的学生。(你是哪个大学的学生?)
我是北京大学的学生。(你是教师还是学生?)
同样的一句话,确定的重音位置不同,强调的重点也随之发生了变化。

(一)重音的分类

按照重音在语句中的位置可以把重音归结成十种类型:

1. 并列性重音

在段落、语句中,有并列关系的词或短语通常是地位平等地呈现,在有声语言表达中我们需要显示出它们之间的并列关系,从而确定这个词是并列性重音。例如:

一个夏天,太阳暖暖地照着,海在很远的地方奔腾怒吼,绿叶在树枝上飒飒地响。

在这句话中,有两组并列性重音,第一组是"太阳、海、绿叶",第二组是"照着、奔腾怒吼、飒飒地响"。经过对整篇文章的分析可以清楚地知道这句话是环境描写,也是故事发生的起始。经比较,第二组词语必然是主要重音,一经突出就把"太阳、海、绿叶"限定在"夏天"独有的景象当中。播读中,在第一组并列性重音的地方用并列性停连的方法停顿,在第二组并列性重音的地方用符合上下文环境的语气加以强调,整句话的意味便展现出来了。

2.对比性重音

在对照式结构明显的句子中,通过对两种或者两种以上的事物进行比较、对照,使事物的特征表现得更突出,形象更鲜明,这时就需要对比性重音。例如:

骆驼很高,羊很矮。骆驼说:"长得高多好啊!"羊说:"不对,长得矮才好呢。"

这句话的两个对比性重音"高、矮",说的是两种动物对于自身特点的自满和吹嘘。"高、矮"本身就是一组反义词,用在句子中就是起对比的作用。而在此句中,出现了两次对比,经过分析,"骆驼高、羊很矮"这句话只是叙述,其中的"高、矮"并不需要强调,而骆驼和羊的对话中,"高、矮"才是重中之重。值得注意的是,在这句话中"骆驼"和"羊"属于并列性重音。

3.呼应性重音

呼应性重音揭示上下文呼应关系,使文章层次清楚、结构完整。有一呼一应和多呼多应,又分为问答式呼应和分合式呼应。

(1)问答式呼应性重音

例如:他还有一个美名,叫什么呢,叫"老抱子"。

他可能有许多美名,但是这句话要突出的是"还有一个名字叫老抱子",所以,"还"是呼,"老抱子"是应。

(2)分合式呼应性重音

例如:他当过演员,在大学里教过书,还干了几天电工。

这句话中"他"是呼,后面的"演员、教书、电工"是应,而且"他"是领起部分,后面分别说明了他干过的职业。当然这些职业属于并列的成分。从停连的角度来说,这也属于分合性停连,在"他"处停,同时强调呼应性重音。

4.递进性重音

(1)连续性重音

例如:竹篱的那边是两家很精巧的华美的洋房。篱畔的落叶树和常青树,都悠然自得地显出入画的奇姿。平坦的淡黄的草园,修饰得浅黑的园径,就好像一幅很贵重的兽毯一样敷陈在洋房的下面。

郭沫若的《亭子中间》这一小段,是空间场景的描写,根据空间的变化,就有了连续性重音的出现。"竹篱、洋房、落叶树、常青树、草园、园径"这些重音的突出,让一副立体画展现在了听众面前。

(2)联珠性重音

例如:竹叶烧了,还有竹枝;竹枝断了,还有竹鞭;竹鞭砍了,还有深埋在地下的竹根。

这种连珠句式的重音落在递进的词上,第二次出现的词不能称为重音。

5.转折性重音

转折性重音经常出现在转折复句中,通过相反方向的变化来揭示句子的精神实质。

例如:我们都以为她会和从前一样,谁知这一回,她噘起嘴来生气了。

虽然句中没有出现转折性的关联词,但是很明显,"谁知"之后的转折是作者的语言目的,所以要强调"这一回"。

6.肯定性重音

这里的"肯定"是作出明确判断的意思。有声语言不能单纯地看"是""不是"这样的肯定性词语,而是要看整句话的语句目的。一种是要肯定"是什么",一种是要肯定"是"还是"不是"。

例(1):不要开枪,大伯,是我。

例(2):原来他喜欢的不是你。

这两个例子中,例(1)中的重音"我"回答了"是什么"的问题,例(2)中的重音"不是"回答了"是或不是"的问题。

7.强调性重音

在语言表达中,强调句子中表达感情色彩的词或词组,用来突出此种感情。但是感情色彩的浓淡程度不同,强调时所运用的重音方法、语气的方式亦不同。

例如:美联社报道,75,000名反对堕胎者23日举行示威游行,抗议克林顿总统决定取消政府对堕胎的限制。

在这则新闻当中,"75,000、反对、决定取消"是重音。"反对"应着重强调,展现的是示威者的内心情感;而"决定取消"应运用不同的重音方式加以强调;"75,000"是数字,这里是强调人数之多,播讲时加重语气即可。不是新闻中的所有数字都得强调,关键看数字是否重要,数字重音的处理方式也不仅是把数字"咬"得非常清楚。

8.比喻性重音

它是指有声语言表达中把比喻性的词语作为重音加以强调,但并不是所有的比喻词都是重音,要看它是否是重点。

例如:在铅灰色的天穹下,在迷漫的雪雾中,红辣椒就像一把燃烧的火炬,照耀着前程。

把一位战士在极寒中舍不得吃的"红辣椒"比作"燃烧的火炬",展现的是军长沉痛的心情转化为无穷的力量,预示革命的未来是无限光明的。

9.拟声性重音

拟声性重音一般是象声词,但不是所有的象声词都是重音,要看它是否体现语句目的。表达时不必惟妙惟肖,重在传神。

例如:雨哗啦啦地下着,她搓着双手焦急地望着窗外。

本例中的"哗啦啦"不能作为重音,重音应在"焦急"二字上,展现"她"的心情。

10.反义性重音

此类重音有"正话反说"和"反话正说"两种,要看表达的态度是赞成还是反对,强调反义性重音时要借助语气的配合,不能一带而过,也不能在字面上过分着力。

例如:哎,我现在想想,那时真是太聪明了。

这句话中的重音是"聪明",当然不是说要把"聪明"读成"愚蠢"的意思,运用恰当的语气展现出作者的忏悔和愧疚之情即可。

以上列举了十种重音的类型,这十种重音不是互相隔离的,而是相辅相成的。希望大家能在不断实践学习中融会贯通,同样的技法不同的人使用方法不同,语言表达的感觉也各有不同,也正因为这样,播音主持有声语言的表达更加富有艺术性与表现力。

(二)重音的表达方法

既然重音不同于词的轻重格式,也不是重读,那我们就需要掌握重音的强调方法。重音与外部技巧的融合运用是建立在内部技巧融会贯通的基础上的。所以重音更多的是与语气、节奏等相辅相成。

1.高低强弱法

用声音高低、强弱的转换和变化来强调重音。

例如:一所由山东烟台市福山区塔寺庄村民筹资兴办的乡镇成人大学,明年将面对社会招生。

在这个新闻导语中,我们可以用音高的变化强调"村民",因为这所大学不是政府筹办而是村民集资兴办的,之后的"大学"和"社会"则用加重的方法强调,显示新闻的主要信息。

2.快慢停连法

这是一种用声音的长短、急缓、停连等变化来强调重音的方法。

例如：十年啊,十年的流离失所,十年的卧薪尝胆,我钟雪儿终于等到了这一天。

在《走西口》这篇朗诵稿件中,钟雪儿的这句话有着丰富的情感变化。第一个"十"声音加重并较缓慢地说出来,展现"钟雪儿"内心的感叹和悲愤。之后"十年的流离失所,十年的卧薪尝胆"用较快的语速连接起来,在"终于"前停顿,较慢地说出"终于等到了这一天"。声音的紧连和缓、急促变化再加上贴切的语气,使钟雪儿这个人物内心复杂的情感变化很好地得以诠释。

3.虚实转换法

通过声音的虚实变化来强调重音。

例如：那天,我又独自坐在屋里,看着窗外的树叶唰唰啦啦地飘落,母亲进来了,挡在窗前。

这句话摘自史铁生的《秋天的怀念》,作者用细腻的文笔写出了母爱的伟大。整篇文章的基调是低沉的、沉重的。在诵读时要注意运用虚实声的变化,尤其是这句中的象声词"唰唰啦啦",如果用虚声甚至是叹息声,会更好地展现出作者内心的情感。

重音的强调方法是相互交融的,也必须和停连、语气、节奏等相互配合。因此,在诵读创作的过程中,要使有声语言表达的内、外部技巧有机地融合在一起,才能传达出正确的"意味"。

(三)重音专项稿件练习

京津冀及周边、汾渭平原等持续出现重污染天气

央广网北京11月26日消息:据中国之声《新闻和报纸摘要》报道,受静稳天气影响,京津冀及周边、汾渭平原等区重污染天气持续,预计因后续出现沙尘天气,部分地区今明两天(26—27日)还会出现短时重度及以上污染。

生态环境部25日夜间发布通报,根据最新空气质量监测实况数据,以及未来气象条件变化趋势综合研判,26日,新疆南疆、甘肃大部、宁夏、陕西陕北和关中可能遭遇扬沙或浮尘天气,沙尘过境地区可能出现重到严重污染过程。26日下午至27日,随西北冷高压系统不断东移,下游京津冀及周边区域预计自西向东陆续受到沙尘传输过程影响,空气质量在现有预报级别基础上可能会偏高1—2级,部分地区预计出现短时重度及以上污染。

北京市环境保护监测中心大气室高级工程师辛连忠说:"预计26日,会达到一个五级重度污染水平。由于一股冷空气将要过来,26日傍晚到夜间,一个是风大,另外会有扬沙,所以还要注意防风防沙。"

中国环境监测总站将持续跟踪本次沙尘过程及其输送影响,生态环境部驻各地现场工作组正在督促指导各地落实各项减排措施。

2017 年"三新"经济增加值近 13 万亿 增长速度高于 GDP 增速

央广网北京 11 月 23 日消息：国家统计局昨日(22 日)对外公布,经核算,2017 年全国"三新"经济增加值为 129,578 亿元,相当于 GDP 的比重为 15.7%,比上年提高 0.4 个百分点。按现价计算的增速为 14.1%,比同期 GDP 现价增速高 2.9 个百分点。

"三新"经济是新产业、新业态、新商业模式的简称,是经济中新产业、新业态、新商业模式生产活动的集合。随着我国经济发展进入新常态,以"三新"为核心的新动能不断增强,成为推动我国经济平稳增长和经济结构转型升级的重要力量。

二、停连

停连,即停顿及连接,指朗读语流中声音的暂时休止和接续,可以说它是有声语言表达中的标点符号。一方面,停连是作品内容、情感表达的需要,在适当的地方利用停连,造成声音的暂时间歇和延读,帮助听者更好地理解和感受作品的思想内容。另一方面,它也是朗读者生理上的需要。语言中的停连不单是人们生理上换气的需要,也是显示文章语义、表达感情的需要。

首先,为大家介绍几种可以用于表示停连的符号,方便今后同学们在学习过程中养成标注的意识与习惯：

∧ 停顿号,不论有无标点符号均可用。若用于有标点处,表示停顿的时间再长些。

() 括号,表示把词或短语分开,停顿时间很短,不换气,通常用在句子中没有标点的地方。

≋ 间歇号,表示较长时间停顿,可换气。一般用于层次、段落之间。

⌒ 连接号,只用于有标点符号的地方,表示缩短停顿时间,连起来读。

— 延长号,可用于任何词、词组、句、段落之后,表示声音的延长。

(一)停顿

一般来说,停顿可以分为很多种,这里介绍常用的五种：区分性停顿、呼应性停顿、并列性停顿、强调性停顿、心理性停顿。

1.区分性停顿

区分性停顿有两种较常见的情况：一种是区分语法关系的；另一种是突出强调感

情色彩的。

(1) 区分语法关系

如表述"玩警察抓小偷的游戏"时,由于停顿位置不当,读成了"玩警察∧抓小偷的游戏",意思变得让人莫名其妙。其实正确的位置应该是"玩∧警察抓小偷的游戏"。

(2) 突出感情色彩

运用区分性停顿,使思想更明晰,感情色彩更丰富。

例如:剧烈的疼痛使得巴尼只觉得眼前一片漆黑。但他知道,自己首先要做的事是保持清醒。——《难以想象的抉择》

我们可以通过强调巴尼所遭受的巨大痛苦,来突出他的抉择的确是令人难以想象的。可以让人产生设身处地、感同身受的心情状态。

因此,此句可以读成:剧烈的疼痛∧使得巴尼只觉得眼前一片漆黑。

2. 呼应性停顿

呼应性停顿是在有呼有应的句子中体现呼应关系的停顿。对这种停顿的句子在朗读前一定要弄清句子之间的呼应关系,比如谁是"呼",谁是"应";一个句子里有几个"呼",几个"应";是先"呼"后"应",还是先"应"后"呼",等等。

例如:现在播放∧路遥的长篇小说《平凡的世界》。

在这里"播放"是"呼","路遥的长篇小说《平凡的世界》"是"应"。

呼应性停顿,有逐层呼应,即大呼应套小呼应;也有一呼几应、几呼一应的情况。

3. 并列性停顿

并列性停顿,是指作品里属于同等位置、同等关系、同等样式的词语之间的停顿。

例如:山∧朗润起来了,水∧涨起来了,太阳的脸∧红起来了。

这里的"山""水""太阳的脸"是并列关系,"山怎么样""水怎么样""太阳的脸怎么样"也是并列关系。

4. 强调性停顿

为了强调某个句子、词组或词,就在前边或后边、甚至前后同时进行停顿,使所强调的词句突现出来。

例如:自古称作天堑的长江,被我们∧征服了。

为了强调"征服",所以在其前停顿一下。

5. 心理性停顿

心理性停顿需要对作品有整体的理解和把握才能做到。心理性停顿是由心理情绪决定的,它考验的是朗诵者的整体素养。

例如:他待在那儿,头靠着墙壁,话也不说,只向我们做了一个手势:"放学了,——你们∧走吧。"——《最后一课》

"放学了"后有较长停顿,表现先生沉痛的思绪和回味:"祖国沦陷了,最后的一课结束了!什么时候能再用自己的民族语言上课呢?"然后他又回到了现实中,说:"你们走吧。""走吧"之前稍停顿一下,能够表现此时的悲伤与依依不舍之情。

(二)连接

连接是指不中断、不休止的地方。只用于有标点符号的地方,表示缩短停顿时间,连起来读。连接分为直连和曲连两种。

1. 直连(有标点但内容连接紧密,不用换气,顿号最典型)。例如:山川、河流、树木、房屋,全都罩上了一层厚厚的雪,万里江山,变成了粉妆玉砌的世界。

2. 曲连。曲连的感觉是似停非停,达到声断意连、环环紧扣的感觉。(短句间的逗号,前一个词语的尾音与后一个词语的开头有间隙,但不换气)如"……人群里,年长的是大娘,大爷,同年的是大哥,大嫂,兄弟,姐妹,都是亲人。又仿佛队伍同时是群众,群众又同时是队伍,根本分不清……"这一段的字里行间,闪现着作者和乡亲们兴奋、激动之情,洋溢着亲切、感人的场面。朗读时,语速较快,衔接较紧,需作连接处理。

(三)停连专项稿件练习

李克强同哈萨克斯坦总理萨金塔耶夫举行中哈总理第四次定期会晤

央广网北京消息:国务院总理李克强11月22日下午在人民大会堂同哈萨克斯坦总理萨金塔耶夫举行中哈总理第四次定期会晤。

李克强表示,中哈是真诚互信的友好邻邦和互利共赢的全面战略伙伴。今年6月,习近平主席同来华进行国事访问并出席上海合作组织青岛峰会的纳扎尔巴耶夫总统成功会晤。两国高层交往密切,政治互信牢固,产能合作成果丰硕。中方愿将"一带一路"倡议同哈方发展战略更好对接,将中哈高水平互信与合作愿望转化为实实在在的成果,不断造福两国人民。

当天下午,哈萨克斯坦总理萨金塔耶夫前往北京天安门广场,向人民英雄纪念碑敬献花圈。

交通运输部发言人谈重庆公交车坠江:将采取专项行动提升公交安全

央广网北京消息:据中国之声《新闻和报纸摘要》报道,重庆公交车坠江事件引发公众对公交出行安全问题的关注,交通运输部新闻发言人吴春耕昨日(22日)在例行新闻发布会上表示,交通运输部此前已发布文件,对加强城市公共汽电车运行安全保障工作提出要求,明确新购置车辆应具有驾驶区域安全防护隔离设施,交通部将继续加强相关工作。

"全国中小学生校外培训机构管理服务平台"即将上线
校外培训机构实现全国联网监管

教育部表示,"全国中小学生校外培训机构管理服务平台"即将上线,各地要通过系统完成校外培训机构的摸排、整改、审批、学科类培训备案、社会监督等工作,面向社会公布校外培训机构的有关政策、白名单、黑名单、学科类培训班等信息,依托平台受理群众投诉。目前,北京市的校外培训机构管理服务平台已经实现与教育部联网。

北京市教委副巡视员冯洪荣称,这个平台还要跟学籍管理系统对接,这样有利于从多个方面来掌握学生课外负担的情况。

三、语气

声音形式包括气息、声音、口腔状态三方面要素,这三方面多层次、多侧面的立体变化及多重组合构成了丰富多彩、千变万化的声音形式。

(一)语势的种类

语流的曲折变化是丰富的,"语无定势"更说明了语势运用没有什么定律。但我们仍试图将语势的基本形态描述一下,使大家对语势的曲折性能有直观的了解,我们能够在表达中自觉地运用它,使我们的语言更有变化。有声语言的语势可以归纳为五种基本形态:

1.波峰类

声音的发展态势是由低向高再向低行进,状如波峰。

如:"世界上没有花的国家是没有的。""花"就处于波峰的位置,句头、句尾的词略低。

2.波谷类

声音由高向低再向高发展。即句头、句尾较高,句腰较低,状如波谷。如:"乔治·华盛顿是美利坚合众国的第一任总统。"

3.上山类

声音由低向高发展。即:句头最低,句尾最高,状如登山。不过,有时是步步高,有时是盘旋而上。如:"让暴风雨来得更猛烈些吧!……"

4.下山类

特点是句头最高,而后顺势而下,状如下山。应注意的是它有时是直线而上,有时是呈蜿蜒曲折的态势。如:"就在那年秋天,母亲离我们去了。"

5.半起类

特点是句头较低,而后呈上行趋势,行至中途,气提声止。由于没有行至最高点,所以称为半起。如:"这到底是什么幻景呢?"

(二)语气色彩与声音形式

不同的感情色彩需要通过不同的声音形式来表现,在两者之间是有一定规律可循的。张颂先生在《朗读学》中对表现不同感情色彩的气息、声音和口腔状态的特点进行了如下概括。

爱的感情气徐声柔:口腔宽松,气息深长。
憎的感情气足声硬:口腔紧窄,气息猛塞。
悲的感情气沉声缓:口腔如负重,气息如尽竭。
喜的感情气满声高:口腔似千里轻舟,气息似不绝清流。
惧的感情气提声凝:口腔像冰封,气息像倒流。
欲的感情气多声放:口腔积极敞开,气息力求畅达。
急的感情气短声促:口腔似弓箭,飞剑流星;气息如穿梭。
冷的感情气少声平:口腔松软,气息微弱。
怒的感情气粗声重:口腔如鼓,气息如椽。
疑的感情气细声黏:口腔欲松还紧,气息欲连还断。

(三)避免语势单一

目前,播音员、主持人语言表达方面存在一个问题,即固定腔调的问题。固定腔调最突出的一个特点,就是以不变应万变。在符合语句内容的前提下,为避免单一语势的重复出现,形成固定腔调,我们要掌握以下几点要求:

1.句头起点不宜相同

我们把语势的变化幅度假设为5度,那么,在你说的每句话的开头,起点高度不要一样。

2.句腰波形不宜相同

不要连续使用同一种波形,如果不可避免,应根据语句的具体情况,形成它们的差别。

3.句尾落点不宜相同

每句结束的落点最好不要在同一高度,而且停时声音的轻重缓急也不宜相同。

语气在有声语言的创作中有着重要的作用,对此,我们需要不断地学习和探索。

(四)语气专项稿件练习

落花生(节选)
许地山

我们屋后有半亩空地。母亲说:"让它荒着怪可惜,既然你们那么爱吃花生,就开辟出来种花生吧。"我们几姊弟和几个小丫头都很喜欢——买种的买种,动土的动土,灌园的灌园;过不了几个月,居然收获了!

妈妈说:"今晚我们可以做一个收获节,也请你们爹爹来尝尝我们的新花生,如何?"我们都答应了。母亲把花生做成好几样的食品,还吩咐这节要在园里的茅亭举行。

那晚上的天色不大好,可是爹爹也到来,实在很难得!爹爹说:"你们爱吃花生吗?"

我们都争着答应:"爱!"

"谁能把花生的好处说出来?"

姊姊说:"花生的气味很美。"

哥哥说:"花生可以制油。"

我说:"无论何等人都可以用贱价买它来吃;都喜欢吃它。这就是它的好处。"

爹爹说:"花生的用处固然很多;但有一样是很可贵的。这小小的豆不像那好看的苹果、桃子、石榴,把它们的果实悬在枝上,鲜红嫩绿的颜色,令人一望而发生羡慕的心。它只把果子埋在地底,等到成熟,才容人把它挖出来。你们偶然看见一棵花生瑟缩地长在地上,不能立刻辨出它有没有果实,非得等到你接触它才能知道。"

我们都说:"是的。"母亲也点点头。爹爹接下去说:"所以你们要像花生,因为它是有用的,不是伟大、好看的东西。"我说:"那么,人要做有用的人,不要做伟大、体面的人了。"爹爹说:"这是我对于你们的希望。"

我们谈到夜阑才散,所有花生食品虽然没有了,然而父亲的话现在还印在我的心上。

一分钟(节选)
纪广洋

著名教育家班杰明曾经接到一个青年人的求救电话,并与那个向往成功、渴望指点的青年人约好了见面的时间和地点。

待那个青年如约而至时,班杰明的房门敞开着,眼前的景象却令青年人颇感意外——班杰明的房间里乱七八糟、狼藉一片。

没等青年人开口,班杰明就招呼道:"你看我这房间,太不整洁了,请你在门外等候一分钟,我收拾一下,你再进来吧。"一边说着,班杰明就轻轻地关上了房门。

不到一分钟的时间,班杰明就又打开了房门并热情地把青年人让进客厅。这时,青年人的眼前展现出另一番景象——房间内的一切已变得井然有序,而且有两杯刚刚倒好的红酒,在淡淡的香水气息里还漾着微波。

可是,没等青年人把满腹的有关人生和事业的疑难问题向班杰明讲出来,班杰明就非常客气地说道:"干杯。你可以走了。"

青年人手持酒杯一下子愣住了,既尴尬又非常遗憾地说:"可是,我……我还没向您请教呢……"

"这些……难道还不够吗?"班杰明一边微笑着,一边扫视着自己的房间,轻言细语地说,"你进来又有一分钟了。"

"一分钟……一分钟……"青年人若有所思地说:"我懂了,您让我明白了一分钟的时间可以做许多事情,可以改变许多事情的深刻道理。"

班杰明舒心地笑了。青年人把杯里的红酒一饮而尽,向班杰明连连道谢后,开心地走了。

其实,只要把握好生命的每一分钟,也就把握了理想的人生。

四、节奏

播音创作时带有规律性的变化就叫节奏。节奏是朗诵、新闻播报等必备的外部技巧之一。有起伏、有快慢、有轻重才形成了语言的乐感和悦耳动听,否则话语就会出现不感人、不动人的负面效果。因此,不论是在当前学习中还是在今后的播音主持工作中,掌握好节奏是非常重要的。

(一)节奏的分类

节奏的类型不是单一的,也不是固定不变的,张颂教授根据节奏的声音形式及其精神内涵的特点,把朗读中的节奏划分为六种类型,并总结了它们各自的声音特点:

1.轻快型

这种节奏语速较快,多扬少抑,多轻少重,声轻不着力,词语密度大,有时有跳跃感。多用来描绘欢快、诙谐的情志。

2.凝重型

这种节奏语势沉缓,多抑少扬,多重少轻,音强而着力,色彩多浓重,语势较平稳,顿挫较多,且时间较长,语速偏慢。词语密度疏,常用来表现庄重、肃穆的气氛和悲痛、抑郁的情感。

3.低沉型

这种节奏声音偏暗偏沉,语势多为落潮类,句尾落点多显沉重,语速较缓。

4.高亢型

这种节奏声音多明亮高昂,语势多为起潮类,峰峰紧连,扬而更扬,势不可遏,语速偏快。重点处的基本语气、基本转换都带有昂扬积极的特点。

5.舒缓型

这种节奏语速较缓,语势较平稳,声音轻柔而不着力,常常用来描绘幽静的场面和美丽的景色,也可以表现舒展的情怀。

6.紧张型

这种节奏语速较快,多扬少抑,多重少轻。声音强劲而有力,顿挫短暂,语言密度大。常用来表现紧张急迫的情形和抒发激越的情怀。

(二)节奏的转换

节奏转换的方法是多种多样的,比如我们可以利用对立统一的原则,采取"欲扬先抑,欲抑先扬;欲快先慢,欲慢先快;欲重先轻,欲轻先重"的方法,让节奏在矛盾的对立统一中得到展现。

1.欲扬先抑,欲抑先扬

为了凸现主要部分的"扬",次要部分就要先"抑",反之亦然。

例如:(平起)三年前在南京我住的地方有一道后门,(抑)每晚我打开后门,便看见一个静寂的夜。(渐扬)下面是一片菜园,上面是星群密布的蓝天。(略抑)星光在我们的肉眼里虽然微小,(更扬)然而它使我们觉得光明无处不在。(平而略抑)那时候我正在读一些天文学的书,也认得一些星星,好像它们就是我的朋友,它们常常在和我谈话一样。

2.欲快先慢,欲慢先快

为了用较快的语速表现急促、紧张的情势或迫切的心情,在此前的语句就应该处理得慢一些,舒缓一些。反之亦然。

例如:(中速)等他们走后,我惊慌失措地发现,再也找不到回家的那条孤寂的小道了。(渐快)像只无头的苍蝇,我到处乱钻,衣裤上挂满了芒刺。(稍快)太阳已经落山,而此时此刻,家里一定开始吃晚餐了,双亲正盼着我回家……(渐慢)想着想着,我不由背靠着一棵树,伤心地呜呜大哭起来……

3.欲轻先重,欲重先轻

例如:(平缓,略轻)由于濒临大海,大涨潮时,汹涌的海水便会排山倒海般地涌入洞中,形成一股湍湍的急流。(略重)据测,每天流入洞内的海水量达三万多吨。奇怪的是,如此大量的海水灌入洞中,却从来没有把洞灌满。(转轻)曾有人怀疑,这个"无底洞",会不会就像石灰岩地区的漏斗、竖井、落水洞一类的地形。(重)然而从20世纪30年代以来,人们就做了多种努力企图寻找它的出口,却都是(最重)枉费心机。

(三)节奏专项稿件练习

> 月光如流水一般,静静地泻在一片叶子和花上,薄薄的青雾浮起在荷塘,叶子和花仿佛在牛乳中洗过一样,又像笼着轻纱的梦。虽然是满月,天上却有一层淡淡的云,所以不能朗照,但我以为这恰是到了好处——酣眠固不可少,小睡也别有一番风味的。
>
> ——《荷塘月色》

【训练提示】

《荷塘月色》是舒缓型的节奏,突出的是一种朦胧的美。在这恬静的月光下,作者让自己的思绪走得很远。朗读时可采用缓慢而又十分柔和的语调,与作品所描绘的意境融为一体,表现作者"淡淡的喜悦""淡淡的哀愁",使我们如见其人、如临其境。

> 看!一捶起来就发狠了,忘情了,没命了!百十个斜背响声的后生,如百十块被强震不断击起的石头,狂舞在你的面前。骤雨一样,是急促的鼓点;旋风一样,是飞扬的流苏;乱蛙一样,是闪射的瞳仁;斗虎一样,是强健的风姿,黄土高原,爆出一场多么壮阔、多么豪放、多么火烈的舞蹈哇——安塞腰鼓。
>
> ——《安塞腰鼓》

【训练提示】

《安塞腰鼓》是高亢型的节奏。这几句"骤雨一样,是急促的鼓点;旋风一样,是飞扬的流苏;乱蛙一样,是闪射的瞳仁;斗虎一样,是强健的风姿",语言的编织密不透风,语势是起潮类的,一句紧接着一句,犹如大海中的波涛峰峰相连,又如大海的扬波,一浪高过一浪,来势之猛,不可阻挡。

好想你，我的亲娘

松云水石

每当夜深人静的时候，我就会想起故乡；每当熟睡入梦的时候，就会梦到亲娘。那深情的呼唤，那期盼的目光，总是让我牵心挂肠。

想起故乡，就想起了老家那熟悉的沂蒙小调儿，屋前的老枣树仿佛就在眼前，那圆润的大红枣还在风中摇荡。石磨旁，娘的腰间系着一条蓝花围裙，坐在灶前，用她一双灵巧的手，在滚热的铁鏊上烙着大煎饼。热雾里，娘的汗水已湿透了羊肚毛巾，灶口的火，映红了娘那秀丽的脸庞。夜深了，娘还没睡，油灯下，娘还在纳着厚厚的千层底儿，飞针走线里浸润着娘的寸寸柔肠。

想起娘，就想起那年我当兵走的时候，娘把我送到了村口的小桥上，晨曦里，我看到，在娘爬上细纹的眼角上闪着点点泪光。"娘，回吧，回去吧！娘。"娘不说话，只是默默地，默默地从兰花围裙下摸出一个小口袋，紧紧地抓住我的手："儿啊，带上吧。"那一刻，我却"扑通"跪下了，跪在娘的脚下，跪在生我养我的黄土地上……走出很远，回头再看时，娘还在飘飘槐花里张望……

听着一首思乡曲，哼着熟悉的沂蒙小调，我又想起了娘，将娘给我的小口袋紧紧贴在怀里，就像贴在娘的心上，袋子里的红枣就是娘的心，袋子里的黄土就是我的故乡。其实，娘知道我这里什么都不缺，可每年还是照例寄来白梨、红枣、糕糖，娘的信，总是那几行字："俺好着呢，别挂念俺，你有事……就忙，别着慌。"

我时常想念故乡，想念故乡的云，想念故乡的山，想念故乡石碾子那隆隆声响。我时常想念亲娘，她是否又拄着那根枣木拐杖，在村口把我张望？她是否剪了大红福字，在窗口把我默想？娘，回去吧。回去吧，我的亲娘！我会千百次蹚过你的心河，我会一辈子把你放在心上！

两千年前的闪击（节选）

王开岭

去西安的路上，突然想起了他。

两千年前那位著名的死士。

漉漉雪雨，秦世恍兮。

眺望函谷关外那漫漶恣肆的黄川土壑，我竭力去模拟他当时该有的心情，结果除了彻骨的凉意和内心嗖嗖的附痛，什么也说不出……

他是死士。他的生命就是去死。

活着的人根本不配与之攀交。

咸阳宫的大殿，是你的刑场。而你成名的地方，则远在易水河畔。

我最深爱的,是你上路时的情景。

那一天,"荆轲"——这个青铜般辉煌的名字作为一枚一去不返的箭镞镇定地迈上弓弦。白幡猎猎,万马齐喑,谁都清楚意味着什么。寒风中那屏息待发的剑匣已紧固到结冰的程度,还有那淡淡的血腥味儿……连易水河畔的瞎子也预感到了什么。

士为知己者死。死士的含义就是死,这远比做一名剑客更重要。再干一杯吧!为了永生永世——值得为"她"活了一次的誓言,为了那群随你前仆后继无怨无悔的真正死士!樊於期、田光先生、高渐离……

太子丹不配"知己"的称号。他是政客,早晚死在谁的手里都一样。这是怕死的人。一个怕死的人也濒死的人。

濒死的人却不一定怕死。

是时候了。是誓言启动的时候了。

你握紧剑柄,手掌结满霜花。

夕阳西下,缟绫飞卷,你修长的身影像一脉苇叶在风中远去……

朝那个预先埋伏好的结局逼近。

黄土、皑雪、白草……

从易水河到咸阳宫,每一寸都写满了乡愁和忧郁。那种无人能代的横空出世的孤独,那种"我不去,谁去?"的剑客的自豪——

是的,没有谁能比你的剑更快!

你是一条比蛇还疾的闪电!

闪电正一步步带近黑夜,逼近黑暗中硕大的首级。

那是一个怎样漆黑的时刻,漆黑中的你后来什么也看不见了……

一声訇响,石破天惊的一声訇响。接着便是身躯重重摔地的沉闷。

死士。他的荣誉就是死。

没有不死的死士。

除了死亡,还有世人的感动和钦佩。

那长剑已变成一柄人格的尺子,你的血只会使青铜额添一份英雄的光镍。

一个凭失败而成功的人,你是第一个。

一个以承诺换生命的人,你是第一个。

你让"荆轲"这两个普通的汉字——

成为一个万世流芳的美学碑名!

我想起诗人一句话:"我将穿越,但永远不能抵达!"

荆轲终于没能抵达。

而我,和你们一样——

也永远到不了咸阳。

满江红·怒发冲冠
岳 飞

怒发冲冠,凭栏处、潇潇雨歇。抬望眼、仰天长啸,壮怀激烈。三十功名尘与土,八千里路云和月。莫等闲、白了少年头,空悲切。

靖康耻,犹未雪;臣子恨,何时灭。驾长车,踏破贺兰山缺。壮志饥餐胡虏肉,笑谈渴饮匈奴血。待从头、收拾旧山河,朝天阙。

第三章

朗诵稿件的类型与案例分析

朗诵稿件以文艺作品为主。文艺作品的题材包括散文、小说、寓言、诗歌等,通过朗诵可以锻炼和检验学生的语音面貌、对词语的理解感受能力、情感的变化能力等。不同类型的文艺稿件需要学生掌握的技巧亦有所不同,接下来,我们先从稿件的基本遴选开始,再按照不同类型的文艺作品进行具体分析并加以练习。

第一节 朗诵的基本概念与稿件选择

一、认识朗诵

2017年2月18日,由中央电视台推出的大型文化情感类节目《朗读者》第一期于中央电视台综合频道与综艺频道黄金时间联合播出,由著名节目主持人董卿首次担当制作人,该节目以传世佳作中精美的文字为基础,用最平实的情感读出文字背后的价值。节目旨在实现文化鼓舞人、感染人、教育人的传导作用,展现有血有肉的真实人物情感。节目开播后引起广大观众的关注,并且再一次掀起了朗读热,与此同时也有很多观众将朗读的概念误解为朗诵,亦播读。

其实不然。朗诵是指在文学作品的基础上进行的有声语言二次创作。也就是说,朗诵艺术是建立在文学作者的一度创作基础上,以文学作品为蓝本,加以朗诵者精确而深刻的理解、感触。同时,朗诵是朗诵者通过外在的手势、服装、舞美、配乐等来最大限度地还原出朗诵文本内涵的艺术表演,是具有文学性、艺术性和表演性的。

朗诵是一种艺术创作活动。例如,很多朗诵者在朗诵李白的《将进酒》时,以明月为背景,缓带轻裘、峨冠博带,手持酒樽,尽可能地情景再现朗诵文本;也有很多朗诵者在诵读戴望舒的《雨巷》时,配以有雨声的背景音乐或音效,身穿西装,手持一把油纸伞。朗诵者不仅要结合文学作者创作时的思想动态、身处环境,而且要将其自身的经历和情感同文学作品产生共鸣。应以朗诵者本身的人生阅历与个性为肉,以其语言功力为骨,以情带声、以情托声、以情融声,进行有声语言创作表达。

任何艺术都有具体的艺术形象、艺术特征。各个门类的艺术所塑造出来的艺术形象有不同的特点,传播的媒介也各不相同。比如雕塑的传播媒介是"青铜""石材""木材"等,而语言是文学作品的传播媒介,朗诵让受众间接感受到文学作品,不像雕塑、绘画、戏剧等,受众可以通过感官直接感受作品。朗诵主要具有以下几个特征。

(一)形象性

朗诵是文学作品的传播媒介之一,语言是朗诵艺术的传播媒介,同时也是朗诵的客观形象体现。任何艺术都是具体的、感性的,表达着一定的思想感情,而朗诵就是通过客观语言表达作者本身和朗诵者本身的主观情感。

诸多艺术特征都是客观与主观、内容与形式、个性与共性的统一。朗诵艺术是众多语言艺术中所独有的艺术形式,但又与其他语言艺术有共同性。播音的语言表达技巧就与朗诵艺术的表达技巧有异曲同工之处,我国第一位播音学教授齐越曾在著作中对两者概念有所提及:在播音实践的过程与有声语言的教学中要"动真情""动真格",要"达到稿件内容、形式和尽可能贴切的语言技巧和谐统一,情真意切和准确表达的和谐统一"。

朗诵是将文字语言转化为声音语言,而声音语言本身就已包含意象的画面和情感。声音语言对于朗诵者就好比是美术家手中的画笔,不同的朗诵者朗诵同样的文学作品可能各不相同,因为朗诵者不仅仅传递的是作者文学创作的情感,更是将自己的人生感悟融入其中,再传播给受众,受众在接受"二度情感"的同时也产生了一定的共鸣,完成了内心意象。

(二)主体性

任何艺术创作都具有其主体性的特征,艺术创作本身就是一种劳动过程,艺术创作离不开主体的引导,并且创作的主体对艺术创作有决定作用。我们常说艺术来源于生活而高于生活,生活就是艺术创作的源泉。朗诵艺术创作的主体是文学作品,这里指的文学作品不仅仅是经典的诗词歌赋散文,而是带有文学色彩的文学作品。没有文学作品主体的创造,就没有朗诵艺术作品的产生。因此,朗诵艺术创作离不开社会生活,更离不开文学作品主体。

每一个艺术家的作品都是独一无二的、不可复制的。因此,这也是艺术作品与物质作品的截然不同之处。同样,朗诵艺术基于文学作品进行语言创作,每一位朗诵者都会结合自身的审美体验与深刻理解,创造出自己的朗诵作品,在文学作品上打下属于自己的烙印。

(三)审美性

朗诵艺术不仅仅凝聚了劳动者的智慧结晶,同时也给欣赏朗诵艺术的人群带来精神上的快感与愉悦。艺术也是审美性的物质化体现,朗诵者在形成艺术审美的过程中将朗诵艺术表达给受众,受众在接受艺术作品时也形成了艺术审美,以达到艺术作品的最终目的。

艺术作品都具有真、善、美三种基本要素。好的朗诵作品自然具备这三种要素,但有其独特的理解和形式。朗诵者要学会观察生活中的细节,将艺术源于生活的本质体现出来,融入作品之中,所表达的朗诵作品才是真实的,而不是做作的。

"善"在艺术作品中的含义不似宗教信仰推崇的"善","善"有好的含义,也有善于的含义。一个好的朗诵作品离不开好的朗诵文本,好的文本主体是最基本的条件,再通过朗诵技巧结合情、声、气,运用自如地将自己的理解传递给受众。而这个"善"字不仅仅体现在语言表达上,更体现在行为中,就好比张颂老师所说:"那种表面上的仁义道德,一肚子的男盗女娼的形容,不是淋漓尽致地揭露了两面派的嘴脸吗?真正的善建立在言论和行为的统一上。"

美在朗诵艺术中也承载了很多含义和要求。情感美、声音美、造型美、舞台美、灯光美等在朗诵中都有着举足轻重的作用。但若是朗诵者执意于其中一点,就犹如管中窥豹。比如很多学生都容易误进声音美的误区而忽视了内容的表达和精神上的契合,结果适得其反,不但丧失了朗诵艺术的美,反而让受众对朗诵艺术的理解停留在声音上,并没有在精神上感受到愉悦。

二、朗诵稿件选择的基本方向

大家在选择稿件的时候,一定要结合自身的特点。如男生选择李清照的《声声慢》,女生选择李白的《将进酒》,这就有些不匹配。并不是不允许大家朗诵播读,日常学习中大家可以进行练习,但是在正规演出当中我们还是要选择适合自己各方面条件的作品,否则容易出错。因此,我们在选材时首先要结合自身的年龄、性别、声音条件。每篇文学作品都会有自己的立意,作者都是想通过这些文字来弘扬某种精神、批判一些现象。

在特定的时间和空间里要选好一篇稿件并不容易,因此,我们在日常学习和生活当中要有挖掘好作品的意识。播音员主持人虽然不是精通各行各业的专家,但是一定要是融会贯通的"杂家",要对各个领域的知识都有所了解,收集很多的知识是为了传递丰富、准确的信息。因此,养成好的阅读习惯对于一名播音主持专业的学生尤为重要,而一篇好的朗诵稿件一定是结合自身条件,在精挑细选中得到的。

接下来,我们将朗诵稿件按照文学体裁进行划分,再分别为大家讲解朗诵稿件的文章选择、前期准备与朗诵技巧。

第二节　散文朗诵

根据表达方式的不同,散文主要可以分为叙事散文、抒情散文等。

叙事散文,顾名思义,是以记叙人物、事件为主的散文类型。叙事散文相对较具体,有形象鲜明的人物、矛盾突出的事件,有的还有生动的环境、景物描写。一般叙事散文都以真人真事为基础,在记叙或改编过程中融入丰富的审美描写。

抒情散文,是以抒发感情为主的散文,主要抒发的是对生活、社会及人生的感悟。"情感"是抒情散文的灵魂,也是大家在朗诵时应当特别注意的。感情的表达方式不同,有直抒胸臆、借景抒情、托物言志等。大家需要抓住情感的脉络及起伏,使自己的朗诵更具感染力。

散文的主要特征就是"形散而神不散"。"形散"是指表达方式不固定,而"神不散"则体现在文章的主题思想深刻。散文的"形散"与"神不散"的统一需要大家在语言表达的过程中充分表现出来。

一、散文朗诵准备

(一)深入理解,理清脉络

当拿到一篇散文时,建议大家先不要急于出声朗诵,应当先集中默读两遍。在默读的过程中,主要思考以下几个问题:

1.主题

深入理解文章,感受作者写作的主题思想。

2.目的

明确文章的写作目的,在有声语言的表达中也要将这种目的自然而然地表达出来。

3.对象

找对文章表达的对象,在朗诵的过程中要有对象感,并带领受众感受文章的对象。

4.层次

无论文章长短,层次的划分有利于在朗诵时分清主次,重点部分应当在表达时突出强调。

在解决了以上问题之后,我们就基本掌握了文章的基本内容及大致脉络。接下来,再按照划分出的层次,具体把握文章的叙述脉络,这有利于表达时区分着力点。

(二)情感体验,找准基调

散文的朗诵重在表达作者的意图,力求将作者在文中传递的真情实感通过语言展现出来。散文多以第一人称为创作主体,因此需要深入体验作者的情感与感悟,将文章的氛围通过语言营造出来。一般文章中的感情变化多跌宕起伏,因此我们应当找准表达的基调,并在朗诵中如涓涓细流般将这种情感变化表达出来,给人身临其境的情感体验。

(三)表达多变,把握高潮

朗诵散文时,应当避免平铺直叙,要在充分理解感情的基础上,绘声绘色地进行表达。要做到这一点,我们心中需要有形象,要具有丰富的想象力。尤其文章高潮,是作者感情最集中的部分,这一部分的表达要提前进入,掌控感情和有声语言及副语言,切忌全文用力。

二、散文朗诵案例

春

朱自清

盼望着,盼望着,东风来了,春天的脚步近了。

一切都像刚睡醒的样子,欣欣然张开了眼。山朗润起来了,水涨起来了,太阳的脸红起来了。

小草偷偷地从土里钻出来,嫩嫩的,绿绿的。园子里,田野里,瞧去,一大片一大片满是的。坐着,躺着,打两个滚,踢几脚球,赛几趟跑,捉几回迷藏。风轻悄悄的,草软绵绵的。

桃树、杏树、梨树,你不让我,我不让你,都开满了花赶趟儿。红的像火,粉的像霞,白的像雪。花里带着甜味儿;闭了眼,树上仿佛已经满是桃儿、杏儿、梨儿。花下成千成百的蜜蜂嗡嗡地闹着,大小的蝴蝶飞来飞去。野花遍地是:杂样儿,有名字的,没名字的,散在草丛里,像眼睛,像星星,还眨呀眨的。

"吹面不寒杨柳风",不错的,像母亲的手抚摸着你。风里带来些新翻的泥土的气息,混着青草味儿,还有各种花的香,都在微微润湿的空气里酝酿。鸟儿将巢安在繁花嫩叶当中,高兴起来了,呼朋引伴地卖弄清脆的喉咙,唱出宛转的曲子,与轻风流水应和着。牛背上牧童的短笛,这时候也成天嘹亮地响着。

　　雨是最寻常的,一下就是三两天。可别恼。看,像牛毛,像花针,像细丝,密密地斜织着,人家屋顶上全笼着一层薄烟。树叶儿却绿得发亮,小草儿也青得逼你的眼。傍晚时候,上灯了,一点点黄晕的光,烘托出一片安静而和平的夜。在乡下,小路上,石桥边,有撑起伞慢慢走着的人,地里还有工作的农民,披着蓑戴着笠。他们的房屋,稀稀疏疏的在雨里静默着。

　　天上风筝渐渐多了,地上孩子也多了。城里乡下,家家户户,老老小小,也赶趟儿似的,一个个都出来了。舒活舒活筋骨,抖擞抖擞精神,各做各的一份事去。"一年之计在于春",刚起头儿,有的是工夫,有的是希望。

　　春天像刚落地的娃娃,从头到脚都是新的,它生长着。

　　春天像小姑娘,花枝招展的,笑着,走着。

　　春天像健壮的青年,有铁一般的胳膊和腰脚,领着我们上前去。

【稿件分析】

　　朱自清先生的散文《春》是收录在语文课本中的文章。相信大家在之前学习的过程中已经基本掌握了文章的主旨与脉络,《春》饱含了作家在特定时期的思想情绪、对人生及至人格的追求,表现了作家骨子里的传统文化积淀和他对自由境界的向往。在朗诵时,我们应当注意感情与语言技巧的结合。文章的段落文字间具有内在的逻辑关系,需要大家仔细品读字字句句中作者想要表达的深刻内涵。

天下风光在读书

邓康廷

　　世上万物,皆属身外,唯有一样东西,却能够点点浸润肌肤,融入骨血,让你耳聪目明,心志高远,这便是书。

　　能看出一座山很高峻很苍翠很风光的是孩子都会有的眼睛;能看出一座山很历史很情感很象征的是智者才具有的眼睛。

　　读好书如与挚友握谈,尽可随友品茗于岭南岭北,把酒于河东河西,对弈于秦唐楚汉。时不时让你击案叫绝,让你泪湿青衫,让你灵性涌进。虽居陋室也自得于"窗含西岭千秋雪,门泊东吴万里船"。

　　故此,爱读书的人拥有两个世界。当你清冷寂寞时,或许在彼方邂逅于温馨欢快;当你心浮气躁时,或许在彼方感悟于天高雁小;当你渐疏于自己的年轮时,或许在彼方的林深叶茂。掀开那一掌大小,五颜六色的封皮大门,即有风雨扑来,让你在夏日里读出雪意,于山坳处闻到海涛。

不朽的书多是秉笔血性而作。想那写书的人,当初该有多大的悲喜忧愤睿理哲思,凝了心血,凝了才智,凝了感慨,凝了期望,如黄河渭水,如山泉村溪般宣泄而下,滋润了后世又一方时空。政治黑暗的年代,也是当局者最怕书的年代,可偏偏也是成就大书的年代,即所谓"国家不幸诗家幸"吧。在中国历史上,有过两次与书过不去的浩大劫难,历史呢,也就让那些朝代过不去。焚书的秦始皇,焚书的"文化大革命",可作证明。倒是书中的真理,犹如原野上的绿草,是"野火烧不尽"的。大书的作者,犹如满天繁星,明亮了后世人追求光明的心空。你无须回走千年,便可穿水泊、上梁山,结识众英雄好汉,看板斧如何斧正江山;你无须逾越千里,便可去问白胡子老头巴尔扎克,从人间喜剧里听出悲意;你无须再让苹果砸一次头,就能在牛顿肩上远眺不即不离的月亮;你也无须亲自乘坐"发现者"号,就能感觉这颗地球原本悬在空中。

此间之乐之益之宏大之精微四百年前的英国哲人培根即作了传世之谕:足以怡情,足以博彩,足以长才。

读书人多的时代,是社会风雅、生活写意的时代;你读书多的年月,是生命中激情火烈、理智水静的年月。

中国有一句古语:"少年不读书,老来空白首。"外国有一段名言:"人生犹如一本书,愚蠢的人把它草草翻过,聪明的人把它细细阅读。因为我们只能读它一次。"

真的,天下风光在读书。

【稿件分析】

在这个世界上有两个世界:一个是现实的世界,一个是读书人的世界。现实的世界我们每一个人都拥有、存在,而读书人的世界却只属于爱阅读的人。文章融入了很多我们熟悉的书目,表述中要让自己进入书中的"世界",才能带受众遨游在名著佳作之中。语言要生动形象、富有极强的画面感,整体基调激昂、情感要发自肺腑。

父亲的空白短信(节选)
邓安庆

又一次收到家里发来的短信,更准确地说是父亲发来的短信,因为手机是他的。毫无疑问,打开短信,一片空白。而且可以肯定的是,父亲根本不知道自己发了短信。

我能想象出那个场景：父亲坐在后门口，穿着拖鞋，一边抽烟，一边拿着手机盘玩。手机款式简单，老人机，枣红色，还是按钮的，字母大大，每按一下，都会发出相应按钮上面的字母读音，但父亲基本不认得。

我给他手机上存了我的、哥哥的、嫂子的，还有家里座机的电话号码。他只需要懂得解锁、打开、拨打、挂掉这几个功能操作就足够了，至于发短信这种又需要输入字母又需要选择相应字词的复杂操作，对于父亲来说还是太难了。而智能手机，父亲更是玩不来。

手机是父亲的玩具，他没事的时候就喜欢拿出来把玩，而我收到的短信常常就是这个时候无意间发出来的。一开始收到这样的短信，我会非常奇怪，忙打电话过去问怎么了，他会说："我发短信了？我不晓得哎。"后来我渐渐习惯了这样的空白短信。

看发过来的时间，早上的六七点，上午的十一二点，下午的一两点，晚上的八九点。基本上可以想象出是父亲的作息时间：早上起来玩玩手机，中午干完活回到家坐下来歇息时玩玩手机，晚上洗完澡躺在床上玩玩手机……

他的手费力地在小小的按钮上按动，又不知道怎么来玩，又怕像以前那样不小心拨打出去了，他的眼睛视力不好，所以是眯着的，盯着小小的手机屏幕……有时候他就这样睡着了，手机搁在一边，翻身的时候压在上面，于是我又会在深夜接到电话，接听时听到他的鼾声。

我不知道以后父亲会不会学会发真正的短信，也许不会有的。我突然想起很久以前，在电话手机还不普及时，我还在读小学，哥哥读中专，父亲在堂屋剥棉花，而我坐在房间拿着笔和本子，父亲口述我来写，内容多是让哥哥节省用钱保重身体之类的话。哥哥也许不知道自己有多幸运，能收到父亲这样的信，虽然是由我来代写的。现在我收到这样的空白短信，就像是父亲隔着遥远的时空吹来的一阵微风，轻轻一拂，心头一疼。

【稿件分析】

这篇文章的立意是以生活中的事来叙述父亲对"我"的爱。创作时，我们要分别站在"我"和"父亲"的角度来思考。空白短信象征着"父亲"的爱，而"我"在其中是享受这份牵挂、思念的，因此整体的基调要朴实、自然，富有画面感。此时年迈的父亲拿着老人机，在孩子眼里更像个小孩，最后落在"树欲静而风不止，子欲养而亲不在"的情感上。

第三节　诗歌朗诵

诗歌，作为运用高度凝练而形象的语言来反映社会生活、抒发感情的一种文学体裁，浓缩着语言的艺术。古诗词也是诗歌的一种，当然还有现代更为多见的自由体诗。无论是何种类型的诗歌，都具有以下几个特点：

一是短小、精练。诗歌的篇幅不同于其他的文学体裁，一般都较短，文字的运用与表意上也十分精练。有时短短的几十个字就能将作者的所看所想所悟表达得淋漓尽致，这也正是诗歌这一文学体裁的魅力所在。

二是情感丰富。诗歌是世界上最古老的文学样式。在我国，每当提到唐诗宋词，我们就会想到一些著名诗人，如李白、杜甫、李商隐、白居易、苏轼、李清照等。纵观这些诗词，我们不难发现，诗人浓浓的感情赋予了诗词鲜活的生命，现代诗亦如此。

三是韵律和谐。我国古代的诗词十分讲究"押韵"，并且创造出不同的押韵样式。这样的押韵使诗歌读起来朗朗上口，也更容易为世人传颂。现代诗歌虽然只是大致押韵，但其中的韵律之美仍然值得我们细细品味。

了解了诗歌的基本特点，接下来，我们来分析诗歌的朗诵应当做好哪些准备工作。

一、诗歌朗诵准备

(一)了解背景，把握基调

一般来说，诗歌的创作都有着具体的背景与目的。由于诗歌的文字语言都较为隐晦，我们在拿到稿件之后，需要通过搜集资料等方式，了解诗歌的作者及诗歌的创作背景。只有了解了以上两点，我们在起步时才不会"上错跑道"。在这之后，我们需要通读几遍诗歌，感受作者的感悟与思想，把握一定的情感倾向，并据此确定朗诵时的情感基调。

(二)划分层次，掌控节奏

把握了诗歌的基调，接下来要进一步对诗歌的结构及具体内容进行分析，厘清情感的发展脉络。余光中的《乡愁四韵》共有四个段落，每一段都以一种文化意象引起联想，引发乡愁，但每一段的意象不同，感情色彩也有差异。只有正确划分诗歌的层次，领会诗歌的具体内涵，才更容易把握诗歌的节奏并在朗诵时体现出来。

(三)充分想象,展现韵味

诗歌营造了某种情调与氛围,我们在朗诵时需要沉浸在这种环境之中,充分调动自己内心的真情实感,做到以情带声。如果我们仅仅浮于表面文字,没有画面感与对象感,就难以表达出作者想要呈现的感情状态,听起来就会显得空洞、无趣。

二、诗歌朗诵案例

将 进 酒

李 白

君不见,黄河之水天上来,奔流到海不复回。
君不见,高堂明镜悲白发,朝如青丝暮成雪。
人生得意须尽欢,莫使金樽空对月。
天生我材必有用,千金散尽还复来。
烹羊宰牛且为乐,会须一饮三百杯。
岑夫子,丹丘生,将进酒,杯莫停。
与君歌一曲,请君为我倾耳听。
钟鼓馔玉不足贵,但愿长醉不复醒。
古来圣贤皆寂寞,惟有饮者留其名。
陈王昔时宴平乐,斗酒十千恣欢谑。
主人何为言少钱,径须沽取对君酌。
五花马,千金裘,呼儿将出换美酒,与尔同销万古愁。

【稿件分析】

《将进酒》是唐代诗人李白沿用乐府古题创作的一首诗。据了解,这首诗的创作是在李白长安放还以后,思想内容非常深沉,艺术表现形式非常成熟。李白豪饮高歌,借酒消愁,抒发了忧愤甚广的人生感慨。在这首诗里,我们能够感受到诗人自信中透露着失望之意、想要抵抗却无力的悲愤之感,彰显着诗人豪放的性格色彩。值得注意的是,我们在朗诵这首诗时,要想象诗人李白醉酒的状态,借酒言说自己的经历与情感,不仅要将不同的情感状态表现出来,情感之间的变换过程也应当流畅自然。如果同学们还是没有画面感和类似体验,可以观看相关电影、历史剧等,相信你会有所收获。

当你老了（译）

〔爱尔兰〕威廉·巴特勒·叶芝

当你老了,头发白了,睡意昏沉,
炉火旁打盹,请取下这部诗歌,
慢慢读,回想你过去眼神的柔和,
回想你那柔美的神采与深幽的晕影。
多少人爱你青春欢畅的时辰,
爱慕你的美丽,假意和真心。
只有一个人爱你朝圣者的灵魂,
爱你衰老了的脸上痛苦的皱纹。
垂下头来,在红火闪耀的炉子旁,
凄然地轻轻诉说那爱情的消逝,
在头顶的山上它缓缓地踱着步子,
在一群星星中间隐藏着脸庞。

【稿件分析】

《当你老了》是威廉·巴特勒·叶芝于1893年创作的一首诗歌,是叶芝献给友人茅德·冈热烈而真挚的爱情诗篇,本文为中文译版。诗歌语言简明,但情感丰富而真切。这首诗歌中诗人所使用的假设想象、对比反衬、意象强调、象征升华,再现了诗人对茅德·冈忠贞不渝的爱恋之情。全诗共分三节,这三节诗,有起有结,相互照应,颇具匠心。第一节开篇点题,以一个假设性的时间状语开头,诗人想象若干年后年迈的恋人在炉火旁阅读诗集的情景。第二节是全诗的重心,诗人采用对比的手法巧妙地表达了自己的一片深情。第三节又转向未来虚拟的意境之中。整首诗韵律齐整,语言简明,意境优美,揭示了现实中的爱情和理想中的爱情之间不可弥合的距离。我们在朗诵时应注意不同情景的感情表达。

我是一条小河

冯 至

我是一条小河,
我无心由你的身边绕过
你无心把你彩霞般的影儿
投入了我软软的柔波。
我流过一座森林,

柔波便荡荡地

把那些碧翠的叶影儿

裁剪成你的裙裳。

我流过一座花丛，

柔波便粼粼地

把那些凄艳的花影儿

编织成你的花冠。

无奈呀，我终于流入了，

流入那无情的大海

海上的风又厉，浪又狂，

吹折了花冠，击碎了裙裳！

我也随了海潮漂漾，

漂漾到无边的地方

你那彩霞般的影儿

也和幻散了的彩霞一样！

【稿件分析】

《我是一条小河》是现代诗人冯至于 1925 年创作的一首诗,此诗采用以人拟物的手法,把人比作小河,然后以其流过森林、流过花丛和流入大海的路程为抒情线索,委婉地表达出对恋人一往情深的忆念和不可改易的情谊,于哀愁中见执着。诗的感情推进取迂曲之势,形成三个层面:首节为第一个层面,以后每两节为一个层面。在首节中诗人将多情的男子比作柔波微漾的"小河",抓住人有倒影、水能映照的特点,把二者紧紧地联系起来,用以表达青年男女从无心邂逅到萌生情意的微妙过程。在第二个层面中,诗人用两节对称的诗正面写出了主人公的柔情。一切美好的东西都奉献给心爱的人,这里显现诚意与真心,将爱情又推进一步。诗的第三个层面情态顿变,诗意起了一个突转。这种由乐境入哀的情状,是对生活中的自由爱情受到折磨的艺术概括,诗人在这里体验到内心不能自主,透露了旧礼教束缚爱情自由的现实黑暗,曲折地表达出对扼杀爱情的封建礼教及守旧势力的鞭挞,富有时代色彩。

第四节 小说、故事播讲

小说这一文学体裁是以刻画人物形象为中心,通过完整的故事情节和环境描写来反映社会生活的。一般来讲,小说具有三大要素:人物、故事与环境。

人物是小说的核心,所有小说都是通过典型人物的塑造夺人眼球的。为了塑造人物形象,作者会在其中加入一些"描写",例如肖像描写刻画人物外貌,心理描写反映思想活动,语言描写展示人物性格,等等。

一部完整的小说必须使人物在故事情节当中,故事亦至关重要。故事的发生有开端、发展、高潮、结尾,每一部分在文中都会起到相对不同的作用。当我们把故事线索理清之后,我们才能够理解文中作者埋下的伏笔。

小说的环境是较为笼统的概念,它包括社会环境、自然环境以及小说故事或人物正处的环境。这些环境都是情节发生发展的诱因,有时也可以起到烘托气氛、突出人物思想感情的重要作用。

寓情于理的故事不仅仅是讲述一个事情的经过,还要通过这一经历产生感悟或联想,使人久久回味。故事的结构一般可以分为两个部分,第一部分就是故事情节,第二部分为发人深思的话语。由于两部分是更为深入的关系,且表现手法不同,因此在朗诵时我们应当区分开来。

一、小说、故事播讲准备

(一)掌握主旨,确定基调

首先我们需要通读全文,明确其中的背景、人物、情节等要素,理解作者的创作意图,捋清故事的发展脉络、主要矛盾。在此基础上,我们应当确定作品的基调,将自己融入小说的人物当中,感受人物的思想、态度等,置身于事件发生的全过程。

(二)把握人物,丰富语言

在有了大体的感受之后,我们需要把握人物的性格特征、思想状态及行为活动等,从小说情节出发,挖掘人物的深层特点。这里我们可以借用表演理论中的"人物小传",一般演员在拿到一个角色之后,会先对人物进行分析,形成一个小传,这有利于后续的表演。虽然我们的播讲异于表演,但对人物的感受应当是具体的。在此之后,我们要注意丰富语言上的变化。例如小孩的声音、青年人的声音、老年人的声音等,为声音"化妆",做到生动传神,给受众一种未见其人先闻其声的感觉。

(三)注重细节,有头有尾

无论小说还是故事,都是以叙述为主的,全文的播讲切忌粗糙,尤其是对细节部分的语言表达,更见真章。故事之后,可能会有几句或一段总结性的话语,脱离于故事的讲述,又深层次地表达全文主旨,这在语气上应与全文形成反差,发人深思。

二、小说、故事播讲案例

孔乙己（节选）
鲁　迅

　　孔乙己是站着喝酒而穿长衫的唯一的人。他身材很高大；青白脸色，皱纹间时常夹些伤痕；一部乱蓬蓬的花白的胡子。穿的虽然是长衫，可是又脏又破，似乎十多年没有补，也没有洗。他对人说话，总是满口之乎者也，教人半懂不懂的。因为他姓孔，别人便从描红纸上的"上大人孔乙己"这半懂不懂的话里，替他取下一个绰号，叫作孔乙己。孔乙己一到店，所有喝酒的人便都看着他笑，有的叫道，"孔乙己，你脸上又添上新伤疤了！"他不回答，对柜里说，"温两碗酒，要一碟茴香豆。"便排出九文大钱。他们又故意的高声嚷道，"你一定又偷了人家的东西了！"孔乙己睁大眼睛说，"你怎么这样凭空污人清白……""什么清白？我前天亲眼见你偷了何家的书，吊着打。"孔乙己便涨红了脸，额上的青筋条条绽出，争辩道，"窃书不能算偷……窃书！……读书人的事，能算偷么？"接连便是难懂的话，什么"君子固穷"，什么"者乎"之类，引得众人都哄笑起来：店内外充满了快活的空气。

【稿件分析】

　　《孔乙己》是近代文学巨匠鲁迅所著的短篇小说。小说描写了孔乙己在封建腐朽思想和科举制度的毒害下，精神上迂腐不堪、麻木不仁，生活上四体不勤、穷困潦倒，在人们的嘲笑戏谑中混时度日，最后被封建地主阶级所吞噬的悲惨形象，深刻揭露了当时科举制度对知识分子精神的毒害和封建制度"吃人"的本质。选段是小说中较为经典的一节。首句"孔乙己是站着喝酒而穿长衫的唯一的人"就意味深长，朗读者应注意找准重音"唯一"。紧接着是外貌描写，我们在朗诵时要有画面感，将人物丰满地表现出来。文中出现了多段对话，是酒家其他客人与孔乙己的对话。我们知道孔乙己自称"文人"，而他又十分拮据，所以话语间带着儒雅却又没有底气，被别人一嘲弄，更是无地自容。请大家思考：酒家里的其他人是什么人？说话又应当是怎样的语气呢？解决了上述问题，我们就能够在语言上区分两种不同的人物表达方式，通过有声语言展现出来。

妈妈的心永远不变(节选)

她怎么也不相信,儿子会离自己而去。

"他温柔,懂事,很细心,会照顾人。"成兴凤声音轻柔,眼光落在不远处的角落,好像孩子就站在跟前。贺川从不乱花钱,每周30元零花钱都用不完,夹在课本书页里攒起来。有一晚她突发急病,丈夫不在家,儿子从学校赶回家把她送到医院,又独自骑着自行车在午夜街头到处找小卖部给她买牛奶。儿子成绩很好,遇到妹妹作业不会做,他就会搬来小板凳坐到妹妹身旁,手把手地教。

贺川有一次挽着她的手,把脸贴着她的头发上说,妈妈,你和爸爸好辛苦哦,以后我要去北京念书,念了书养你们,就不用这么累了。

这么贴心的孩子,怎么会突然就没了呢?

5·12那天,突如其来的灾难造成景家山崩塌,山上200多万方土石倾泻而下,北川中学新区被整体掩埋。美丽的校园,朗朗的读书声,都永远躺在了巨石之下,只剩一个篮球架和旗杆。那天,成兴凤去陈家坝的母亲家祝寿,回来后就再也找不到儿子了。"他跑步好快,怎么会跑不出来。"前几年,成兴凤不停地想这个问题。她明明知道,一座山都垮了下来。可就是不相信,那么敏捷、健康的儿子,说不见就不见了。

地震后,她去过北京开餐馆,为了圆儿子的梦。后来身体不好又回到绵阳。头几年,她晚上老睡不好,还买过安眠药,好几次动过轻生的念头。后来,每年写一封信,这是她唯一能为儿子做的事。信被她制成横幅,高高地挂在废墟之上。已连续整整十年。横幅很大,儿子即使相隔很远,也能读到妈妈的思念。每一年,信的内容都有变化,唯一不变的,是信末的一个手机号。这是成兴凤在地震后换的一个新号码,她担心儿子哪一天回家,会找不到她。

可能,他只是跟同学们去远行吧。成兴凤期盼着,有一天,电话响起来后,儿子开心地跟她说,妈,我回来了。

【稿件分析】

本文是根据汶川大地震中真实的故事改编的。故事的主人公成兴凤是一位在大地震中失去儿子的妈妈,故事围绕妈妈对儿子的思念展开,传递着一位母亲对儿子深沉的爱。文章以叙述为主,在表达时应当注意娓娓道来,注重对细节部分的处理。文中妈妈对儿子的回忆是"他温柔,懂事,很细心,会照顾人",这其中饱含着一位母亲对儿子的疼爱与不舍,语气上应当柔和。从"写信"开始故事进入高潮,契合文章题目:妈妈的心永远不变。最后一段是文章的点睛之笔,表现母亲在绝望中找寻希望,在希望中又有失望的复杂感情,我们在表达时,应当注意声音停止而情感犹存。

姿　势

几年前,武汉发生了一起火车汽车相撞的事故。

一辆早班的公共汽车搁浅在一个无人看守的道口,驾驶员下车找水去了。这时值农历正月,天寒地冻,十几名乘客都舒舒服服地待在还算暖和的车厢里,谁也没有想到大祸即将降临。

没人留意到火车是几时来的。只能说,是呵气成霜的车玻璃模糊了众人的视线,而马达的轰鸣和紧闭的门窗又隔绝了汽笛的鸣响。当发觉的时候,一切都晚了。

一切都停止了,却突然间爆发出孩子的哭声。

那是一个两三岁的小孩子,就躺在路基旁边一点点远的地方,小小整洁的红棉袄,一手揉着惺忪的眼睛,还不知发生了什么事,只一味哭叫:"爸爸,爸爸……"

有旁观者说,在最后的刹那,有一双手伸出窗外,把孩子抛了出来……他的父亲,后来找到了。他身体上所有的骨头都被撞断了,他的头颅被挤扁了,他满是血污与脑浆的衣服看不出颜色与质地……是怎么认出他的呢?

因为他的双手,仍对着窗外,做着抛丢的姿势。

好几年前的事了,早没人记得他的名字,只是,在经过这个道口的时候,还会有人指指点点:"曾经,有一个父亲……"如今,那个孩子该蹦蹦跳跳去上学了吧?

【稿件分析】

这篇文章是由真实事件改编的,所要传递的是父亲的爱。在训练时需要注意情节变化,抓住文章的核心,表述要有叙事感。在第二自然段做好铺垫,"火车"的到来对于"公共汽车"上的人来说是突如其来的,所以在第三自然段的表达中要抓准节奏,这一段的语气应该是紧张、慌乱、悲惨的,要做到一气呵成。而第四自然段中"一切都停止了",这里的节奏应该是缓慢的,要营造出惨案过后"死寂"的气氛,才能衬托后一句"却突然间爆发出孩子的哭声"。塑造小孩儿的音色时要自然、发声靠前,注意这是两三岁的孩子,此时孩子内心应该是害怕、恐惧的。最后一段人们说的话用的是省略号,朗诵时要充满对"父亲"的敬佩和感动。

第五节　朗诵稿件专项练习

【练习1】

门　前
顾　城

我多么希望,有一个门口
早晨,阳光照在草上
我们站着
扶着自己的门扇
门很低,但太阳是明亮的
草在结它的种子
风在摇它的叶子
我们站着,不说话
就十分美好
有门,不用开开
是我们的,就十分美好
早晨,黑夜还要流浪
我们把六弦琴交给他
我们不走了
我们需要土地
需要永不毁灭的土地
我们要乘着它
度过一生
土地是粗糙的,有时狭隘
然而,它有历史
有一份天空,一份月亮
一份露水和早晨
我们爱土地
我们站着
用木鞋挖着泥土
门也晒热了

我们轻轻靠着,十分美好
墙后的草
不会再长大了
它只用指尖,触了触阳光

【练习 2】

一 束
北 岛

在我和世界之间
你是海湾,是帆
是缆绳忠实的两端
你是喷泉,是风
是童年清脆的呼喊
在我和世界之间
你是画框,是窗口
是开满野花的田园
你是呼吸,是床头
是陪伴星星的夜晚
在我和世界之间
你是日历,是罗盘
是暗中滑行的光线
你是履历,是书签
是写在最后的序言
在我和世界之间
你是纱幕,是雾
是映入梦中的灯盏
你是口笛,是无言之歌
是石雕低垂的眼帘
在我和世界之间
你是鸿沟,是池沼
是正在下陷的深渊
你是栅栏,是墙垣
是盾牌上永久的图案

【练习3】

塔下清荷（节选）

又是芙蓉盛开的季节。

我自幼喜爱荷花。记得在童年时代，每当盛夏时节，我总是随着小伙伴们嬉戏在荷塘边，用绑着月牙形铁丝的竹竿钩莲蓬，用粗线织成的网罩捕捉莲间的小鸟，在岸边草丛里扑促织。蛙声、鸟声、虫声和我们童稚的欢叫声汇在一起，组成了一首欢快、甜美的乐曲，它轻柔地回荡在夏的晴空，似乎，那炎炎烈日也失去了它的威力。在朝霞初露的清晨，我还常常独自一人拿着卷《唐诗》跑向荷池。一边好奇地凝望着洁净花瓣上的一层极薄极薄、绒毛般的水珠和池塘远处飘动着的一缕缕轻烟，一边默默背诵诗句："云想衣裳花想容，春风拂槛露华浓……"背着，背着，眼睛朦胧了。

眼前出现了美丽的幻觉，仿佛看见荷塘深处那迷茫的绿海中，一位白裳翠裙的仙子隐隐出现，冉冉上升，飘曳着轻纱衣袂，飞往无际的碧空。而我的心好像也随着她升腾，飞去……在那战火纷飞、苦难深重的动乱岁月里，这片色彩明丽、充溢着幻想与诗情的幽静的荷塘，是我忧患而寂寞的童年生活中的一所乐园，稚幼心灵上的一片绿洲。

荷，不仅"出污泥而不染，濯清涟而不妖"，它还倔强傲岸，屹然挺立在炮火硝烟之中，给苦难的大地增添点希望的色彩，给纯朴的心灵以滋养、激励和抚慰。

随着时光的流逝，年岁的增长，最使我深深爱恋、永志难忘的，则是北海的荷池，那环塔而生、与巍巍自塔相映衬的一片片清荷。

【练习4】

秋色赋

峻　青

时序刚刚过了秋分，就觉得突然增加了一些凉意。早晨到海边去散步，仿佛觉得那蔚蓝的大海，比以前更加蓝了一些；天，也比以前更加高远了一些。

回头向古陌岭上望去，哦，秋色更浓了。多么可爱的秋色啊！我真不明白，为什么欧阳修作《秋声赋》时，把秋天描写得那么肃杀可怕，凄凉阴沉？在我看来，花木灿烂的春天固然可爱，然而，瓜果遍地的秋色却更加使人欣喜。

秋天，比春天更富有欣欣向荣的景象。

秋天，比春天更富有灿烂绚丽的色彩。

你瞧，西面山洼里那一片柿树，红得是多么好看。简直像一片火似的，红得耀眼。古今多少诗人画家都称道枫叶的颜色，然而，比起柿树来，那枫叶却不知要逊色多少呢。

还有苹果，那驰名中外的红香蕉苹果，也是那么红，那么鲜艳，那么逗人喜爱；大金帅苹果则金光闪闪，闪烁着一片黄橙橙的颜色；山楂树上缀满了一颗颗红玛瑙似的红果；葡萄呢，就更加绚丽多彩，那种叫"水晶"的，长得长长的，绿绿的，晶莹透明，真像是用水晶和玉石雕刻出来似的；而那种叫作红玫瑰的，则紫中带亮，圆润可爱，活像一串串紫色的珍珠。……

哦！好一派迷人的秋色啊！

我喜欢这绚丽灿烂的秋色，因为它表示着成熟、昌盛和繁荣，也意味着愉快、欢乐和富强。

啊，多么使人心醉的绚丽灿烂的秋色，多么令人兴奋的欣欣向荣的景象啊！在这里，我们根本看不到欧阳修所描写的那种"其色惨淡，烟霏云敛……其意萧条，山川寂寥"的凄凉景色，更看不到那种"渥然丹者为槁木，黟然黑者为星星"的悲秋情绪。

看到的只是万紫千红的丰收景色和奋发蓬勃的繁荣气象。因为在这里，秋天不是人生易老的象征，而是繁荣昌盛的标志。写到这里，我忽然明白了为什么欧阳修把秋天描写得那么肃杀悲伤，因为他写的不只是时令上的秋天，而且是那个时代，那个社会在作者思想上的反映。我可以大胆地说，如果欧阳修生活在今天的话，那他的《秋声赋》一定会是另外一种内容，另外一种色泽。

我爱秋天。

我爱我们这个时代的秋天。

【练习5】

南非的卡布湾，曾是一片一眼望不到边的无垠大漠，有一天，从这里传出了让人兴奋的消息：卡布湾有钻石！很快千千万万的淘金者涌进了卡布湾，往日渺无人烟的旷野，一下子充满了人声、机械声、牲畜声。跟随而来的，是为淘金者提供衣食住行的人。修路的、开医院的、银行家、通讯部门、交通营运商……统统卷了进来。然而随着时间一天天地过去，没有任何人找到钻石，几年过去了，卡步湾有钻石的谣言不攻自破，人们停止了开采，但这时的人们发现,这里除了没有钻石,别的什么都有!卡布湾已经变成了一个生机勃勃的新兴城市。

在这个世界上,有多少的城市有着和卡布湾一样的命运,人们为钻石、为黄金、为美梦来到一片光秃秃的土地上,最初的梦想也许只是一个谎言、一个不可实现的童话,但却支撑着人们走下去。最终实现的并非最初所梦想的,但毕竟不是一无所获,另外的所得同样也是我们值得庆幸的!

人的这一生,何尝不是这样,我们每个人都有自己的梦想,每日奔波在实现这个梦想的旅途上,痛苦、悲伤、喜悦伴随着每一步,只为尽快摘到"梦想"这棵大树上的金苹果。但有一天我们到了树下却发现,摘下来拿在手中的不是预想的苹果,而是一个柑橘。虽然所得并非所想,但我们同样得到了,这也是我们努力的结果!我们同样也应为自己感到自豪!

有位哲人说过:在人生的路上,当一扇门关闭的时候,上苍总会为我们打开另外一扇门!当有一扇门在面前关闭的时候,让心海归于宁静,让勇气涌上心头,让我们努力、勇敢地走下去,我们终会拥有另一片美丽的天空!

第四章

新闻播音的表达规范与训练技巧

第一节 新闻播音概说

一、认识新闻

(一)新闻的定义

什么是新闻?这是我们认识新闻最基本的问题,也是古今中外的新闻学研究专家一直在探讨的话题。尽管新闻已经越来越成为我们生活中必不可少的一部分,新闻的发生发展也时刻牵动着每一个人的心,但直到现在,仍然没有一个令所有人都感觉合适且满意的标准答案。有国外的新闻学研究者调侃道,"世界上有多少新闻工作者,就有多少种对新闻的定义"。

在我国新闻界,有几种较为著名的对新闻的定义,大家普遍认为学者陆定一提出的"新闻是对新近发生的事实的报道"最为贴切。新闻是一种信息,这种信息报道着新近发生或变动的事实。报道,即对可以查证的事实的客观陈述,所谓"可以查证的事实",是指人们看得见、摸得着、感受得到的事实,有依有据。例如,"某月某日,某社区居民小王下楼散步时不幸被邻居的宠物狗咬伤"就是可以查证的事实,记者可以通过监控录像和采访当事人核实信息的真伪,但"我认为宠物主人做得不对,没有牵好狗绳"就并非客观的事实陈述,而是主观的价值判断。

(二)新闻的特点

首先,新闻具有真实性的特点。真实是新闻的生命。世界是物质的,客观的物质存在决定主观的思想意识,这是马克思主义世界观。在新闻工作中,要求一切报道建立在实事求是的基础上,一切从实际出发。新闻的真实性促使着新闻报道是以客观存在的事实为内容,这便要求新闻中的基本信息准确无误,新闻中使用的一切材料全面客观。

其次,新闻讲究时效性。新闻的传播或报道必须迅速及时,这在新闻的定义中"新近"一词就体现出这一要求。尤其对于一些重大新闻事件、突发新闻事件,更是要"抢新闻",这主要源于受众对新闻的渴求。在报纸时代,新闻的传播历时较长,广播电视加速了新闻的传播速度。而在新媒体蓬勃发展的当下,新闻的传播更是实现了时效性的突破。

最后,公开性也是新闻的一大特点。新闻是一种对社会公开传播的信息。信息由信息源通过信息媒介向接收者流动,新闻传播和报道亦如此。新闻传播面对的是整个社会,每个人都有知晓这一信息的权利。新闻的公开性不仅仅保障了公众的权利,还能够体现新闻的主体价值。

(三)新闻的分类

新闻的分类方式有很多,并没有固定统一的分类标准。一般来说,按照新闻具体内容区别及新闻播音具体语言要求区别,我们可以将新闻大致划分成以下三大类:

第一类,党政新闻。顾名思义,党政新闻是对党和政府政治生活中新近发生的事实的报道。我们首先需要明确,播音员主持人是党和政府的喉舌。因此,党政新闻是播音员主持人新闻播音训练的重中之重。在受众心中,这类新闻就是俗称的"国家大事",传达着党和国家的政策、方针等。如中央电视台《新闻联播》节目、中央人民广播电台《新闻与报纸摘要》节目等。我们以下面这则新闻为例:

> 9月1日,十二届全国人大常委会第二十九次会议闭幕。会议经表决,通过了核安全法、新修订的中小企业促进法、国歌法、关于修改法官法等八部法律的决定。全国人大常委会法工委国家法室主任武增表示,国歌法以国家立法的形式,落实了宪法规定的国家标志制度,明确了应当和不得奏唱国歌的场合、奏唱国歌时的礼仪;为保证国歌的奏唱效果,规定国家要组织审定国歌标准演奏曲谱、录制官方录音版本;明确了对侮辱国歌行为的处罚。

第二类,民生新闻。民生新闻的本质特征是民生内容、平民视角和民主的价值取向。新闻报道关注的是平民百姓的生活状态、生存状态和心理状态,立足于城市最基层的普通市民,强调朴素直白,体现本土化和市民化的特点。民生新闻还具有很强的互动性。如江苏电视台城市频道《南京零距离》节目、安徽卫视《超级新闻场》节目等。下面这则新闻就是典型的民生新闻:

爸爸妈妈爱网购　看看哪些东西受欢迎

随着我国电子商务的快速发展，网购"买买买"不再是年轻人的专利，它已经成为很多老年人的新乐趣。也许你也想知道，适合他们的哪些东西更受欢迎呢？

阿里巴巴近日发布的一份《银发族消费升级数据》显示，我国老年人的网购消费不断升级，老年人网络消费潜力巨大。其中，各个年龄层呈现不同的消费特点，50岁以上占比最高，占近七成，成消费主力；60岁以上群体，"双十一"购买热情最高，他们的"双十一"购物频次三年内翻了一番；70岁以上群体，化妆品、运动装备购买量增速最快。

京东大数据也显示，其购物平台老年用户的人均消费额同比增速超出全网20%。

与网购相配套的是，"银发族"越来越喜欢移动支付。来自第三方支付平台支付宝的数据显示，相比于2017年，使用移动支付的"银发族"翻了一番。在线下，"扫一扫"完成付款的"银发族"增长2.5倍。相比于2017年，使用指纹支付或者刷脸支付等科技的"银发族"增长了20%，在家里动动手指就完成水、电、煤气等生活缴费的老年人增长了108%。

记者注意到，老年人的消费日益多元化。除了老年健身器材外，电子装备也受到欢迎。适合老年人使用的智能手机、蓝牙小音箱和计步器等商品成为重阳节的热销商品。

此外，"银发族"消费越来越多被注入精神层面的需求，爱美、爱出境游、涉猎新的健身形式，"银发族"消费升级趋势明显。

第三类，文娱新闻。文娱新闻包括文化、娱乐、艺术等领域的资讯，是人们不断丰富和满足精神生活的信息产品。与以上两类新闻节目相比，文娱新闻还注重娱乐性、趣味性和大众性。"寓教于乐"正是文娱新闻的一大特色，因此它形式丰富多样，主持人的语言表达轻松、活泼，再加上道具、特技的综合运用，给人们的日常生活增添了不少乐趣。如上海东方卫视《娱乐星天地》、中央电视台电影频道《中国电影报道》等。下面这则便是文娱新闻：

第五届中韩青年梦享微电影展开幕　展映26部中韩优秀短片

11月21日，一年一度的"中韩青年梦享微电影展"在CGV星星影城北京颐堤港店正式拉开帷幕。即日起至11月23日，将有26部中韩优秀短片进行展映，其中15部影片为本届微电影展的入围作品。

由中国人民对外友好协会和韩国CJ集团共同主办的"中韩青年梦享微电影展",自2014年举办以来便受到国内外电影圈人士的高度关注。到目前为止,该影展累计征集作品2,335部,邀请17位中韩优秀电影人作为评委出席活动。

2018年"第五届中韩青年梦享微电影展"5月份开始招募,历时3个月,共收集到作品560部,作品涉及众多题材,制作水准颇高。经过电影展专家的评审,最终15部作品入围进行展映。

据组委会负责人介绍,今年参赛的青年导演们,显示出比以往更强的创作欲望、更高的创作水平。剧本设计、影片构思、拍摄与制作手法等多方面都有很大突破。很多作品深刻剖析了理想与现实、情感与理智、自我意识与社会等在成长过程中遇到的问题,反映了当代青年人对努力追逐及实现梦想的过程。

据悉,入围展映的15部作品,将通过评审委员的最终评审,角逐"评审委员会大奖""导演奖""剧本奖""对外友好协会奖""CJ梦享奖"等5项大奖,评选结果将在11月23日的闭幕式暨颁奖典礼上公布。

二、新闻播音语言表达方式

(一)宣读式

宣读式新闻播音对语言规范的要求最高,声音略高略强,严肃庄重有气势。这种播音方式适用于一些严谨的新闻稿件,最大特点是使用书面语,要求播音员主持人在播音时不能做任何改动。这类新闻稿有个人简历、任免决定、人物名单、讣告等。

(二)播报式

播报式新闻播音的运用最为广泛,是绝大多数广播电视新闻节目采用的语言方式,介于宣读式的正式与说新闻的轻松之间。这种方式要求播音员主持人语言规范流畅、清晰自如、节奏鲜明、干净利落。

(三)说新闻

说新闻的方式近年来越来越被大众认可。尤其是民生新闻节目,播音员主持人运用这种语言表达方式可以增强对象感、交流感,显得轻松自然,更能够吸引观众的眼球和耳朵。说新闻更注重个性化、口语化的表达,亲切大方。

三、新闻播音语言表达要求

（一）叙事清晰准确

新闻播音要求播音员主持人必须语音规范，字正腔圆，语句规整，层次清晰，语义集中。播音员主持人在播讲新闻时，受众面前没有新闻稿件，只能通过播讲过程来清楚地了解到新闻的内容。这要求播音员主持人普通话语音发声的基本功十分扎实。这是新闻播音最基本的语言表达要求，只有在保证叙事清晰准确的基础上，才能够传播出新闻的内涵与实质。

（二）强烈的新鲜感与播讲愿望

新闻的"及时性"要求播音员主持人的播讲有较强的新鲜感。这里的新鲜感主要指事件新、政策新、角度新、思想新、形势新、受众新。运动的思想感情创造运动的语气节奏。因此，在播讲时需要声音明亮轻松、节奏鲜明、重音突出、少停多连。强烈的播讲愿望还利于调动受众的观看、收听兴趣，更有利于新闻传播的全过程。

（三）客观报道中彰显态度，感而不入

作为新闻传播者的播音员主持人，其身份的特殊性要求其播讲需要客观、真实但又态度鲜明。"感而不入"是新闻播音的最高要求，不同的新闻稿件运用的感情不同，感情的投入要适当地把握分寸，以情带声。新闻播音中"以情带声"要求不能过分夸张表达，渲染炫技，而应当严肃认真、自然大方、朴实无华。表达过程还要求播音员主持人语速适中、语流顺畅、语势平稳。

第二节　新闻播音创作规范

一、新闻稿件结构与播音要求

从新闻的结构来看，通常可以分为"标题、导语、主体、背景、结语"五个部分。从新闻的内容来看，有一个旗帜鲜明的特征，那就是"重要的信息往前放"，也被称作"倒金字塔结构"。以下面这则新闻为例：

北京海淀区幼教机构提前教小学课被约谈

新华社消息：日前，海淀区教委再次联合相关部门对辖区内的培训机构进行检查，2家培训机构涉嫌小学化教学。海淀教委对机构负责人进行了约谈，并要求他们在8月31日前整改完毕。

今年7月份，教育部办公厅曾发布《关于开展幼儿园"小学化"专项治理工作的通知》，要求在2018年7月到2019年4月期间，开展全国幼儿园"小学化"专项治理工作。通知中明确要求，培训机构不得以学前班、幼小衔接等名义，提前教授小学内容。

据悉，除了杜绝"小学化"教学之外，海淀区教委还将陆续对辖区内机构的办学资质、机构网站、宣传广告、安全设施等方面进行拉网式检查。

这则新闻由一个标题、三个自然段构成。第一自然段为新闻导语，第二自然段为新闻背景，第三自然段为新闻结语。导语部分集中交代了"5W"，受众用最短的时间获取了和这个事件有关的信息；背景部分为新闻事件提供了讨论的环境，是对新闻主题的衬托和深化；结语部分简要介绍了事件未来的发展动态。可以见得，每一部分的重要性并非等量齐观，其中导语信息量最多，背景和结语的篇幅较长，这就是"倒金字塔结构"。

新闻中的导语是整篇新闻稿件的开端，简明扼要地将最有价值的信息传播给受众，也可以说一篇新闻的精华全在导语。按照表达方式的不同，导语一般可以分为直叙式、设问式、描写式、评论式、对比式、引用式六种形式。导语要播得吸引人，激起受众强烈的兴趣，进一步引导受众进入新闻事件，了解新闻全貌。播者在播讲导语时，要有较强的新鲜感，注重语势的变化，重音少而精且突出。

新闻主体部分更为详尽、完整地展现新闻事实，是对导语的补充和丰富。在播讲时，要抓住事件发生发展的内在逻辑，确定重点与次重点，将事情叙述清楚准确。由于主体部分与导语部分有可能会有重合之处，因此，"承上启下"的这一段落需要更加舒展、细致。

任何事情的发生发展都与相关的事物有着某一种联系，新闻背景就是这样的存在。一般来说，新闻背景不一定是新近发生的事实，而是与这则新闻相关的事实。在播讲时，播者要有一种介绍的语言表达方式，与导语和主体明显区别开来。

新闻的结尾有可能是一句话，也有可能是一整个段落。在播讲时，与前一部分的新闻背景区别开来，表明观点态度，在最终平稳守住，落停结束，给人完整、满足的真实感受。如果是一种吸引受众再度关注式的结尾，则需要播者表现出另起一段的感觉，引起受众持续关注的兴趣。

二、新闻体裁区分与播音要求

(一)消息

消息,就是用高度概括的语言对新近发生的事实进行客观陈述,篇幅较短,时效性强,行文干净利落,不求反映细枝末节。我们在广播电视里获取的大部分新闻都是消息。

新闻之所以重要,是因为它由许多消除人们随机不确定性的信息构成。通过归纳,我们发现一则新闻消息基本由以下这些信息点构成:

信息点	例子
时间	某月某日、截至发稿、近日……
地点	国家、省份、市区、乡镇……
人物	国家主席习近平、家住深圳的李先生……
事件	主题、起因、经过、结尾
原因	新闻背景

任何一则新闻消息,基本都要将上述前四个信息点交代清楚,否则就会令人摸不着头脑,最后一个信息点为补充信息,我们一般用"5W"来形容上述信息,即"When、Where、Who、What、Why"。以下面这则新闻消息为例:

> 新华社消息:第34届中国哈尔滨之夏音乐会今晚开幕,音乐会期间将推出全国声乐暨音乐剧展演、勋菲尔德弦乐比赛、国际手风琴艺术活动周等,活动一直持续到8月20日。

这则消息只有短短70字,以高度概括的语言将事件全貌基本呈现,这是新闻消息的典型特征。我们尝试对这则新闻消息的信息点进行归纳:

信息点	消息内容
时间	今晚(播出当天)至8月20日
地点	中国哈尔滨
人物	未交代,但受众可从语境中推测为:普通市民、音乐爱好者、音乐艺术家等
事件	第34届中国哈尔滨之夏音乐会,由于这是一个系列活动,所以活动包含全国声乐暨音乐剧展演、勋菲尔德弦乐比赛、国际手风琴活动周等
原因	未交代

之前我们提到过"叙事清晰"是新闻播音的基本原则。从具体实践来看,"说清楚、说明白"就是用简明清晰的语言将消息的"5W"交代清楚。以上面这则消息为例,有的同学在播音时容易将这些分门别类的信息点揉成一大团,不懂断句、不讲停连、不抓重音,这就不可能把意思交代清楚。接下来,我们尝试使用停连技巧将这则消息的"5W"处理清楚。新华社消息:第34届中国哈尔滨之夏音乐会︱今晚开幕,音乐会期间将推出全国声乐暨音乐剧展演、勋菲尔德弦乐比赛、国际手风琴艺术活动周等,活动一直持续到8月20日。通过小停顿处理,"What"和"When"之间的区别得以体现;通过"连"的处理,"What"内部的诸要素之间被紧密联系在一起,否则会使这一部分听起来语义松散。

(二)通讯

新闻通讯,比消息更详细和生动地报道客观事实,以典型人物叙述和描写为主,兼用议论、抒情等表达方式。新闻通讯主要分为三大类:人物通讯,通过刻画人物、言行、外表、心理来揭示人物内心;事件通讯,通过对典型事件发生、发展全过程的详细报道来宣扬某种精神;风貌通讯,范围广,指对自然景观、人文景观、名胜古迹的报道,集新闻性、知识性和趣味性于一体。

我们以下面这则事件通讯为例,做具体分析:

住有所居民心暖

住有所居,是民之所愿。

"十九大报告中对普通群众住房的关怀,让我们心里暖暖的。"居住在民勤县城北公租房的居民张典成动情地说。

张典成原来住在平房,房屋破旧,交通不便。今年年初,他家所在的区域纳入棚户区改造范围,他不仅按政策规定领到了拆迁补偿款,还申请了城北的公租房。

"这里环境很好,有花有草,还能锻炼身体,并且水、电、路、通讯也很方便。"张典成对现在的居住条件和环境非常满意,他认为,党的十九大报告提出让全体人民住有所居,是"为房所困"群众的福音,必将使更多像他一样的群众享受到党的好政策。

据了解,为保证群众住有所居,近年来,民勤县多措并举促进房地产市场健康发展。建立房地产信息发布制度,及时公布房屋预售等有关信息,正确引导居民住房理性消费;强化房地产市场监管,适时掌握市场运行情况,努力实现房地产供需平衡,切实稳定房价;大力实施棚户区改造和保障性住房建设,使3,000多户棚户区居民出棚进楼,有2,500多户住房困难群众住进公租房,城镇低收入家庭基本实现了应保尽保,城市人居环境得到明显改善。

"党的十九大报告中提出'坚持房子是用来住的、不是用来炒的定位,加快建立多主体供给、多渠道保障、租购并举的住房制度,让全体人民住有所居'。"民勤县住房和城乡建设局副局长马维峰说,这不仅有利于保障普通百姓的住房需求,有利于房地产市场健康稳定发展,有助于激活房屋租赁市场,更有利于转移农业人口,新就业大学生能够住有所居、融入城市。

与消息、评论相比,通讯表现方法最丰富,既有叙述、描绘,又有议论、抒情。因此,要求播者准确鲜明生动地播讲出来。在播讲时,要有一种"形之于声""及于受众"的创作过程,正确理解稿件实质才能准确地进行表达。首先,通讯的题目很重要,也是吸引受众、奠定基调的关键之处,短短几个字,却需要播者充分调动思想感情。通讯主体部分,播者要有一种娓娓道来的讲述感,语速适中、完整连贯、生动明快、真实可感。

仔细分析这则新闻通讯,不难发现,新闻中不仅有党和国家的政策引用,还有典型人物事迹的描写。播者需要首先理解这篇通讯的主旨,了解相关的基本政策方针。其次,全篇稿件要体现一种新闻故事讲述的语言表达风格,语速不宜过快,将叙述性部分与人物话语区分开来。居民张典成的话被直接引用,也是新闻通讯的典型特征,在播讲时需要拿捏分寸,既要有符合居民身份人物语言的表现力,又不可夸张造作,像播散文故事一样。

(三)评论

新闻评论,不仅要在一篇新闻中讲清新闻事实,还要针对这一事件进行评价,有鲜明的观点。新闻评论也有很多种,如社论、编辑部文章、短评、编者按等。这类新闻要求播者在播讲时,态度鲜明、语气中肯、层次清晰、以理服人。一般来说,播者的语言表达需要张弛有度、从容坚定、高起不降、有理有力。以下面这则短评为例:

《新闻联播》本台短评:心系民族命运 报效祖国人民

今天是青年的节日,从抗冰雪英雄到青年志愿者,从科技英才到技能标兵,又一批青年楷模涌现出来,他们立足岗位、发奋工作,彰显爱国主义的光荣传统。在革命、建设、改革的各个历史时期,爱国主义始终是中国青年不变的情怀。时刻心系民族命运、心系国家发展、心系人民福祉,是时代赋予广大青年的神圣使命。让我们从一点一滴做起,以实际行动报效祖国和人民。

这是《新闻联播》节目在"五四"青年节当日配发的一篇短评,篇幅不长,但结构清晰、用词细致。播者在播读时,首先要确定青年人朝气蓬勃的基调,语气明快、坚定,语速适中。这篇短评中有很多句式相同的句子,需要播者在播读时,重音突出,多连少停,节奏轻快。

三、新闻稿件的播音准备

(一)新闻播音的广义备稿

广义备稿,指播者的知识储备、政治觉悟、社会阅历、理论水平、艺术修养和语言功力等。新闻播音经常涉及社会政治、经济和文化各个领域,对播者的综合素养有一定要求。

首先,需要加强文化知识的学习,提高综合素质。文化知识和专业基本功是奠定播音主持专业学习、播音主持工作的基础。

其次,需要加强政治修养,细心观察社会。播音主持专业学生及播音员主持人需要第一时间了解党和国家的政策方针,如"中国梦""全面深化改革""一带一路""决胜全面小康社会""法治中国建设"等。此外,还需要熟悉一些社会热点问题,这类问题包含近期突发新闻事件,以及长久以来大众持续关注的社会话题,如"食品安全""公共医疗""养老服务"和"基础教育"等,这些话题具有长久不衰的讨论价值。同学们如果能在平时养成关注国家大事和社会热点的好习惯,有所积累,有所思考,不仅能提前掌握一些讨论社会议题的高频语汇,降低播讲的失误率,还能快速把握新闻重点,突出新闻价值。

(二)新闻播音的狭义备稿

狭义备稿,指播者创作稿件的具体方法、要求和步骤,我们一般也将狭义备稿称作对新闻稿件的二度创作。在多年播音一线实践和教学经验的基础上,我们的前辈总结了符合视听语言传播规律、实用性较强的"备稿六步":划分层次,概括主题,联系背景,明确目的,找出重点(分清主次),确定基调。

1.划分层次

让受众听得清楚明白,这是播音创作最基础的要求。想要实现这一要求,就得处理好稿件的段落关系、意层关系和句间关系,使其层次鲜明。

例如新闻消息一般都符合"倒金字塔结构",越是重要的信息越靠前,一般以段为单位,我们说播新闻要"从重到轻",这就是对段落关系的把握。同一段落中还会存在由多个句子组成的意层,尽管是多个句子,但同一个意层往往有相同的讨论对象、讨论主题,同一个意层内的句子不可拆分,在不同的意层之间设置停顿,这就是处理意层关系。同一个意层内,还会有若干个逻辑联系紧密的句子,如何理顺行文逻辑、把句子间

的关联性播出来,就是处理句间关系。以下面这则新闻为例:

人民网北京9月5日电:据中央纪委监察部网站消息,由中央纪委宣传部、中央电视台联合制作的电视专题片《巡视利剑》将于9月7日至11日在中央电视台综合频道每晚8点首播。

专题片反映了党的十八大以来,以习近平同志为核心的党中央把全面从严治党纳入"四个全面"战略布局,把巡视作为党内监督的战略性制度安排,坚持党内监督和群众监督相结合,赋予巡视制度新的活力,有效破解自我监督的难题,探索出一条自我净化、自我完善、自我革新、自我提高的有效途径。

据悉,专题片摄制组赴全国18个省区市,累计采访15名中央巡视组组长、副组长及相关工作人员,20多名纪检监察干部。拍摄近20名因巡视发现问题线索被查处的官员,王珉、黄兴国、王三运、苏树林、卢恩光、武长顺、虞海燕等现身说法,发人深省、令人警醒,凸显了巡视的利剑作用。

专题片共分五集,分别是《利剑高悬》《政治巡视》《震慑常在》《巡视全覆盖》《破解"历史周期率"》。

全文由四个自然段组成。第一自然段为新闻导语,使用高度概括的语言将"5W"交代清楚;第二自然段为新闻主体,强调这部专题片的重要性;第三自然段为新闻背景,介绍这部专题片拍摄的基本流程;第四自然段为新闻结尾,采用补充说明的方式概述专题片内容。播音备稿时,我们可以将这则消息归并为三个层次:

第一层:第一自然段,高度概括电视专题片《巡视利剑》的核心信息,使受众对这部专题片产生印象。

第二层:第二自然段,详细叙述电视专题片《巡视利剑》的内容。该层次内部为一个逻辑关系紧密的长句,不可拆分。

第三层:第三至四自然段,为《巡视利剑》的拍摄和播出提供现实背景,并补充该专题片的基本信息。这个大层次中包含两个小层次。在第三自然段中,可拆分为"拍摄范围"和"拍摄人物"两个意层。

2.概括主题

主题是稿件所表现的中心思想,它有利于揭示出深刻思想内涵和调动播者的思想感情。以下面这则新闻为例:

新华社消息:中国奥运冠军孙杨23日在2017年国际泳联世锦赛男子400米自由泳决赛中以3分41秒38夺冠,比亚军澳大利亚选手霍顿快了近3秒,意大利选手戴帝夺得季军。

体育是一个新旧交替迅速的行业,体育新闻中往往涉及各个国家的赛事和运动员。尽管这些信息令人应接不暇,但关于这些新闻的主题其实早已被大众所熟知——"中国运动员迎战某比赛""某运动员夺得金牌""某运动员负伤"或"某运动员服用违禁药物"等。因此,播者需要对一则新闻的主题有所了解和归纳,在语言样式上区别对待。

我们还可以使用"框架理论"进一步理解新闻主题。大家在备稿时需要"擦亮眼睛",仔细分析新闻采用的框架。

3.联系背景

新闻总是与人们生活的特定时代密不可分,这是新闻的时间背景;新闻也总是与特定环境下的人们相关,中国和美国的新闻迥异,这是新闻的空间背景;一个社会在某一发展阶段又会面临一些突出的矛盾,这是新闻的具体社会背景。以下面这则新闻为例:

> 凤凰网8月9日消息:近日,在南昌市天泽园小区内,一位六旬老人因缺乏子女关爱,心情郁闷,企图跳楼自杀。接到市民报警后,南昌市公安局青山湖分局京东派出所民警及时赶到了事发现场,经过民警两个小时的反复劝说和耐心开导,老人终于放弃了轻生的念头。

随着中国城镇化进程加速、老年人口逐渐增多,"空巢老人"也日益增多。若不了解这个基本背景,就难以正确理解消息反映的社会现象。在中国传统中,养老主要依靠子女,城镇化进程迫使许多子女与老人分隔两地,而现代化进程又必然促使人口由农业化向工业化转变、由乡村向城市迁徙,所以养老问题是我国社会在一定时期内面临的突出矛盾。"空巢"会使老年人的精神健康受到影响,而由于缺乏专业的养老机构,一部分患有重大疾病的"失能老人"更是难以得到关怀和照料。近十年来,全国多地出现了"失能老人惨死家中无人知晓"的事件,引起了国家和社会的高度关注。可以说,如果不了解这些新闻背景,也就无法找出新闻重点,更无法把握好播音的语气分寸。播者应该确立主动了解新闻背景的意识,从更广阔的社会视野中透视新闻、理解新闻。

4.明确目的

语言活动总是与具体的目的相联系,播音活动更需要明确目的,让受众听得清晰、明白。以下面这则新闻为例:

推进中阿共建"一带一路"的希望之旅

新华社消息：19日，国家主席习近平乘专机抵达阿布扎比，开始对阿拉伯联合酋长国进行国事访问。当习近平乘坐的专机进入阿联酋领空时，阿联酋空军战机升空护航。当地时间下午5时40分许，专机抵达阿布扎比总统机场。习近平和夫人彭丽媛步出舱门，阿联酋副总统兼总理穆罕默德、阿布扎比王储穆罕默德在廊桥口热情迎接。阿联酋儿童向习近平和彭丽媛献上鲜花。

习近平主席访问阿联酋，是29年来中国国家元首首次访阿，受到阿方高规格盛情接待，阿联酋乃至整个阿拉伯世界都对习近平此行寄予了热切期待。这是一次友谊之旅、和平之旅、合作之旅，是深化中阿交往交流、推进打造中阿共建"一带一路"命运共同体的希望之旅。

这则新闻以"一带一路"为主题，以中国领导和促进国际经济新秩序为背景，相信大家都不会陌生。从具体内容来看，这篇稿件着力描写了阿联酋国家领导人为习近平夫妇举办的欢迎仪式，并在新闻背景中交代这是中国"29年来首次访阿"，显然是意义重大的一件事。同时，由于中东是当前世界局部战争、非传统安全问题凸显的一大区域，习近平主席的"友谊之旅、和平之旅、合作之旅"又为这则消息赋予了新的含义。综上所述，播者必须对这篇稿件进行特殊对待，明确"这次访问在历史中的重要性"："中国致力于推动世界和平""中国致力于合作共赢，为世界经济发展做出更大贡献"。具体体现在播音活动中，语气应更加庄重、语势更为高扬、情绪更加积极、整体风格更富有历史的仪式感。

5.分清主次

在语言表达训练中，播音会经常训练"抓重音"的能力，如果说语言表达训练的重音强调的是一个语句内的重音，那么播音创作中的"分清主次"，则是以一个语篇为单位，分清哪里是重要的部分、哪里是次重要的部分、哪里是可以带过的部分。以下面这则新闻为例：

新华社北京8月15日电：中共中央党史和文献研究院会同国务院扶贫办编辑的《习近平扶贫论述摘编》一书，近日由中央文献出版社出版，在全国发行。

坚决打赢脱贫攻坚战，确保到2020年我国现行标准下农村贫困人口实现脱贫，贫困县全部摘帽，让贫困人口和贫困地区同全国一道进入全面小康社会，是我们党的庄严承诺，是对中华民族、对整个人类都具有重大意义的伟业。党的十八大以来,习近平总书记站在全面建成小康社会、实现中华民族伟大复兴中国梦的战略高度,把脱贫攻坚摆到治国理政的突出位置,提出一系列新思想新观点,作出一系列新决策新部署,推动中国减贫事业取得巨大成就,对世界减贫进程作出了重大贡献。《习近平扶贫论述摘编》的出版发行,对于国内外读者学习研究习近平关于扶贫的重要论述和中国脱贫攻坚的伟大实践,推动全面建成小康社会、共建人类命运共同体,具有十分重要的意义。

《论述摘编》共分8个专题:决胜脱贫攻坚,共享全面小康;坚持党的领导,强化组织保证;坚持精准方略,提高脱贫实效;坚持加大投入,强化资金支持;坚持社会动员,凝聚各方力量;坚持从严要求,促进真抓实干;坚持群众主体,激发内生动力;携手消除贫困,共建人类命运共同体。书中收录242段论述,摘自习近平2012年11月15日至2018年6月期间的讲话、报告、演讲、指示、批示等60多篇重要文献。其中许多论述是第一次公开发表。

具体来看,这则新闻由三个自然段组成。第一自然段为新闻导语,简明概述了《习近平扶贫论述摘编》出版发行的信息;第二自然段为新闻背景,即回答"为什么要扶贫""习近平怎样扶贫"和"这本书的意义从何而来"三个问题,可划分为三个意层;第三自然段为新闻主体,详细介绍本书的内容观点、章节形式。那么,我们若从稿件的整体着眼,哪里是主要内容,哪里是次要内容呢?

首先,导语应作为主要内容给予强调。导语好比一则新闻的生命,试想如果将这个文本的导语部分删去,那这个文本就称不上新闻了,至多是一本书的介绍信息。我们之前提到了新闻的特征是"真实"和"迅速",这也是新闻导语的作用,即用最简明的语言概括出新闻事实,放在新闻的"头部",使受众一目了然。因此,导语应当列入重要内容给予着重强调。

其次,这则新闻的价值主要体现在背景部分。新闻价值,即新闻事实本身所包含的满足社会需求的素质的总和。当下,扶贫是中国社会的重要议程,它直接与中国几千万农村贫困人口的公共利益挂钩。如第二自然段的第一个意层,主要表明了党和国家对打赢脱贫攻坚战的态度立场,即"至2020年全部摘帽……是我们党的庄严承诺",此处的语气需要播者仔细揣摩。第二个意层,概括了习近平总书记治贫的理念和方法,如"把脱贫攻坚摆到治国理政的突出位置,提出一系列新思想新观点,作出一系列新决策新部署……",播者需要以更加积极的情绪状态郑重宣布。第三个意层,将视野拓展到习近平总书记的基本政治理念,强调脱贫攻坚与中国社会乃至人类社会的关系内涵,语速可适当加快、语势可平缓下落。从这三个意层的逻辑关系来看,第二个意层明显与新闻主题更为紧密,应当划分为主要内容,着重强调。

最后,第三自然段对《习近平扶贫论述摘编》一书作了更为详尽的介绍,但该段只作为对新闻事实的补充,应当放在次要地位。全段应加快语速、降低音调和多连少停,如果该段的表达过于积极,则会喧宾夺主,影响核心信息的传播效果。播讲时,不同的意层之间还可以呈"阶梯状下落",干净利落地结束这篇消息,不要给人意犹未尽之感。

6.确定基调

基调,指稿件总的感情色彩和分量,是播音时总的态度倾向。基调体现的是播者对稿件认识、感受的整体结果,如有的昂扬、有的凝重、有的明快、有的深情、有的风趣等。尽管一篇稿件在个别地方的表达风格上会出现小变化,但从头到尾必然有一种稳定的表达风格,我们也把这种统领全文的表达风格称为"总基调"。我们以下面这则新闻为例:

首例"王者荣耀"外挂案宣判　两人获刑

近日,江苏省江阴市法院宣判全国首例"王者荣耀"游戏外挂的入刑案件。游戏外挂的制作者谢成、王超一分别被上述法院以提供侵入、非法控制计算机信息系统程序、工具罪判处有期徒刑一年零三个月和一年,并处二万和三万元罚金。

记者从江阴市检察院获悉,谢成通过自学编程,建立"内测群"提升"用户体验"的方式,出售超过二十个版本的"王者荣耀"游戏外挂。王超一则是游戏程序的销售代理。

检方认为,警方查扣鉴定的三个外挂程序版本均存在对游戏客户端实施未授权的修改、删除操作,对游戏的正常操作流程和正常运行方式造成了干扰,被认定为对游戏服务器产生了破坏作用。

在这个游戏娱乐的时代,外挂已经成为"全民公敌",只有庞大的外挂产业受到法律的制裁,玩家才能公平地感受游戏的乐趣。这样一则法律新闻,其基调应当是严肃、严厉的,需要播者通过干脆利落的语言以及重音突出等技巧表达这一基调。

(三)备稿专项训练

【范例】

本台消息:一批批"打工仔""打工妹"不再飞往东南沿海,纷纷涌向湖南衡山深处安营扎寨。据不完全统计,今年横山县迎来近万名外地"打工仔""打工妹"。

衡山是革命老区,由于地势偏僻,经济落后,每年都有几万人背井离乡,去沿海一带打工赚钱学技术。今年以来县委县政府解放思想,先后建起了席草、香莲、网箱养鱼、湘黄鸡等十大商品基地,鼓励农民从事种、养、加工一条龙生产,形成了一乡一品的规模经济。同时,引进外资3,935万元,新办厂矿、商店、宾馆2,900多个,吸引了大批剩余劳动力。

衡山县祝融乡因地制宜,种植席草7,400亩,实行工农商贸一体经营,今年席草加工业兴旺,仅加工机械就有4,100多台,本地劳力远远满足不了需要,于是外地人纷纷涌向这里打工、谋职。目前,祝融乡"打工仔"2,100人,相当于本地村民的五分之一,这个乡的柏树村农民李春华家有两台机器,仅两个劳力,一次便从外地请来6个"打工妹"。

衡山县不仅吸引了众多外地"打工仔""打工妹",近百名家在衡山的"打工仔""打工妹"在外地学到技术后,也先后返回家乡办厂,为振兴家乡经济出力。紫楼村青年廖立新,1998年到广东一基建队打工,发现砂卵石需求量很大,今年春节过后,他便回乡办起了一个砂石厂,今年1至9月就创利8万多元。

【提示】

划分层次:这则消息共分为四个自然段。第一段为新闻导语,高度概括"5W";第二段为新闻背景,介绍了革命老区衡山的经济发展情况;第三、四段为新闻主体,详细介绍了衡山县如何因地制宜发展经济,"打工仔""打工妹"也因此发家致富。

概括主题:这既是一则经济新闻,也是一则社会新闻,主要反映我国基层乡镇如何脱贫致富,这其中着力描写了广大外来务工者,突出了劳动者的主体地位。

联系背景:改革开放以来,我国东南沿海地区由于走在工业化和城市化的前列,引发了全国范围的"打工潮"。东南沿海地区作为"吃螃蟹的人",由先富带动后富,这原本是经济发展的必然规律。但是随着经济社会发展,发达地区面临产业升级,低技术劳动力的需求量下降;同时一线城市的生活成本十分高昂,广大外来务工者的生存压力越来越大,开始向内地迁移。衡山县正是基于这样的经济背景得以吸收充足的剩余劳动力,这种新探索也是现在国家大力提倡的。

明确目的:许多乡村青年对就业缺乏认识,常常一窝蜂往大城市跑,实际上乡村的致富机会正在增加。播者既要对衡山县的经济发展情况给予高度肯定,也要以此为契机,用朴实和亲切的语言将这个消息告诉乡村青年,鼓励他们依托乡镇谋生发展。

分清主次:这则消息有内在的叙事逻辑:先从"衡山县发展规模经济、引进外资、吸收劳动力",到"外来务工者涌入,促进经济发展",再到"外来务工者返回家乡,实现良性循环"。值得注意的是逻辑起点,没有衡山县、县政府对当地产业发展富有远见的布局,也就不存在后续的发展,因此要着重强调衡山县如何发展。

确定基调:播者采用积极的讲述状态、明快的节奏语势,赞扬衡山县经济发展新面貌,为勤劳的外来务工者"打个气"。

【创作示范及标注】

　　本台消息:｜一批批"打工仔""打工妹"不再飞往东南沿海∨,纷纷涌向湖南衡山深处安营扎寨。｜据不完全统计/今年衡山县迎来近万名外地"打工仔""打工妹"。

　　↗衡山是革命老区/,由于地势偏僻,经济落后,/每年有几万人背井离乡,去沿海一带打工赚钱学技术∨。今年以来｜县委、县政府解放思想/,先后建起了席草、香莲、网箱养鱼、湘黄鸡等十大商品基地∨,鼓励农民从事种、养、加工一条龙生产∨,形成了一乡一品的规模经济∨。同时,引进外资 3,935 万元,/新办厂矿、商店、宾馆 2,900 多个,/吸收了大批剩余劳力。｜衡山县祝融乡因地制宜,种植席草 7,400 亩,/实行农工商贸一体经营∨,｜今年席草加工业兴旺,/仅加工机械就有 4,100 多台∨,本地劳力远远满足不了需要,/于是外地人纷纷涌向这里打工、谋职。｜目前,祝融乡"打工仔"2,100 人,/相当于本地村民的五分之一,｜这个乡的柏树村农民李春华家有两台机器,仅两个劳力∨,一次便从外地请来 6 个"打工妹"。↘

　　↗衡山县/不仅吸引了众多外地"打工仔""打工妹"∨,近百名家在衡山的"打工仔""打工妹"/在外地学到技术后∨,也先后返回家乡办厂,为振兴家乡经济出力。｜紫楼村青年廖立新/,1998 年到广东一基建队打工,/发现砂卵石需求量很大∨,今年春节过后,他便回乡办起了一个砂石厂,/今年 1 至 9 月就创利 8 万多元。↘ (文中提示符号详见下表)

【附:常用播音创作提示符号】

名称	符号	用　　法
直连	———	用于有标点符号而内容联系又比较紧密的地方,顺势连带,不作停顿。
曲连	⌣	用于有标点符号而内容联系不强的地方,留有空隙,迂回向前。
小停顿	｜	用于不同的句子之间,使语流有所停顿,也可作为强调重音的方式。
大停顿	‖	用于不同的意层或段落之间,停顿时间更长,使表达层次清晰。

续表

名称	符号	用法
抢气	V	用于逻辑关系紧密的长句,用快速无声的吸气补充气息量,保持语流的连贯。
强调	·	用于突出稿件重要内容,一般采用提高音调、小停顿、放慢语速等方式。
带过	～～	用于快速交代稿件次要内容,一般采用降低音调、多连少停、加快语速等方式。
语势上扬	↗	用于意层和段落的开始,使语流产生前进趋势,保持积极的播讲状态。
语势下落	↘	用于意层和段落的结尾,使语流产生下降的趋势,至文段结尾落到最低,给人结束感。

【训练1】

新华社北京8月27日电:中共中央总书记、国家主席、中央军委主席习近平27日在北京人民大会堂出席推进"一带一路"建设工作五周年座谈会并发表重要讲话强调,共建"一带一路"顺应了全球治理体系变革的内在要求,彰显了同舟共济、权责共担的命运共同体意识,为完善全球治理体系变革提供了新思路新方案。我们要坚持对话协商、共建共享、合作共赢、交流互鉴,同沿线国家谋求合作的最大公约数,推动各国加强政治互信、经济互融、人文互通,一步一个脚印推进实施,一点一滴抓出成果,推动共建"一带一路"走深走实,造福沿线国家人民,推动构建人类命运共同体。

【提示】这是一则典型的会议消息,主题鲜明、基调昂扬,播音时应当保持积极的状态。同时,这则消息各句群之间的逻辑关系连接紧密,务必仔细推敲,把意思说清楚。

【训练2】

新华社上海8月30日电:刷量软件可让名不见经传的视频影片点击量暴增,甚至攀升至热播榜,以此获得可观收益。而这种刷量行为却会导致视频网站无法准确对后台访问数据进行分析,进而影响其正常经营。

近日,爱奇艺公司发现,杭州飞益信息科技有限公司通过多个域名,不断更换访问IP地址,连续访问爱奇艺网站视频,在短时间内迅速提高视频访问量。仅2017年2月1日至同年6月1日,飞益信息科技有限公司在爱奇艺网站制造了不少于9.5亿次的虚假访问,如果按照每1万次15元的刷量收费标准,非法获益上百万元。爱奇艺公司认为,这种刷量行为侵犯了其合法权益,构成不正当竞争,对飞益信息科技有限公司法人吕某某、监事胡某某提起诉讼,要求对方赔偿其经济损失500万元并刊登声明。

上海市徐汇区人民法院日前对此案做出一审宣判,被告在市场竞争中,通过技术手段干扰破坏爱奇艺公司运营,违反公认的商业道德,损害爱奇艺公司以及消费者的合法权益,构成不正当竞争,须向爱奇艺公司赔偿50万元并在媒体刊登声明,消除影响。

【提示】这是一则法律新闻,法律术语和量词较多,需要多加留意。消息结构层次鲜明,先用新闻由头提供背景、吸引受众,再交代新闻主体。随着新媒体的发展,这种写法比较能吸引碎片化阅读的普通大众,因此需要熟悉掌握。

【训练3】

新华社消息:不少因火烧伤者入院时伴随吸入性损伤,甚至因严重吸入性损伤而危及生命。医学专家提示,公众如遇火情,需及时阻隔浓烟、避免有害气体吸入体内。

哈尔滨市第五医院烧伤外科主任医师邵铁滨说,吸入性损伤是热力、烟雾或化学物质等吸入呼吸道,从而引起鼻咽部、气管、支气管甚至肺部损伤。烧伤合并吸入性损伤,往往会增加治疗难度。

专家提醒,火灾发生时,烟气大多聚集在上部空间。逃生中应将身体贴近地面匍匐或弯腰前进。疏散中应用浸湿的毛巾、口罩等捂住口鼻,以起到降温、过滤作用。如遇大火封门难以逃生时,需浸湿毛巾、衣物等堵塞门缝,防止有毒气体侵入,靠近阳台窗口示意外界,科学自救或等待救援。

【提示】这是一则科教文卫题材的软新闻,知识性强,可以适当提速,突出重音,言简意赅地将新闻说给受众听。

【训练4】

据中国之声《新闻晚高峰》报道:国家质检总局8日首次发布共享自行车产品质量专项抽查结果,不合格率12.5%,高于近两年普通自行车国抽不合格率。24批次样品中,2批次样品反射器不合格,摩拜生产运营的1批次样品脚蹬间隙不合格。

据国家质检总局产品质量监督司二级巡视员刘杰介绍,这次国抽抽查了7个运营品牌的24个批次的产品,抽样地点主要选择了近期投放量比较多的 10 个城市。

据媒体报道,目前我国市场上,共享自行车超过两千万辆,因此,这次国抽的结果可能意味着,有超过两百万辆不合格自行车正在市场上服务。

【提示】这是一则经济新闻,注意把数据说清楚。

第三节　新闻播音技巧处理

一、新闻播音中长句子的处理

新闻稿件中,经常会出现一些长句子,这些句子短则几十个字,长则成为一个单独段落。如果我们在播读前,不先对这些长句子加以理解分析,那我们在表达时就会出现不流畅的失误,甚至会出现语句内容表达偏差、受众听不明白的情况。因此,长句子的处理在新闻播音中十分关键。那么,遇到长句子我们应当注意哪些方面呢?

(一)整体理解句子含义

在播讲之前,播者应全面理解句子的内涵,甚至将句子放在整篇稿件中去理解。这样一来,句子的内在逻辑线条就很容易理清,语法结构等也自然能够明确,有利于口语表达,目的明确,观点鲜明。

(二)将长句子划分成短句子

长句子划分为一个个短句子的前提,是要按照意群来划分句子,打破标点符号的原本限定,合理停连,创造播读节奏,使受众听得清晰。值得注意的是,这里的合理停连要建立在"声断气不断"的基础上,否则整个句子就会被割裂,显得松散,语意不抱团。我们以下面一个长句子为例:

澳大利亚悉尼市数万户商家和居民北京时间 3 月 31 日 17 时 30 分开始集体断电一小时以引起人们对温室气体排放导致全球变暖的关注。

根据句意,我们可以将这个长句子划分为三个短句子,分别是"澳大利亚悉尼市数万户商家和居民""北京时间 3 月 31 日 17 时 30 分开始集体断电一小时""以引起人们对温室气体排放导致全球变暖的关注"。这样一来,我们在播讲时,自然地进行小停顿来诠释句意,使受众听得更加清楚。

（三）精选重音,加强节奏变化

长句子当中重音的选择尤为关键。一般初学者在选择重音时,会觉得整个句子中每个词几乎都是重音,这是因为播者还没有完全理解句子意义。如果重音过多会破坏整体的句子结构,听起来语流不通畅,使受众的注意力不明确,从而不能很好地了解新闻事实。如果在播读时,因为句子长而过分在意不能播错、语意抱团、重音突出等而忽略了节奏的把握,也会显得整个句子语势过于平缓,令人厌烦。

我们仍以上面那个长句子为例,这句话重音为"全球变暖",次重音为"一小时",找到这两个重音就可以了。在播读时,要调动起自己的积极播讲欲望,生动可感,加大语流的起伏变化,具有立体感和代入感。

二、新闻播音中的数字处理

一些新闻稿件会出现许多数字,尤其是财经新闻。每一个数字都有它所代表的含义。在播读这些数字的时候,应在充分理解的前提下,把其所代表的内涵表现出来。

（一）读清楚数字

新闻播音清晰是基本要求,面对稿件中的数字更是如此。我们在播讲时可能只漏了一个小数点,但实际造成的后果和社会影响却可能巨大。因此,播音员主持人在备稿时不仅要通读整篇稿件,在出现数字的地方要特别注意,多确认几遍、多练习几次,避免出错。

（二）读出数字蕴含的感情色彩

一个小小的数字,蕴含了编者甚至党和政府的思想感情与观点态度。播者需要深刻体会数字背后的不同感情色彩,对受众起到引导的作用,便于受众了解数字真正的含义,引起他们的思考。需要特别注意的是,在一篇新闻稿件中如果有多处出现了数字,播者应选出最有价值的、最直观的数字,这样才不会使数字的感情色彩被埋没在众多的重音之中。

我们以下面这则新闻为例:

> 数据显示,截至 7 月末,银行业金融机构各项贷款同比增长 12.4%。基础设施行业贷款同比增长 9.9%,涉农贷款同比增长 7.2%,扶贫小额信贷余额 2,597 亿元,绿色信贷贷款余额超过 9 万亿元。保险业中与经济和民生保

障密切相关的货运险、责任险、农业保险保费收入同比分别增长 24%、35%、18%。

经济新闻中高频出现的数据单位有"%""亿元""万亿元"等,基本上万变不离其宗,通常只需找一两篇经济新闻进行精读训练就可以顺利上口。其次,要特别注意小数点与数量的大小,未经训练的同学往往对数字的敏感性不够,因此识读能力也需提高。

三、新闻播音中的人名、地名、专业名称处理

新闻播音中经常会出现人名、地名,尤其是在时政要闻、会议新闻、国际新闻中。有些播者一看到人名、地名就犯怵,生怕一张嘴就出错。其实,播好人名、地名首先在备稿时要特别留意,多念几遍。其次,在播读时,可以稍稍放慢语速,不仅是为了让受众听得清楚,也给自己缓冲的时间。很重要的一点是,在训练基本功时,我们常常会以播人名、地名来练习调值,运用到新闻中,在出现并列人名时,我们要特别注意吐字清晰、调值准确。以下面这则新闻为例:

> 新华社消息:国家主席习近平 30 日在人民大会堂同科特迪瓦总统瓦塔拉举行会谈。两国元首一致同意,推动中科关系迈向更高水平,实现互利共赢。会谈前,习近平在人民大会堂北大厅为瓦塔拉举行欢迎仪式。彭丽媛、丁薛祥、杨洁篪、王东明、王毅、张庆黎、何立峰等参加。

如果在一篇稿件中遇见了"绕不开的坑",例如上文中的"科特迪瓦总统瓦塔拉"比较绕口,那么在备稿时需要着重注意,花一定时间反复念读直至熟练。稿件中出现并列人名,注意调值准确无误、合理安排换气。

在部分新闻稿件中,还会出现一些专业名称,这类名称也可能会成为播讲过程的阻碍。首先,播者在平时积累时,要广泛阅读,略懂不同领域的一些专业词汇。其次,在播讲时不可因为不熟悉而含糊略过,清晰准确仍然是基本要求。我们以下面这则新闻为例:

> 新华社消息:在首届中国国际智能产业博览会上,我国研发的全球首款商品级超宽带可见光通信专用芯片组正式发布。

可见光通信是利用半导体照明(LED 灯)的光线实现"有光照就能上网"的新型高

速数据传输技术。2015年,我国科学家创造了可见光通信50Gbps(比特每秒)的实时速率世界纪录。当前,可见光通信技术已成为世界各国竞相角逐的下一代核心通信技术,可为5G移动通信网络室内深度覆盖提供绿色、泛在、廉价的接入手段。

在科技新闻中时常会出现令人疑惑的专业词汇,且科技总是与时俱进、快速更迭,我们难以通过广义备稿来熟悉词汇,这时就需要播者掌握生僻词汇快速上口的能力。例如上文中的"全球首款商品级超宽带可见光通信专用芯片组"可以做小停顿处理,将"全球首款""商品级""超宽带""可见光通信"和"专用芯片组"进行语义上的切割,不仅能大大降低播错率,还能使受众听清楚、听明白。当然,停顿不宜过长,以免将整句话播散。

四、新闻播音的副语言技巧与应用

在播音主持创作过程中,不光有声语言在传递信息,眼神、表情、体态、服饰等也都在传递着信息,我们一般把后者称为"副语言"。播音员、主持人在电视新闻节目中播报新闻,绝不仅限于"听觉",还涵盖"视觉"。可以说,有声语言和副语言都是播音主持的手段,有声语言占主导地位,副语言占辅助地位,两者相辅相成构成了播音主持的信息传播系统。广义上的副语言包罗万象,甚至连一期新闻节目的演播厅布置、拍摄角度都可以称为副语言表达。在这里,同学们训练的副语言表达是狭义上的,即播者在播报新闻过程中的体姿、动作和表情。

(一)体姿语

1.体姿语的基本元素

体姿,指人们四肢与躯干的造型,如坐姿、站姿、走姿等。体姿语,就是人们通过四肢与躯干的造型而表达的副语言。下面列举常见的体姿语元素:

躯干语言,一般包含胸部、背部和腰部的语言。以胸部为例,表达者挺胸时会传达出健康、威严的性格气质,缩胸时则显得胆怯。同理,直背、直腰常表示年轻,驼背、弯腰常表示衰老。

上肢语言,一般包含肩部、臂肘和手部的语言。耸肩可以表示惊讶或无奈,缩肩则代表痛苦;将臂肘紧贴两肋表示紧张、压抑,间距过大则表示傲慢。手部的语言非常复杂,手平而掌心朝上可表示请求、质问,手平而掌心朝下可表示命令、安慰;双手握拳可表示不甘、自信;双手摊开可表示坦白、号召。

下肢语言,一般包含腿部、膝部和脚部的语言。下肢语言与人的站姿、步姿密切相关。

2.体姿语在新闻播音中的应用

口播新闻,是指播音员、主持人在没有图像、录像资料的情况下,面对话筒、直接出镜报告新闻。口播新闻不一定非得坐在主播台前,也有部分播音员、主持人采取站姿播讲。

坐播新闻时,播者显露躯干、上肢和头部,尽管受众的关注焦点一般会集中在播者的头部,但播者的体姿造型也会对个人形象产生重要影响。躯干要伸直、摆正,尽量坐在椅子的前三分之二处,腰部可以微微向前倾,但脊柱、胸腔和颈部必须伸展挺拔。有的同学在播音中会有坏习惯,如耸肩、臂肘与两肋间距过大等,这些不自然的造型会使受众分心。

站播新闻时,由于播者的腿部、膝部和脚部也被纳入了观察范围,所以也应当掌握一些电视新闻中的常用站姿。一般来说,女生可采用丁字步,注意双膝一定得并拢,男生的双膝不需要并拢,双脚可微微分开。

(二)表情语

1.表情语的基本元素

表情,是指通过面部肌肉的变化而表现出的各种情绪状态。尽管人类表情是一项非常复杂的系统工程,但可以确定的是,表情语言和眼、眉、嘴的变化关系更大一些,耳、鼻的变化起辅助作用。

我们常说"眼睛是心灵的窗户",这实质上是指人类能通过眼、眉的变化来传递情感信息,体现个人气质,也叫"目光语"。例如,在仪式性的典礼活动中,主持人常仰视上方,塑造庄重的个人形象;在一般的社交活动或访谈类节目中,主持人目光平视,视觉焦点集中在交流者下巴这一区域,显得亲和、谦逊;在与亲密的人交谈时,目光可进一步下移至脖子、胸口的区域。

此外,人的表情具有整体性。人体解剖学研究表明,一个简单的"微笑"至少需动用三十六块面部肌肉,这说明表情是一个整体系统。我们在生活中可能会说某人"皮笑肉不笑"或"嘴笑眼不笑",看上去不自然、不真诚,这意味着表情的生成绝非生硬地控制肌肉,表情是一种有感而发的天赋,是面部神经自发调节完成的。

除了作为视觉信号传达情感之外,表情还与语气关系密切。在有声语言表达中,人们之所以能拥有丰富的语气,是因为表情活动中各个面部神经、肌肉的兴奋和抑制程度不一,从而影响了口腔共鸣。假若一个人的表情是机械僵硬的,那么他的语气也一定是机械僵硬的。不论有声语言还是副语言,语言表达的本身就是"润物细无声",真诚、自然才是至高境界。

2.表情语在新闻播音中的应用

其实,关于表情语在副语言表达中的应用,不论是播音主持艺术,抑或是表演、曲艺、声乐艺术中都会涉及。但是，播音主持作为电视媒介的出面使者，对表情语的应用有一定特殊性。

首先，在电视新闻节目中，播者与镜头的距离非常近，电视画面会将播者的脸部放大、拉伸，那些生活中不受关注的小动作，如挑眉、眨眼，都会在电视画面上显露无遗。同时，表情的分寸与一个地区或民族的文化密切相关。有学者认为西方社会是"低语境文明"，东方社会是"高语境文明"，相比之下，西方人在说话时更习惯使用夸张、大幅度的表情语，东方人说话时比较含蓄，较少使用夸张的表情语。这启示我们，在口播新闻中应适当降低表情幅度和使用频次，千万不可"说一句话，挑一次眉"。

其次，口播新闻中不宜将嘴张得太大，影响美观。由于新闻播音对语言的规范性要求很高，一些同学会下意识地将整个口腔都用上，特别是韵母的唇形。事实上，清晰标准的语音更多取决于舌头，舌位高低得恰到好处，舌部与上部发音器官的成阻得准确自然，切记不可在吐字归音上"太用力"。

最后，我们常说的"播讲欲望""声音要积极"，都必须以表情为中介得以展现。有的同学在训练中会"说着说着没感情"，老师会建议"保持积极的状态"，可"状态"一词又太过扑朔迷离，同学们往往不大好理解。其实，"积极的声音"是以积极的表情语言为基础的，表情语言又是由一系列神经和肌肉的运动来实现的，如"提颧肌""开牙关"等。我们训练好的播讲状态，实际上也是训练好的表情语言，可以通过录像观察自己的表情语言是否足够积极、热情。

(三)动作语

1.动作语的基本元素

动作，指身体的活动或行动。动作语，即以身体活动或行动为媒介，是人类历史上最原始的自然语言。手势语是动作语的关键，即人体上肢所传递的交流信息，包括手指、手掌、手臂及双手发出的能够承载交流信息的各种动作。

手势语能够承载时间信息，如使用手指的动作比画事物的数量，"数"的概念实质是一种时间序列。手势语能承载空间信息，如用手掌、手臂的高低变化表达空间方位。手势语还能对有声语言起到补充和强化的作用，如语言表达中遇到重音时，我们会习惯搭配具有力度的手势语，对语言内容进一步强调。

除此之外，头部动作、行走动作都是常用的动作语言。我们在表示肯定或否定时，可以使用"点头"或"摇头"的动作；我们在专注时往往低头凝思，在好奇时往往左顾右盼，这些都是头部的动作语言。我们经常形容老人的步态是"步履蹒跚"，形容年轻人的步态为"健步如飞"，这就是通过行走的动作语传递出的"生命信息"。

2.动作语在新闻播音中的应用

坐播新闻时，镜头一般会给播者上半身特写，将观者的视线聚焦在播者脸部，凸显有声语言信息和表情语信息的地位。因此,播者在坐播新闻时的动作语言主要以头部的动作语为主,如"点头"或"摇头"。

站播新闻时,镜头一般会将播者的全身收纳进去,这样一来,播者的步态与手势动作也有了施展的余地。这里特别强调手势语的地位,播者有必要掌握高频使用的手势语,并掌握它们约定俗成的含义:伸手(手心向上,手臂向前抬起,手掌向前平伸)——请求、赞美;压手(手心向下,手臂下压)——反对、结束;仰手(手心向上,手臂弯曲)——数量很大,事态很严重;伸食指(食指伸出朝上,手臂弯曲)——对表达内容进行强调;做数字——强调表达内容中的数字。值得注意的是,新闻播音不是诗歌朗诵,不可使用过于夸张的动作语言,应当与表情语一样,适当减小动作幅度,所有手势语只能在肩部和腰部之间进行。

第四节　新闻播音专题练习

一、基础稿件

习近平致信祝贺 2018 世界人工智能大会开幕

新华社消息:2018 世界人工智能大会 17 日在上海开幕。国家主席习近平致信,向大会的召开表示热烈祝贺,向出席大会的各国代表、国际机构负责人和专家学者、企业家等各界人士表示热烈欢迎。

习近平在贺信中指出,新一代人工智能正在全球范围内蓬勃兴起,为经济社会发展注入了新动能,正在深刻改变人们的生产生活方式。把握好这一发展机遇,处理好人工智能在法律、安全、就业、道德伦理和政府治理等方面提出的新课题,需要各国深化合作、共同探讨。中国愿在人工智能领域与各国共推发展、共护安全、共享成果。

习近平强调,中国正致力于实现高质量发展,人工智能发展应用将有力提高经济社会发展智能化水平,有效增强公共服务和城市管理能力。中国愿意在技术交流、数据共享、应用市场等方面同各国开展交流合作,共享数字经济发展机遇。希望与会嘉宾围绕"人工智能赋能新时代"这一主题,深入交流、凝聚共识,共同推动人工智能造福人类。

药品降价大势所趋　降低抗癌药价还需加把劲

新华社消息:为了让更多患者顺利用上抗癌药物,国家相关部门正不断出台新措施、新政策加快推进进口药及抗癌药降价工作。与此同时,多个省份药品采集平台也陆续调整了抗癌药的价格,患者的经济负担正在逐步减轻。但值得注意的是,部分进口抗癌药实际价格下调幅度并未达到公众预期目标。要想降低抗癌药品费用、减轻对进口抗癌药品依赖,根本之策是提高我国抗癌药品的研发能力。

抗癌药零关税、下调采购价格、医保准入谈判……为了让更多患者顺利用上抗癌药物,国家相关部门多措并举加快推进进口药及抗癌药降价工作。

近日,多个省份药品采集平台陆续调整了抗癌药的价格。例如,海南省公共资源交易中心近日公布的数据显示,截至8月底,海南省进口药及抗癌药降价总量已达602个。

与此同时,新一轮抗癌药医保准入谈判工作预计将在9月底前完成,届时患者负担有望进一步减轻。

今年前8个月中国环境行政处罚案共罚没逾90亿元

新华社消息:中国生态环境部12日在北京通报环境行政处罚案件与《环境保护法》配套办法执行情况显示,今年前8个月全国环境行政处罚案件共下达处罚决定书10万余份,罚没款金额为91.23亿元(人民币,下同)。

生态环境部12日向媒体通报各地2018年1—8月环境行政处罚案件与《环境保护法》配套办法的执行情况。今年1—8月,全国环境行政处罚案件共下达处罚决定书109,696份,罚没款金额为91.23亿元。环境行政处罚力度较大的省份有江苏、广东、山东、河北四省,其中,江苏省罚没款金额为14.56亿元。

商务部新闻发言人就美方对中国产品加征关税一事发表谈话

新华社消息:商务部新闻发言人18日就美方决定对2,000亿美元中国输美产品加征关税发表谈话。

发言人指出,美方不顾国际国内绝大多数意见反对,宣布自9月24日起对2,000亿美元中国输美产品加征10%的关税,进而还要采取其他关税升级措施。对此我们深表遗憾。为了维护自身正当权益和全球自由贸易秩序,中方将不得不同步进行反制。

美方执意加征关税,给双方磋商带来了新的不确定性。希望美方认识到这种行为可能引发的不良后果,并采取令人信服的手段及时加以纠正。

"收好处 免学时":湖北一民警滥用职权获刑3年

新华社消息:利用有些司机图省事,违章处理完后,不愿参加道路交通安全法规学习的情况,湖北老河口市车管所原民警王某与"中介"合作,违规审验异地驾驶证近 2 万本。

近日,襄阳市中级人民法院对王某滥用职权、受贿一案作出二审判决,维持一审原判。王某犯滥用职权罪、受贿罪,获刑 3 年。

删帖要价 20 万元　四川破获一起"网络水军"敲诈勒索案

新华社消息:记者从成都市高新区公安分局获悉,近日该局破获一起"网络水军"敲诈勒索案,抓获 5 名犯罪嫌疑人,打掉一个专门发布企业负面帖文进行非法牟利的犯罪团伙,关闭一家涉事互联网企业。这是四川省破获的第一起利用互联网删帖进行敲诈勒索的案件。

2017 年 12 月 22 日,某集团公司工作人员到成都市高新区公安分局网安大队报案称,他们遭遇网络黑公关,对方声称,想要删稿需支付 20 万元的撤稿费。

接案后,成都市高新区公安分局立即组建专案组开展侦查工作。2018 年 3 月 14 日,警方将涉案的杨某良等 5 名犯罪嫌疑人抓获。

经查,2017 年 11 月 27 日,某微信公众号刊登了一篇该集团公司的文章,内容不实,严重诋毁了其名誉。随后,该集团公司与文章发布人取得联系,并约定见面。见面后,文章发布人表明自己是成都极智互动网络科技有限公司人员,并提出,如果想删帖需支付人民币 20 万元。

无奈之下,为了公司名誉,该集团公司被迫与极智互动签订一份金额为 20 万元的广告服务合同,合同签订后,对方将网上帖文删除。

调查发现,该负面帖文的文案由杨某培策划并撰写,经王某修改审核,刘某编辑排版后,通过微信公众号、头条号、搜狐号等管理账户上传至网络。在文章涉及的集团公司要求删帖时,由冯某出面进行洽谈删帖条件并签订虚假合同,公司总经理杨某良在收到诈骗金额后,做出删帖决定。

据四川省公安厅网络安全保卫总队介绍,这是四川省破获的第一起利用互联网删帖进行敲诈勒索的案件,案件的侦破有力打击了"网络水军"黑色产业链。目前,案件在进一步审理中。

国际奥委会北京 2022 年冬奥会协调委员会第三次会议召开

新华社消息:国际奥委会北京 2022 年冬奥会协调委员会第三次会议在北京冬奥组委首钢办公区召开。

国家体育总局局长、中国奥委会主席、北京冬奥组委执行主席苟仲文代表北京冬奥组委,对远道而来的协调委员会专家表示诚挚欢迎。他说,在中国政府的坚强领导下，我们按照国际奥委会要求，扎实有序推进筹办工作，取得新进展。国家速滑馆、高山滑雪中心、冬季两项中心等新建场馆全面开工并按计划推进建设，北京2022年冬奥会109个比赛项目得到确定，测试赛战略和总体方案基本确定，市场开发势头良好，"共享冬奥"大众参与计划广泛实施，冬奥会会徽"冬梦"和冬残奥会会徽"飞跃"正式发布，遗产战略计划及其国际版编制完成，可持续管理体系初步建立，可持续采购试运行效果良好，无障碍指南发布实施，无障碍工作扎实推进。特别是在国际奥委会的大力支持下，圆满完成平昌冬奥会实战培训工作并在京召开平昌冬奥会总结会，取得了丰硕成果。

苟仲文表示，目前，冬奥会和冬残奥会已进入"北京周期"，筹办任务更重、节奏更快、标准更高。北京冬奥组委将紧紧围绕举办一届精彩、非凡、卓越奥运盛会的目标，全面落实绿色、共享、开放、廉洁的办奥理念，加强与国际奥委会等国际体育组织的密切合作，深入践行《奥林匹克2020议程》和《新规范》，高质量高效率地做好各项筹办工作。希望协调委员会专家充分发挥专业优势，多提宝贵意见建议，帮助北京冬奥组委拓宽思路、完善措施、解决难题，进一步改进工作，把筹办工作做得更好。

26名"伊斯兰国"武装人员在阿富汗首都被捕

新华社消息：阿富汗哈马新闻社18日报道说，该国安全部门日前在首都喀布尔抓捕了26名极端组织"伊斯兰国"武装人员。

报道援引阿富汗国家安全局消息人士的话说，安全部门日前在喀布尔集中开展多次抓捕行动，此次被捕的这批"伊斯兰国"武装人员原计划在即将到来的什叶派穆斯林传统节日阿舒拉节期间制造袭击事件。

阿富汗帕杰瓦克通讯社报道说，这些武装人员是近期从其他省份潜入喀布尔的。此外，还有至少7名该组织武装人员于过去一周在东部楠格哈尔省被成功抓捕，安全部门将会对这些人展开进一步调查。

包括喀布尔在内的一些阿富汗城市近年已成为"伊斯兰国"发动恐怖袭击、破坏社会稳定的主要目标。联合国驻阿富汗援助团今年7月发布的报告显示，今年1月至6月，阿富汗各类武装冲突和其他暴力事件共造成包括妇女儿童在内的5,122名平民死伤。在由自杀式爆炸等恐怖袭击造成平民伤亡的事件中，多达52%的袭击由"伊斯兰国"制造。

前任联合国驻阿富汗援助团战略交流中心负责人马苏梅·托菲近期在媒体上刊文警告，阿富汗目前的安全形势正给"伊斯兰国"提供发展土壤，该组织过去两年来在阿富汗境内招募了上千名本土武装人员，其发展势头有增无减,必须予以警惕。

月饼今年流行现烤现卖　部分超市搭建起"月饼作坊"

《北京青年报》消息:中秋佳节日益临近,月饼渐成市场主角。连日来,记者走访多家销售月饼的老字号企业以及商场、超市、快餐店等,发现在今年的月饼售卖市场中,"现烤现卖"逐渐成为市场新宠。面点师走向前台现场制作的方式颇受消费者欢迎,甚至出现了排队等候月饼出炉的现象。

记者在市场调查发现,北京稻香村、便宜坊、全聚德推出的主打礼盒包装的月饼售价在一两百元左右,最便宜的礼盒仅售59元,同时也有散装同款口味售卖,方便市民自选。太平洋咖啡今年推出的太空题材月饼四粒装售价98元,紫色铁盒包装颜值不低,月饼吃完了盒子还可以存放小物件。

据北京焙烤行业协会相关负责人介绍,价格亲民,很大程度上就是因为大多厂家的包装成本控制得好。今年在月饼礼盒设计方面重点突出了北京民俗文化,包装材质采用了可回收利用的纸盒、铁盒,避免了奢侈浪费。

广深港高铁动感号列车 Wi-Fi 全覆盖

新华社消息:今天上午8点,广深港高铁将正式开始售票,9月23日广深港高铁香港段正式运营。昨天,中国铁路总公司通过其官方微信公众号曝光了即将闪亮登场的"动感号"高铁列车的外观和内饰。另据披露,广深港高铁首批香港司机中将有三名"90后"高铁女司机。

"动感号"车身以银色为底色,白色及红色波浪纹为装饰,列车头尾两侧的橙色弧形花纹十分醒目,设计富有创意。"动感号"寓意香港是动感之都,香港人和社会经济充满活力。"动感号"列车共有8节车厢,可提供579个座位。其中,第一节和第八节车厢为一等座车厢,共有68个座位;第二节至第七节为二等座车厢,七号车厢设有2个轮椅座位,所有车厢实现 Wi-Fi 全覆盖。

小学生作业为何成了"不可能完成的任务"

《光明日报》消息:近日一位读者向记者反映,家中的小时工拿着一年级孩子的作业向他"求救",说自己不知道怎么教孩子做,而这位读者自己是研究生毕业,拿过来一看也不知如何下手。作业有两项:一是照一张反映身边环境问题、环保行动、环保事件的照片;二是拍摄一段纪录片或新闻采访形式的视频,时长不超过5分钟。两项作业都要求作品使用不超过20字的标题和不超过500字的文字描述来阐述所拍照片或视频与环境的关系,或阐述环境问题的解决方法。

无独有偶,东华大学服装与艺术设计学院教授、非物质文化遗产教育研究中心主任柯玲也向记者反映,同乡家里刚上一年级的小阿弟人生的第一个暑假作业——利用假期通读《三国演义》《红楼梦》《水浒传》《西游记》四大名著,每天完成两篇读书笔记。这项作业让小阿弟的父母直呼:"疯了!"

对此,记者采访了清华大学教育研究院副教授罗燕。罗燕认为,小学一年级的学生,年龄是6~7岁,无论是语言学习还是抽象思维都刚刚起步,根本没有完成这类作业的水平。当前义务教育改革要求给中小学生减负,减负不是单纯减少作业的量,而是要减去那些违背儿童身心发展规律,会给儿童自我发展带来损伤的不合理的作业。

穿越云霄赏明月——中秋"赏月航班"来了

新华社消息:记者13日从中国东方航空江苏有限公司了解到,该公司在中秋节当天推出部分"赏月航班",便于乘客在空中近距离观赏皎皎明月。

所谓"赏月航班"是指中秋节当晚,出发时间在18点至24点之间,机上乘客透过机窗可近距离欣赏月景的航班。东航江苏公司市场部韩翊对记者说:"地面赏月可能会受到中秋当天天气条件限制,而飞机的飞行高度高,且多在平流层中飞行,受到气象状况影响较小。"

搭乘"赏月航班"赏月,选好座位很重要。东航江苏公司机长白宁介绍,有这样几个选座窍门:第一,南北方向飞行的航班,坐在靠东边的座位赏月角度较好,利于空中赏月;第二,由东向西航向的航班适合赏月的位置在机舱左侧,由西向东航向的航班适合赏月的位置在机舱右侧;第三,由于机翼较宽,靠近机翼的位置视线易受遮挡,赏月体验较差,旅客应谨慎选择。

游玩泰国湾海域要小心剧毒水母

新华社消息:中国驻泰国宋卡总领事馆21日发布公告,提醒近期前往宋卡府、苏梅岛等泰国湾海域游玩的中国游客警惕剧毒水母。

据泰国宋卡府卫生部门发布的消息,近日宋卡府萨米拉海滩出现大量含神经毒素的僧帽水母,已致23名市民及外籍游客受伤,目前在当地医院接受治疗。

僧帽水母分泌神经毒素,重伤者除遭受剧痛外还会血压骤降,呼吸困难,逐渐丧失神志,乃至全身休克,因肺衰竭而死亡。

宋卡总领馆因此特别提醒中国游客提高警惕,注意人身安全,下水游泳或进行其他水上活动时,多留意海岸边指示牌。若遇到水母,切勿与其接触,尽量保持距离，以免造成不必要的伤害。一旦被僧帽水母蜇伤，严禁用淡水冲洗或抓挠按压伤口，需立即用醋酸冲洗后前往附近医院治疗。

《红海行动》《我不是药神》获长春电影节最佳故事片奖

新华社消息：第十四届中国长春电影节8日晚在长春闭幕。电影《红海行动》《我不是药神》获得金鹿奖最佳故事片奖，《守边人》《28岁未成年》同时获得金鹿奖最佳处女作奖，《建军大业》《红海行动》分别获得金鹿奖最佳音乐奖和最佳摄影奖。

本届电影节以"新时代、新摇篮、新力量"为主题，在奖项设置上突出对青年电影人的表彰和激励。颁奖典礼上，电影《我不是药神》的编剧韩家女、钟伟、文牧野获得金鹿奖最佳青年编剧奖；《暴雪将至》的导演董越获得金鹿奖最佳青年导演奖；徐峥、王传君、章子怡、蒋璐霞分别获得金鹿奖最佳青年男主角奖、最佳青年男配角奖、最佳青年女主角奖、最佳青年女配角奖。

因沉迷王者荣耀 淮南小学生偷家里万元现金买手机打游戏

淮南新闻网消息：近日，平山派出所接到人民商场附近一手机大卖场的报警电话，称一个小学生拿了万元现金来买手机，商场工作人员询问其哪里来的钱，小孩的说法一会儿一个样，工作人员出于安全考虑，一边拿出模型机给小孩玩，一边悄悄报警。

民警到达现场后，小孩情绪明显紧张起来。民警询问其家庭和学校信息时，小孩不愿多说，并以多种理由拒绝民警送其回家的建议。民警感觉事有蹊跷，询问其为什么买手机时，小孩只说妈妈让买的，其他的都不说。民警突然问你什么段位了，小孩想也没有想就说"黄金"，民警立即知道了其购买手机就是为了玩游戏。

民警从其书包内找到一个电话手表，从中找到其母亲的手机号码，联系发现，其母亲正在找他。5分钟后，母亲支某赶到手机商场。原来，小孩名叫张某，11岁，是谢二小五年级学生，因最近迷上手机游戏王者荣耀，想要母亲买一部手机打游戏，被母亲拒绝后，当天中午偷偷拿了家里准备交货款用的一万元离家出走。

在将孩子安全交给其母亲后，民警告诫支某，孩子迷恋手机游戏应正确引导，不能粗暴打骂，教育孩子养成良好的学习和游戏习惯，并对小张偷拿家里钱的行为给予了严厉批评。

确认过验证码就是对的人？多人网购遇假"客服"损失巨款

深圳新闻网消息："您的手机验证码为6827，请勿转发或告知他人。"一条普通的短信验证,在2018年的7月28号20时22分,却成了杨女士的痛。在数小时内,因为这条短信,她损失了69,400元。

2018年7月20日,杨女士于京东商城上购买雀氏牌婴儿纸尿裤,一周后却接到"客服"电话,被告知纸尿裤存在质量问题,长期使用会引起孩子皮肤过敏等问题,需要强制收回。由于"客服人员"能准确告知杨女士的购物订单编号及个人信息等,又涉及孩子的安全问题,张女士便同意将纸尿裤寄回。随后,这位"客服"告知杨女士,需要再次登陆京东购物平台,填写资料,办理退货理赔流程。

"客服"通过微信给杨女士发送了京东网页的登录链接,杨女士多次登录,均显示验证码超时。此时,"京东客服"便向张女士提议将收到的验证码发送给"客服",由"客服"来帮助她操作。而正是这样一个举动让杨女士陷入无尽追悔之中。杨女士后来回忆,这位所谓的"客服",一开始就不是为了银行卡,只为一条验证码换取贷款。

北京市炜衡律师事务所陈伟律师表示,从法律上来讲,网络购物和支付平台除了监管义务外,更应该加强技术,从各渠道、各环节保护用户的个人隐私,并时刻提醒用户可能存在的安全隐患问题。此外,网络购物平台更应保证销售商品或者提供服务的商家具有相应的资质和产品质量,保证其不存在危害人身和财产安全的隐患。另一方面,也请广大受众不要轻信任何索要验证码的客服,更不要随意登录除官方网站以外的链接,不要轻易在第三方支付,私下转账,提高警惕性,随时保留订单信息,并及时维权。

倔强法官白来德

包头市郊区法院,是全国少数民族地区各级法院中唯一被最高法院授予集体一等功的。

包头市郊区法院院长白来德,远近闻名。

曾找他求过情的人对别人讲:"那个人倔得很,找也不用找,他呀,烟火不进。"

作为当地成长起来的干部,白来德周围亲戚较多。一些亲戚没好气地说:咱"衙门"里白有个大院长了,他白来德到事儿上一点也指望不上。

可群众和郊区法院的干警们说,白院长头上的国徽是干干净净、亮亮堂堂的,这才是共产党员的法官。

共产党员白来德,1984年担任包头市郊区法院院长。1990年、1991年,郊区法院接连被上级法院授予集体一等功,白来德也被自治区高级法院授予个人一等功。作为一个基层法院的院长,他经常告诫自己:"党和人民的法官不是墙头草,软风硬风都不能左右倒。"

　　有一年,白来德的远房舅舅犯了重婚罪。案子开审了,他舅舅暗喜到了外甥管辖的地盘,平时关系又好,手下留情是不成问题的,所以口气也挺硬。白来德知道了这件事,立即召开审判委员会会议,先是做自我批评:"是我的亲戚给审判工作带来了阻力,对不起大家。我建议由老院长亲自主审,尽快依法裁决。"结果,这个远房舅舅被判了两年有期徒刑。白来德说:"在法庭上,要是想让我徇私枉法,不管是谁,一点门儿也没有。"

　　这些年,白来德在电话顶过上边说情的人;撕过个别领导写来的条子;拒绝过送钱求他说情的同学。得罪了人,白来德也苦恼,但他很欣慰,因为心里是无愧无悔的。

　　白来德有三个子女,两个儿子都是待业几年后,凭自己的本事找到了工作。曾有人主动为他儿子安排工作,白来德都拒绝了。他女儿结婚好几年了,女婿一直没有工作。白来德的妻子埋怨他说:"咱们孩子倒霉,咋就碰上你这么个倔爹。跟你说过多少次了,你认识那么多人,给孩子找个工作算啥大事啊。"白来德好言劝慰:"托人给孩子安排工作不难,可咱拿什么回报人家呀。咱手中的权力不小,千万不能挪用一点来谋私啊。"

　　前些年白来德三代同堂,一直住在一处不宽敞的平房里。郊区政府分给法院好几套房子,他都让给别人。大家见他住房紧张,都让他先住,可最后都拗不过他。直到区里点名分给他一套住房,这才搬了家。

　　郊区法院干部贺中林前几年没有住房,隔个一年半载就得搬家。白来德多次找房管部门领导说贺中林的困难,好言相求,终于让贺中林住进了新居,再也不用为搬家发愁了。贺中林工作更积极努力了,他说:"和白院长一起工作,我心里这团火旺着呢。"

二、栏目实战

【模拟训练一:《新闻联播》2018 年 9 月 16 日文字稿摘编】

刚　　强:各位观众晚上好!
李梓萌:晚上好!
刚　　强:今天是 9 月 16 日星期日,农历八月初七,欢迎收看《新闻联播》节目。
李梓萌:今天节目的主要内容有
刚　　强:庆祝改革开放 40 年系列报道——《壮阔东方潮 奋进新时代》今天播出上海浦东努力当好改革开放排头兵。

李梓萌：今年最强台风山竹在广东等地登陆，各地各部门全力以赴，多措施应对。

刚　强：中办国办印发：防范和惩治统计造假，弄虚作假督察工作规定。

李梓萌：系列报道《在习近平新时代中国特色社会主义思想指引下：新时代、新作为、新篇章》，今天来看山东济南制定出台措施，激励各级干部敢于担当，让实干者踏实。

刚　强：《新闻联播》推出"新时代担当作为典型风采"专栏，集中报道改革创新、干事创业的优秀干部先进事迹。

李梓萌：全国秋粮进入最后成熟期，秋收时节看农业供给侧结构性改革。

刚　强：叙利亚官方媒体报道，首都大马士革国际机场遭以色列导弹袭击。

李梓萌：以下请看详细报道。

刚　强（口播）：习近平总书记要求上海大胆试、大胆闯、自主改，进一步彰显全面深化改革和扩大开放试验田的作用，亮明我国向世界全方位开放的鲜明态度。今年是中国改革开放 40 年，也是上海浦东开发开放的第 28 个年头，步入新时代，站在新起点，上海浦东对内大胆革新营商环境，对外进一步打开开放的大门，以新作为努力当好改革开放的排头兵、先行者。

配　音：上海浦东的这个国际化妆品展示交易中心，现在汇集着全球的 2,000 多种进口化妆品，这可方便了爱美的女士们。化妆品和欧美同步上市，这在以前可不行，整个审批下来，短则 3 个月，长则 5 个月。如何提速，浦东探索"审批改备案"制度创新。化妆品进口审批改备案，意味着流程再造，企业方便了，但监管部门事中事后监管却加大了，怎么管得住，管得好，浦东探索建立了一套事后监管的工作新流程。为支持改革试点，国家在浦东暂停了相关审批管理的条文，这样，化妆品进口一下从 5 个月缩短到了 5 天。备案改革的意义是，牛奶、葡萄柚等国外的食品，几乎能做到国内外同步上市。

现在，浦东又在试点"一网通办"营商环境改革，服务事项只跑一次，一次办成。目前浦东企业 90% 以上的审批事项只跑一次，一次办成。对内加快改革，对外扩大开放。作为我国改革开放的一面旗帜，浦东开发开放 28 年来，诞生了众多中国"第一"：第一个保税区、第一家证交所、第一家外资银行、第一家外资保险公司。

如今，在浦东，每分钟，1.56 万美元外资引进来；每分钟，每平方公里金融业增加值 424 元；每分钟，31 个标准箱集装箱在洋山港吞吐。现在的浦东，每分钟创造 GDP 192.4 万元。

李梓萌(口播)：今年第22号台风"山竹"今天下午五点登陆广东台山海宴镇，登陆时中心最大风力14级，为强台风级别，是今年以来登陆我国的最强台风。来看记者今天从现场发回的报道。

刚　强(口播)：按照广东省委、省政府防御台风"山竹"工作部署，广东省民政厅已将省Ⅳ级救灾应急响应提升至Ⅲ级，并派出6,000余个工作组，开放应急避难(护)场所1.1万个，切实保障转移安置人员基本生活。广东省各地民政部门也全力做好应急生活物资储备采购、转移人员安置和生活保障工作。而为了应对强台风"山竹"，各地各部门全力以赴，保障人员财产安全，减轻灾害损失。

配　音：中央气象台今天继续发布台风红色预警。从今天上午开始，广东沿海多地出现狂风暴雨，海水倒灌。在深圳，大树被风吹倒，道路被雨淹没。在大鹏新区南澳东山码头附近的一处居民楼，强降雨导致有人被积水围困。消防部门紧急出动，经过一个多小时的救援，受困的市民被救出。

为应对台风"山竹"，从昨晚开始港珠澳大桥管理局已启动防台Ⅰ级响应。目前有83位工作人员在桥上值守，非值守人员已于15日19时全部撤离至安全场所。

今天，珠三角地区的广州、深圳、珠海、湛江机场均关闭或取消几乎全部航班。海口、南宁机场也受到台风影响，其中，海口机场取消263班，南宁机场取消117班。空管部门已启动应急响应机制，按照相关预案尽快疏导计划航班。铁路方面，广东省内的高铁和其他地区前往广东的高铁全部停运。

中央气象台预计，台风"山竹"在登陆后，将继续向西偏北方向移动，先后穿过广东西部和广西南部，强度逐渐减弱。

刚　强(口播)：本台消息，中共中央办公厅、国务院办公厅近日印发了《防范和惩治统计造假、弄虚作假督察工作规定》。《规定》提出，根据党中央、国务院授权，国家统计局组织开展统计督察，监督检查各地区各部门贯彻执行党中央、国务院关于统计工作的决策部署和要求、统计法律法规、国家统计政令等情况，聚焦统计法定职责履行、统计违纪违法现象治理、统计数据质量提升，注重实效、突出重点、发现问题、严明纪律，维护统计法律法规权威，推动统计改革发展，为经济社会发展做好统计制度保障。

李梓萌(口播)：本台消息，明天出版的《人民日报》将发表评论员文章，题目是《大力推进教育体制改革创新——论学习贯彻习近平总书记全国教育大会重要讲话》。

刚　强(口播)：山东省济南市聚焦"为担当者担当、让实干者踏实"，制定出台干部正向激励实施办法和容错纠错等机制，激励各级干部敢于担当，勇于担当。

配　音：眼前这个小公园位于济南市中心的趵突泉西片区，一年前这里还是占道经营、私搭乱建的烧烤一条街，公交车进不去，出租车绕着走，周边居民怨声载道。（画面中）这位"亲自下手"的街道书记就是胡明，动不动这块济南市拆违最困难的区域，他也有过顾虑，毕竟这是个历史遗留的老问题。为多数百姓谋利，就会触动少部分人的利益，胡明和同事挨家挨户上门做工作，难度可想而知。对拆除的，胡明和同事帮忙跑腿联系新店铺；而对于路边烧烤摊，街道则帮着商户加装油烟处理装置。5个月时间，胡明所在的街道1,800多处违建被拆除，新建16个口袋公园。马路宽了，环境好了，街道干部的努力换来了小区居民的认可和信任，今年胡明还被评为济南市担当作为"出彩型"好干部。

"为担当者担当"，还要"让实干者实惠"。济南市还从政治上、生活上、精神上、经济上对实干者进行奖励；此外，济南市还用"后评估"也就是提拔换届的"回头看"，完善换届后干部队伍的动态管理。

去年以来，济南市提拔重用391名担当作为好干部，同时对22名不适应岗位要求的干部作出调整，推动形成能者上、庸者下、劣者汰的良好导向。

刚　强：来看两条联播快讯。

配　音：2018年中国发展高层论坛专题研讨会今天在北京召开。会议主题为"中国：改革新征程，开放新境界"。研讨会聚焦新时代的改革开放、制造业的高质量发展、金融业的开放与发展等国内外热点问题，共有来自国内外权威机构、跨国企业等600位知名专家、学者和企业家参加了研讨。

配　音：中央广播电视总台心连心艺术团赴宁夏慰问演出将于今晚在央视综合频道、央视综艺频道播出。演出以"奋进新时代 民族共发展"为主题，展现宁夏各族人民在社会、经济、生态、文化发展建设上所取得的巨大成就。

李梓萌(口播)：今天的《新闻联播》播送完了，感谢收看。更多的新闻资讯，您还可以关注央视新闻移动网或是下载"央视新闻＋"，再见。

【模拟训练二:《共同关注》2018年9月17日文字稿摘编】

主持人: 各位好,欢迎来到《共同关注》。今天节目开始,我们还是要关注今年登陆我国的最强台风"山竹"。昨天下午五点左右,山竹在广东台山海宴镇登陆,登陆时中心最大风力14级,其影响遍及广东、广西、贵州、海南、云南、香港、澳门多地,并有人员伤亡情况发生。

据广东省民政厅报告,截止到今天早晨八点,台风"山竹"一共造成广东14个市紧急避险和安置95.1万人,有4人因灾身亡。其中,广州3人因为树木倒压所致,东莞1人因为房屋倒塌所致。在香港,截至昨天下午五点,也有213名市民在台风中受伤,前往医院治疗。澳门在台风中的伤者为18名。国家防总(国家防汛抗旱总指挥部)今天还发布了台风"山竹"所致的最新汛情,显示"山竹"带来的最高点雨量为426毫米,出现在广东阳江。而受到台风"山竹"的影响,还有38条中小河流发生超警洪水。

从广东台山登陆后,"山竹"就一路向西北方向移动,今天下午两点,其中心位于广西田中县境内,并减弱为强热带风暴级。虽然强度有所减弱,但中央气象台预计,受到"山竹"的影响,今明两天,南方多地仍有持续的强降雨。尤其是广东西南部、广西东部和北部、贵州南部、云南等地将有大到暴雨,局地将出现雷暴大风等强对流天气。19日,除了云南南部等地区有中雨之外,"山竹"对我国的影响将会结束。台风"山竹"昨天晚上进入广西境内,给广西南宁、玉林、百色等多个地方带来了大风大雨。在南宁,为了躲避"山竹",学校停课,人们减少外出,我们来看央视记者稍早前发回的报道。

(记者连线)

主持人: 相比广西,"山竹"昨天登陆之后给广东带来的影响更大。昨天,惠州地区遭受到了强降雨的袭击,树木倒伏,海水倒灌。记者也是近距离直击了台风"山竹"的威力。

(记者连线)

主持人: 昨天受到台风"山竹"的影响,深圳国家开发银行大厦的玻璃幕墙接连两次被风吹落,现场立即紧急封锁,所幸没有造成人员伤亡。

(新闻片)

画外音: 据了解,第一次掉落的玻璃幕墙面积约3到5平方米,连同金属框架和大厦招牌都被吹落砸在人行道上,现场立即被紧急封锁。

(记者连线)

画外音：就在记者做现场报道的时候，该栋大厦23楼又有玻璃和金属架被大风吹落。

（记者连线）

画外音：据了解，两次玻璃幕墙的掉落没有造成人员伤亡。

主持人："山竹"登陆广东前后，广东台山的部分乡镇出现了明显的强降雨。部分临江镇区更是出现了江水倒灌，低洼街道被水淹没。目前，台山还有三个镇的部分街道积水低洼严重。那里情况如何，我们来看稍早前的报道。

（记者连线）

主持人："山竹"凶猛，风雨无情。然而总有一些人为了大家的安全不惧危险，逆风而行。

画外音：江门市上川岛气象站的工作人员冒着13级的大风，擦拭天气现象仪镜头，避免积水影响数据记录的准确性。在深圳，交警们顶风冒雨执勤，全力救援受困群众。东莞交警大队的执勤人员顶着狂风暴雨清理路面障碍，消除交通安全隐患。佛山民警李胜奇逐个把行动不便的独居老人转移到安全场所，多次冒雨折返，逆风奔跑。还有佛山供电部门的"托举哥"，暴风雨中托举电线近两个小时，不停指挥车辆和行人安全通过。还有我的同行们，顶着大风大浪来到岸边，用生命直击台风登陆过程，给观众带来最新的报道。

主持人：交警、消防官兵、战士、医生、记者，所有在风雨当中逆行的人们，请收下我们深深的敬意。风雨当中正是因为有那些奋不顾身的救援者，生命才多了一份安全。

昨天下午三点多，广东阳江江城区政府接到求助电话称，6名渔民被困在桥底，消防渔政，公安等多个部门紧急出动，赶赴现场搜救。

画外音：救援队伍抵达现场后，首先确定被困人员位置，随后将人员分为两组。一组人员利用救生绳和抢险救援车车头牵引器，穿着全身吊带进入桥下，指导被困渔民配合救援。另一组人员负责运送工作，利用人力和器材将被困渔民拉到桥上。经过一个半小时的救援，六名被困渔民被成功救出，并送往就近的安置点避风。

主持人：昨天晚上，广州车陂街道发生了严重的江水倒灌，积水最深的地方接近两米。广东海警第一支队接到求助信号，有数百名群众被困，海警官兵迅速前往救援。

（新闻片）

画外音：抵达现场后，官兵发现现场多处井盖被掀开，绝大多数民居一楼被洪水浸泡,不时有群众在楼上呼救。海警官兵立即以四人为小组分头行动,用橡皮艇陆续转移群众到车陂街道临时避难场所。

(新闻片)

画外音:海警官兵冒险徒步进入齐腰深的洪水,一遍又一遍搜寻着被困群众。

(新闻片)

画外音:截至目前,广东海警支队一支队全员出动,救助受困群众一百余人。

主持人:受到台风"山竹"的影响,广东江门、中山等多地都是险情不断,武警广东总队的官兵迅速展开紧急救援。

(新闻片)

画外音:16号晚,武警广东总队江门支队官兵第一时间赶赴积水最严重的江门台山市大江镇进行抢险救援。在大江镇,暴雨导致部分居民家中严重积水,一些老人和儿童被困。

(新闻片)

画外音:救援队立即分为两组,一组对被困群众实施救援,一组加固被洪水冲垮的堤坝。官兵在齐腰深的水中,对被困居民进行拉网式搜救,用橡皮艇将群众转移。截至今天凌晨四时,救援官兵先后在三个村庄救出三百多名群众,抢修损毁堤坝五十多米,确保了人民群众的生命和财产安全。

在广东中山,台风"山竹"带来的大风导致部分公共设施损毁严重,大风吹倒的树阻断了多处道路,城市交通受到严重影响。武警中山支队八十多名官兵连夜出动,携带铁锹等工具来到中山二路等多个路段进行抢修工作,截至今天上午,共疏通道路20余公里,清理垃圾30多吨,保证了中山市多条主干道的正常通行。

主持人:好了,今天的《共同关注》就是这样,感谢您的收看与陪伴,稍后请您收看《新闻联播》,再会。

【模拟训练三:《1818黄金眼》2018年9月17日文字稿摘编】

【口播】

杭州的小黄应聘做了网络女主播,播了一个星期发现,观众很少,收入也很低,她就提出了辞职,但公司要扣一半的直播设备保证金,她不同意。

【同期】

小 黄:我主要是找一个兼职,他们这边时间也比较自由,我就过来了。

记 者:女主播?

黄女士：对对对。

记　者：播些什么内容呢？

黄女士：呃，就是唱歌或聊天这些才艺。

【配音】

小黄给记者看了《演艺经纪合同书》，她是和一家名叫"杭州博地文化传播有限公司"签的，公司承诺，保底收入每个月6,000块。小黄说，当时公司承诺，还会帮她在全民直播平台推广，公司提供直播场所和设备，她就签了合同，交了4,000块钱的直播设备保证金，大概直播了一周的时间。

【同期】

黄女士：根本就没人看，他也没有给你一些扶持，包括平台的一些推荐位啊，他也没有给你，我就提出了离职。

记　者：你一般直播的时候会有几个人看？

黄女士：呃，这个的话呢不好说。

记　者：大概呢？平均的话。

黄女士：就一两个人吧。

记　者：蛮少的。

黄女士：对对对，收的礼物也不多。

记　者：一天大概收多少礼物？

黄女士：一天几块钱。

【配音】

小黄给记者看了软件的后台，她总共收到了248个星光礼物。10个星光折合人民币1块钱，也就是说她收到了24块多的收入。小黄说，这样下去收入也不高，就和公司提出了离职。

【同期】

黄女士：他跟我说要收取折旧费，我就不同意。

记　者：什么折旧费？

黄女士：他就说这个直播设备，你用旧了，我说我才用一周，怎么会旧？又没有坏对吧，也是还给你的，他就说要收取两千块的折旧费。

记　者：相当于一半。

黄女士：对，我就不同意。这个成本的话，不超过一千块钱，因为它就是一些声卡、话筒、补光灯之类的。

【配音】

小黄带记者来到了这家公司，工作人员小田出面告诉记者，小黄的工作时间未满一年，没有为公司付出努力，直播设备也确实会产生磨损，因此不可能全额退款。小黄则表示,公司并未按照当初合同上谈好的那样,帮她在直播平台上进行推广,因此是公司没有尽到责任。

【同期】

记　者:没有推荐位是什么原因?

田先生(工作人员):是这样的,第一,你一个新主播,前期的直播时间必须要稳定,平台也在看,主播稳定才会有推荐位。那些推荐位都是公司花钱去弄的,也会挑一些好的主播,保证推荐位,那些直播时间不稳定的就会少一些。

【配音】

　　工作人员小田表示,合同的周期是一年,小黄只过了一周就提出了辞职,是小黄单方面违约,需要扣掉一定的费用。小黄拿出了一段手机录音,是当初面试她的工作人员说的。

【同期】

(录音)设备只要没坏,还能用,我们就给你免费退。

田先生(工作人员):前面的那批人已经走了,因为现在我们坐在这,电视台也来了,我们对着镜头,能把事情解决就解决了,你说的那个已经没有意义了,前面的人已经不在了。如果你还是想按之前那个解决方法的话,你去找他们。

【配音】

　　小田说,之前给小黄面试的工作人员已经离职,如果小黄坚持要全款退,公司这边不认可。接下来,他们会再跟小黄协商,三天之内给小黄一个答复。就在记者下楼的时候,萧山博地中心的郭经理找到记者,他说,他们博地集团旗下有影视公司,但博地中心29楼的这家杭州博地文化传媒有限公司和他们集团没有任何关系。

【同期】

郭经理(物业经理):我代表博地集团申明一下,这家公司叫博地传媒,跟我们的浙江博地控股集团和浙江博地影视有限公司没有任何关系,我们不是直接的投资关系,也没有间接的投资关系,和我们没有任何关联。他所有的行为,跟我们集团都没有关系,我在这个新闻媒体这边也郑重声明一下。

【配音】

《1818黄金眼》记者报道。

第五章

即兴评述的表达方式与训练方案

第一节 即兴评述的前提:口语表达

在人类演进的漫长岁月里,特别是人类发展前期相当长的时间里,口语传播显然是最为主要的传播方式。虽然随后伴随科技的飞速发展,人类又经历了其他诸多的传播方式演进,但是口语传播与口语表达却贯穿了人类传播形态发展的始终。

文明的发展与语言的交流密不可分,无论是远古的传说还是王朝的杀伐征战,都是依靠口头和文字语言的交流传递信息,而这种信息的交换很大程度上依托了口语表达。甚至民族意识、技术水准、礼仪规范、宗教思想、风俗习惯以及科学知识的发展等大都是依靠口语表达而传承演进的。

我们的日常生活更是离不开口语表达,但是我们却常常出现这样的状况:面对受众,虽然要讲的内容已经"成竹在胸",可张开口却磕磕巴巴甚至词不达意。这首先是因为"想"只是为"说"提供了一个必要的表达条件,它还需要一个重要的转化过程,要通过前后连贯,相对完整的"语言链"来表达意思,这就是"语流"。语言表达能力弱又没有经过训练的人,常常会因为语言知觉迟钝、语言表达定势没有形成等原因造成说话吞吞吐吐、词不达意,甚至逻辑混乱,前言不搭后语。这种状况可以通过科学的方法进行系统的训练得以改善。

一、口语能力的学习

由于我国传统文化向来重书面语轻口语,因此口语传播的研究发展并非一帆风顺。在相当长的时间里很多人对熟悉的口语修辞不明所以。直到20世纪80年代出现了一批阐述口语修辞的著作。其中,张颂教授所著的《朗读学》一书,是我国首部阐述诸多语音修辞的著作。

口语和书面语的区别在于书面语使用的修辞手法较多,如比喻、象征、拟人、排比、对仗等,而口语的修辞一般是通过重音、停连、语气、节奏、内在语、情景再现这些外部技巧来表现的。并且,口语修辞多使用短句,而书面语则多使用"复句"。

首先,口语能力是一种技巧,但并不是单纯的技巧运用,没有丰富的内容再多的技巧也是枉然。因此需要不断地学习各种知识来充实自己、丰富自己,才能将丰富的知识和扎实的主持技巧完美融合。其次,口语表达能力与个人的心理素质、思维素质、感受素质等息息相关,所以不仅是"口"的训练,"眼""耳""脑"的训练都要彼此配合,特别是思维与心理素质方面的训练更是必不可少。只有这样才能保证思路清晰,面对任何问题都能够从容不迫。最后,除了需要一定的天分,勤学苦练也是必不可少的。

那么,如何能够提高口语能力呢?首先可以将口语表达的技能分解为多个层次,然后按照由简单到复杂,由容易到困难,由低阶到高阶的顺序进行训练,然后将口语表达的技能"分解—综合—分解—综合"循环深化训练,要注意的是口语表达的训练中"听"与"说"都要进行,不能只听不说。可以利用碎片化的时间持之以恒地练习,同时给自己订立阶段性的目标,进行自我检测,及时对练习内容进行调整。

节目主持人的话语表达一般有四种形式:一是完全按照台本不进行任何改动的表述;二是对现有的文本根据自己的理解添加内容,体现个人风格;三是了解节目的框架和大致方向,话语设计和现场的语言组织则由主持人根据实际情况现场发挥;四是主创者提供节目设想和背景资料,节目的构成和话语操作由主持人在节目中创造。当下的电视节目以第三种和第四种形式居多,因此要求主持人必须要有一定的口语能力才能胜任。

二、即兴语流:语感生成的基础训练

我们在生活中常常可以看到一些人在某些场合讲话时不甚流畅,结结巴巴,究其原因是在说话的时候语流没有跟上大脑的反应,因此出现了断档,这个时候通常会用"这个""那个""然后"之类的词语作为填补。还有一种情况就是在我们表达的时候,大脑在个人的"词库"里会寻找相应的"语料"来使表达的内容贴切、完整、丰富,但是也会存在搜索无果的情况,因此会出现一种"表达焦虑"。对语言的感知力和理解能力较弱的人往往很难在短时间内将所看所想的东西完整流畅地表达出来。

人的语言可以像镜子一样,能将看到的、听到的、想到的事物快速地表达出来,这就是言语的"回映"。这个"回映"要确保表述是准确的。虽然人们都具备这个能力,但是能够在经过外媒刺激以后,将脑海里的物象或词语转变成完整准确的口语表达,却不是所有人都可以做到的。那么,对言语知觉最好的训练就是视觉材料的回应。

(一)准确感知 闪像讲述

展示图片,每张图片闪现时间3—5秒,图片内容越复杂展示时间越长。展示图片后要求立即描述出图片中的内容,越细致准确越好。可以先选择一些宣传画、漫画,先做整幅图片轮廓性回应,然后对图片细节做细致的讲述。单幅图像熟练之后,再选取多幅组合的、有情节的或有意境的图片进行描述。

(二)触发言语知觉的训练

1.用一个词语、词组或一句话,尽量快速回答问题。回答要简洁、快速、明了(快问快答)。

(1)你的中文名字是什么?
(2)你的英文名字是什么?
(3)你的绰号是什么?
(4)微信叫什么名字?
(5)你的学校叫什么?
(6)业余时间你喜欢做什么?
(7)最喜欢的音乐是什么?
(8)最喜欢的电影是什么?
(9)以后最想做的工作是什么?
(10)你最喜欢的饮料是什么?
(11)最喜欢哪一位明星?
(12)你现在正在听谁的歌?
(13)你最喜欢的一句歌词是什么?
(14)最喜欢的武侠小说是什么?
(15)最喜欢的运动是什么?
(16)最近的一通电话是打给谁?
(17)上一科考什么?
(18)最尴尬的事是什么?
(19)最喜欢的电视节目是什么?
(20)你觉得做什么最浪费时间?
(21)最近一次被批评是因为什么?
(22)业余时间最常做的事是什么?
(23)上一次哭是因为什么?
(24)如果可以改变,你最想改变什么?

(25)心情不好都做什么?

(26)现在养宠物了吗?

(27)如果可以养狗,你要养哪种狗?

(28)如果可以穿越,你想穿越到哪个朝代?

(29)如果你可以开一间店,你想开什么店?

(30)最想做又不敢做的事?

(31)最想学哪一种语言?

(32)最想说的话是什么?

(33)什么事会让你很开心?

(34)你觉得家人给你最好的意见是什么?

(35)你曾得过奖项吗?

(36)近期的目标是什么?

(37)喜欢哪种舞蹈?

(38)上一次做善事是什么时候的事?

(39)请推荐一部你觉得最棒的电影。

(40)喜欢自己的学校和班级吗?

(41)最近的口头禅是什么?

(42)最喜欢的卡通片是什么?

(43)此生一定要完成的愿望是什么?

(44)自己的座右铭是什么?

(45)最令你怀念的一段时光在何时?

2.快速语言生成的训练:

A.将下面三个词语编成一个有意义的故事

(1)门　油画　赛车模型

(2)玩偶　浮雕　指南针

(3)暖气　吊灯　酒瓶

(4)高尔夫球棒　纸袋　茶杯

(5)手串　桌布　闹钟

(6)开关　遥控器　插线板

(7)窗户　晾衣架　水桶

(8)橘子　猕猴桃　香蕉

(9)梧桐树　彩灯　除夕

(10)古塔　喷泉　窗户

(11) 相片　杜鹃　佛光

(12) 雪花　身份证　饼干

B.即兴续讲（围绕已经给出的主题进行二到三分钟左右的阐述,使其完整）

(1) 有人说"中国人的生活水平在提高,可道德水平却在下降",可我却并不这么认为。

(2) 爱自己是终身浪漫的开始……

(3) 有人说,教师是红烛,是春蚕,是人梯,是园丁……对教师的隐喻实在够多了,如果要我说,那就是"教师是人,普普通通的人"而已。

(4) 自信的意思是自己相信自己:有自信心,信心十足,自负就是自己过高地估计自己,自信和自负却往往只有一线之隔……

(5) 幸福是什么呢？也许幸福是一缕久违的阳光;也许幸福是一个定义;也许幸福是一根棒棒糖;也许……

(6)《舌尖上的中国》有这么一段话:"年味儿越来越淡,只因随着生活水平的提高,年夜饭失去了吸引力……"我们不止一次听到这样的声音了……

(7) 目前大量的留守儿童和空巢老人没人照顾,生活艰辛也无人问津,这两个最需要帮助的群体竟都无人守护,生命不应该是这样的……

(8) 心相印的纸巾外包装上有一句很有意思的话:"有时候一分钟很长,有时候又很短。"

(9) 老子说:"天下大事必作于细,天下难事必作于易。"意思是:做大事必须从小事开始,天下的难事,必定从容易的做起。所以,大礼不辞小让,细节决定成败。

C.即兴接龙

要求:每个学生讲一到两分钟,所讲内容要能承接上一位同学所讲的内容,言之有物,并且能使话题继续下去。

第二节　即兴描述——客观真实的情景展示

根据所要描述的事物,描述大致可分为三种:简述、详述以及综述。

一、简述

简述是基于要评述的内容,用三言两语来体现事实关键细节或引用他人观点,以明确事情原貌,说明舆论情况。简述反映了说话者看待事实和舆论的态度,看重哪些细节,有利于受众建立理解事实的背景。需要注意的是,简述并不是想说什么就说什么,也不是看到什么就说什么,而是需要根据需要来决定说些什么,怎么说。这样有利于理清逻辑,抓准重点。在简述的时候要注意语言简约,三言两语即可,但是要抓住细节,要能够反映整体概貌,凸显"简述"的概要特征。

阅读以下材料,并回答问题:

1.2018年3月22日上午,广州市中级人民法院公开审理了广东省消费者协会诉被告小鸣单车运营方广州悦骑信息科技有限公司的民事公益诉讼一案。广州市中院经审查认为,悦骑公司不能清偿到期债务,明显缺乏清偿能力的事实清楚,符合破产受理条件。

在3小时庭审过程中,关斌曾在法庭上透露,小鸣单车已停止运营。此前累计收取用户押金金额为8亿元左右,累计用户数量为400多万人,截至目前,已退还八成用户押金,尚有70万用户的押金未退还。

5月19日,广东消委会官方微信发布消息称,小鸣单车的经营方广州悦骑信息科技有限公司已正式进入破产清算程序,这是官方正式宣布承认小鸣单车破产的开始。

7月11日,广州市中级人民法院召开新闻发布会,通报全国首例共享单车破产案最新进展情况。根据通报,截至6月27日债权申报期满,小鸣单车用户有效申报的债权超过11.8万笔、约2,000万元,另外还有供应商申报的债权28笔,职工债权115笔,债权总金额高达5,540多万元,这样算来,欠债高达超过7,000万,但在该公司账户上管理人目前仅接管到35万余元。

破产案件管理负责人倪烨中律师在媒体中介绍,悦骑公司的主要财产是散落于各城市街头的小鸣单车,但由于过于分散,回收成本高,难以处置变现。因此,破产案件管理人拟委托中国再生资源开发有限公司对小鸣单车进行回收处置。中国再生资源开发有限公司在扣除回收、运输及电子垃圾处理等费用后,同意按每辆车12元进行回收。

(今日头条,2018年11月28日)

问题:
① 准备时间5分钟,脱稿简述,要求反映材料内容。
② 试分析小鸣单车破产的原因,要求适当引用材料中的内容。

2.七夕情人节当天,谭先生单位加班,为了给老公一个惊喜,老婆熬煮了一份汤送去。花费52元,同城快递闪送。

下午5点多,在天府新区工作的谭先生收到一个焖烧杯,还有一个水果和一盒糖。看到盒里的糖减了不少,谭先生没有多想。缓缓打开焖烧杯,飘出陌生的味道:刺激。谭先生给老婆打去电话,老婆也吃了一惊:"我熬煮的是红豆汤,不可能坏。"谭先生火冒三丈,立刻向同城快递闪送进行反映投诉。据《成都商报》报道,当天,谭先生接到自称是快递员的电话。在谭先生提供的电话录音中,电话那头有人说道:"确实我做了对不起你的事。我偷吃了你的东西,加了一点东西进去。"

9月7日下午6时许,《成都商报》记者辗转联系上闪送客服人员,对方表示当事快递员已被开除,"我们这边也是第一次听说这事,确实很恶劣。我们也联系上了快递师傅,对方表示汤洒了,掺了一点水进去,具体什么水不愿意说。"对于有人怀疑快递师傅当时喝酒了,客服人员表示"不能确定当时送快递的状态",公司目前与客户正在积极地沟通协商中,"我们申请了一个500元的赔偿"。

截至记者发稿时,双方依然没有达成一致,谭先生透露将尽快报警。记者多次拨打当事快递员的电话,均为关机状态。

(新浪网,2017年9月8日)

问题:

①准备时间5分钟,脱稿简述,要求反映材料内容。

②请分析,除了谴责快递员的工作态度和职业道德外,该新闻还向我们呈现了怎样的行业问题或社会问题,要求适当引用材料中的内容。

3."武功山这个绿色环保银行还真是不错,垃圾还可以换礼品……"国庆黄金周第一天来武功山游玩的浙江游客金先生竖起大拇指高兴地对记者说,"我是个户外爱好者,去过许多景区,一般我都会将自己产生的垃圾装袋带下山,在其他地方就是找个垃圾桶扔了,这次到武功山却能将垃圾换成纪念品,着实给我一个惊喜,这种环保行动值得提倡,点个赞。"

一说起萍乡武功山,游客首先是想到十万亩高山草甸,想到"云中草原,户外天堂"这个在国内户外界响亮的名号。近年来,随着武功山景区基础设施的日渐完善,阔步向5A级旅游景区迈进,管理者们逐渐从硬件建设向景区管理转变,不断创新方法,打造优质服务品牌。该景区改变过去一味地增加清洁工人,保持景区环境的做法,而是从提高游客素质、提升环保意识上下功夫,创造性地在景区设立了全省首个"绿色环保银行",把好"三关"让环保行动成为游客的自觉行为。

据介绍,该景区在游客服务中心设立学雷锋志愿服务站,每天由志愿者向每位来景区的游客进行环保宣传,发放环保宣传资料,免费发放可降解的景区专用标识的环保袋。同时,景区在每个游客集中区域都设有劝导员,每个工作人员、志愿者都会对不环保行为进行劝导,一旦发现乱扔垃圾的行为及时提醒。在中庵党员服务站,景区党员和志愿者都会有意识地提醒游客在收集垃圾时要注意分类,并在"绿色环保银行"兑换纪念品时,对分类的垃圾给予兑换的礼品更多、更好。

在石鼓寺"绿色环保银行"兑换处,拿着一袋没有分类的垃圾的湖北游客李先生有点沮丧,"本来想兑换一个武功山吉祥物——小驴悠悠,可'银行'工作人员说我的垃圾没有分类,只能换一小瓶武功山本地特色植物油了,下次一定要记得分类"。

"自从建立了这个'绿色环保银行',景区环境卫生更清洁了,自觉带垃圾下山的游客也更多了,保洁员的工作量也明显减少了,以前我们每天要运下山的垃圾达2吨多,现在只有1吨多了……"说起这个,景区保洁公司经理黄可蔚高兴得合不拢嘴。

(人民网,2017年10月2日)

问题:

①准备时间5分钟,脱稿简述,要求反映材料内容。

②如何评价武功山景区的环保策略,要求适当引用材料中的内容。

4.和病魔抗争了两年的北大29岁渐冻症女博士娄滔因医治无效,于昨日凌晨在恩施咸丰老家离开人世。令人痛心的是,由于病情恶化后,娄滔身体出现感染,其器官不符合捐献条件,她捐献器官的遗愿也无法达成。

"一个人活着的意义,不能以生命长短作为标准,而应该以生命的质量和厚度来衡量……我走之后,能救命的部分尽管用,头部可留给医学做研究……"去年10月,娄滔的这份遗嘱感动全国网友。

从2015年10月经北京多家医院会诊被确诊为"运动神经元病(俗称渐冻症)",到去年10月,求医两年来,娄滔也曾盼望过奇迹。然而"渐冻症"是全世界都还没有攻克的难题,被病痛折磨的娄滔在恩施老家医院趁清醒时写下这份捐赠遗嘱。随后,经湖北省红十字会牵线搭桥,娄滔被接到武汉汉阳医院,家属代替她在人体器官捐赠登记表上签下名字。

据娄滔父亲娄功余讲述,娄滔被确诊为"渐冻症"后,一度选择了坚强和病魔抗争。经历两年抗争后,随着病情越来越重,娄滔的情绪也越来越不好,多次表达想早日解脱的意愿。"我们不愿意看着女儿活受罪,在经过商量后,唯有满足她的愿望。"

前天上午,在患者本人和家属的强烈要求下,娄滔出院转回恩施咸丰老家。脱离了呼吸机的她,昨天凌晨平静安详地离开了人世。

(北京时间网,2018年1月6日)

问题:

①准备时间5分钟,脱稿简述,要求反映材料内容。

②尝试以生命的长度和人格精神的长度为比照,讲述自己对人生意义的感悟,要求适当引用材料中的内容。

二、详述

详述可以针对事件的全貌,也可以针对事件的某一细节,它并不是单纯地"说得多"。与简述相同的是,它同样要先明确评述需要,抓准关键细节;不同的是,它要对事件全貌或某一细节进行详细的描写、凸显其特点,达到突出和强调的目的。详述有利于说话者表明有说服力的观点,也有利于说话者集中注意力。另外,详述时还要注意:细节关乎整体认识,形成独特视角,有利于对整体产生突破性的认识。详述虽然要照顾到事物的方方面面,力求全面细致地反映事物,但是不能为了说而说,语言还要简洁。

阅读以下材料,按照要求完成详述:

1.广东一所985大学学生,19岁的王耀栋,在酒吧中3分钟喝下6杯酒后,重重倒下再没醒来……经鉴定,他死于急性酒精中毒。监控视频里,父亲听到当时只有加油声和鼓掌声,"就像运动会赛跑要最后冲刺了,观众使劲儿喊'加油'那样。"

《人民日报》微评:一场找不到真凶的"谋杀"。王耀栋死于一场"谋杀",却找不到真凶。"寒门十名校"本是励志佳话,却毁于轻佻的加油声、庸俗的鼓掌声,以及最不可原谅的"3分钟喝6杯酒就免单"——这是悲剧诱因。与酒吧不负责任、围观者若无其事相比,校方冷漠更让人不安,起码的人情味呢?

(网易新闻,2017年9月15日)

要求:对新闻的细节进行延展,并结合自己身边的例子进行感同身受式的分析阐释。

2.最近,杭州第十一中学引进了一个神器:智慧课堂行为管理系统。犹如一双天眼,它能把学生的课堂行为一网打尽:只要谁睡觉了,开小差了,马上就能够被识别出来。该系统能对学生的课堂行为和听课时的表情进行分析,还可以无感刷脸考勤。上课铃声一响,一分钟不到,考勤结果就出来了。杭十一中是全国智慧校园的排头兵,如今学校已经实现彻底的"无卡通",学生只要凭一张脸走遍校园都不怕。此消息一出,在教育圈引起热烈的争议,有支持者,更有反对者。

(北京时间网,2018年5月18日)

要求:对该新闻评述的拓展首先要基于道德、伦理和生活经验,而不是基于技术,否则很容易陷入无话可说的境地。

3.陈羽凡因吸毒、非法持有毒品而被带走调查。事件一出,民众哗然。有网友调侃"明星吸毒队再得一分",可这些调侃,对于喜欢羽凡的歌迷和亲友们来说,都是扎在心上的刺。我们对陈羽凡并不陌生。在很多年前,羽泉的歌声就带给了我们很多的感动,到现在大家还是会哼唱《奔跑》《最美》《冷酷到底》等耳熟能详的歌曲。

纵使我们对这些歌曲仍然念念不忘,但对于毒品,我相信任何一个人都是零容忍!可是,不管宣传多少次,在娱乐圈,被曝出吸毒的明星依然是数不胜数。2014年,《武林外传》编剧宁财神因吸毒被抓,拘留期满后,宁财神接受采访谈及吸毒事件。2016年2月,饰演过《封神榜》妲己的傅艺伟因吸毒被抓。2014年,台湾演员柯震东因吸毒被抓。被抓后,柯震东声泪俱下地召开了记者招待会,向观众道歉,此后他的星途再也没有灿烂起来。2014年,歌手李代沫因吸毒被抓。

(快资讯,2018年11月30日)

要求:抓住值得分析的细节做必要的拓展和升华,切忌单纯地谩骂和指责。非理性的言论和网络暴徒式的评析绝不是评述的应有之义。

4.前几日,有媒体报道了广州外国语大学保安刘鹏成功逆袭的故事。当年他只是一名保安,因为爱好英语而开始自学,经常在学校向学生请教。最后他练就了一口流利的英语,不仅娶到了洋媳妇,还成为成龙的文戏替身。

全国像刘鹏这样励志的"保安哥"还不止一个,在北京大学,保安可以说是"成群逆袭"。至2016年,北大的保安已经有500人考上大学,其中含12名研究生。

在2017年高考季,"北大保安"成为热词。一份得到北大保安大队长王桂明认可的数据显示,到2016年,北大保安考上大学的数量增加到500人,其中大部分是大专,少量本科,还有12名研究生。

(搜狐网,2017年7月20日)

要求：如果了解新闻背景，可以做知识性、背景性拓展；如果没有相关信息积累，可以从社会生态和自身生活经验出发去分析。可以从反面看问题，但不能违背社会公义。

5.南京大学今年针对新生推出"宿舍匹配系统"，对学生个人习惯进行调查，并采用"大数据"分析匹配，将作息时间、卫生习惯、学习特点、社交偏好等方面相似度高的同学安排在同一间宿舍。此举不仅获得学生好评，更体现出学校科学化、人性化的管理模式。

宿舍是一所大学最基本的组成单元。大学四年，一个宿舍的同学朝夕相处，大多数时候都能"其乐融融"，但也难免产生矛盾，而这些矛盾往往都是因为各自一些小的生活习惯的差异日积月累形成的。以往，宿舍成员的分配是随机的，遇到一个"好室友"全靠运气，而如今有了"宿舍匹配系统"，就让"物以类聚、人以群分"成为可能。

大家生活习性相似，志趣相投，互相适应起来当然更加容易，也就能够建立起一个和谐的宿舍氛围。当一个个细胞（宿舍）良性成长，那么整个有机体（大学）也就有了突破发展的基础。南京大学这一创新之举于细微处见真章，必须点赞！

利用科学技术的发展，进行大数据的挖掘，让许多我们以前想得到却做不了的事情都变成了现实。不过，在我看来，南京大学的做法还可以再进一步。毕竟目前匹配的依据还都是学生生活习惯方面的调查统计，而如果今后能增加学生性格特点的考量，那么会让匹配的结果更为精准。另外，这种大数据的分析还可以运用于学生的学习安排、就业指导等多个方面。期待着未来有更多的学校带给我们更大的惊喜！

（新浪网，2017年9月18日）

要求：校园生活、特别是宿舍生活是最有话可说的话题，在评述的过程中要找案例、找细节，浓墨重彩地进行情感性升华，而不能空泛说理。趣味性是该新闻表达的关键。

三、综述

综述是指在观点明确又拥有多则材料的情况下，恰当地建立材料与材料之间、材料与观点之间的联系，以求综合使用材料。相对于叙述一则材料的不同细节，综述主要表现为叙述不同材料的相似相关细节。

综述应注意发掘材料的共性,提取相关的细节,不能盲目进行,要从观点出发来提取内容。可以在原材料的基础上重新组织语言,使整体连贯顺畅。

阅读以下材料,完成综述:

1.近日一则"主播晒中学生信息"的消息引发关注,报道称,正在上初中的小彭因沉迷某游戏直播平台一主播,两月内先后打赏该主播价值16万元的礼物。据悉,这16万元是小彭父母10年的所有积蓄。其母将钱放在余额宝里,因为利息比银行活期高一点。

据介绍,当小彭发现自己"闯祸"并对该主播说明后,该名主播竟将小彭的个人信息公布在主页上,并任由其他粉丝嘲讽。据主播平台法务介绍,已经联系女主播让其把发布的小彭个人信息删掉,之后会和彭家联系,商量事情的解决方案。

(太平洋电脑网,2017年10月9日)

2.据媒体报道,最近,在北京工作的谢女士反映,她弟弟谢诚像走火入魔似的玩起了"土豪游戏",疯狂给一位住在南京的女主播打赏,已累计打赏十多万元;由于父母贫困,他竟通过校园贷维持给女主播打赏,还在朋友圈里装出一副富二代的姿态。

《贫困生借贷十几万元打赏主播:朋友圈伪装富二代,父母在家吃低保》这篇文章日前在网上刷了屏。这条新闻之所以吸引人眼球,就在于不惜贷款豪掷十几万元打赏女主播之举与其贫寒家境产生了强烈的反差。量入为出本是古训;贷款打赏,打肿脸充胖子满足一己私欲,却把自己乃至家人拖入债务深渊,实非具备经济理性的正常人所为。

事后警方调查结果显示,涉事女主播并无欺诈或诈骗行为;倒是贫困生谢诚又是每天通过美团给女主播订餐,又是以送礼物的方式打赏,关爱奢华而细致——动不动就问女主播要不要弄点燕窝补补,伪造出一副富二代的形象示人,并在虚拟角色中沉醉不可自拔。

(太平洋电脑网,2017年10月9日)

3.近日,海南海口的环卫工李女士发现,自己账户上辛苦存下的四万多元不翼而飞!原来,李女士12岁的儿子经常玩游戏,还在直播平台上观看主播教玩的视频。这些钱竟全部被儿子用来打赏了游戏主播!而被打赏的主播也是未成年人!

李女士是一名环卫工人,为了多赚点钱,她还做点小生意,平日的货款大多通过微信转账。20号当天,她打开微信钱包一看,却发现辛苦攒了大半年的四万多元,只剩下两三百元。

交易记录显示,4 月 30 号开始,李女士有很多笔交易都是转账到"龙珠直播平台""4399 小游戏"以及"腾讯"的账户上,最大一笔是转给了龙珠直播,达 3,000 元,而粗略统计,转给龙珠直播平台上的数额总共达到了 28,000 元。看到这,李女士想到自己的儿子小龙经常拿她的手机在龙珠直播上看视频,由此,疑点都集中到了小龙身上。证据确凿,小家伙没法再抵赖了。

说到打赏主播的具体缘由,小龙一直支支吾吾。记者通过查询,联系上了小龙打赏了两万多元的游戏主播"病娇朝歌"。游戏主播"病娇朝歌"说:"直播间的人比较多,因为有刷礼物的话,很多人会去夸赞他。"

当着记者的面,李女士再次批评了儿子。而为了给孩子"长记性",李女士要求孩子为自己的行为负责。深有悔意的小龙,也愿意用行动改正错误。当场,在李女士的指导下,小龙写了一张三万元的欠条,并注明用成绩和劳动来偿还。看着欠条上稚嫩的字体,李女士心疼又自责。

李女士说:"平时又要看店又要上班,以后多抽时间陪他,不能让他太沉迷游戏了,当个教训也好,知道赚钱辛苦的意义也好,不然他只知道花钱,不知道赚钱多辛苦,他不知道这个概念他也不(珍惜)。"

(公众号:一切为了群众,2017 年 5 月 29 日)

第三节　即兴评论——个性鲜明的观点传播

针对某个具体事件或者某类具有广泛影响力的现象,口头发表观点并进行论证的过程就是即兴评述。其本质还是议论的一种形式,要求论点明确,论据充分,论证周密。论点、论据、论证是议论的三要素,也是即兴评论的要素。

论点是即兴评论的首要核心。论点的选择直接影响着后续论据的选择和论证过程,也是整个即兴评述的灵魂。它的提出要围绕材料内容,对论点的表述要有明确的判断,能够表达自身的立场和态度。在选择论点时要从容易发表评论的角度切入,并且尽量具有新意,避免陈词滥调。

论据是即兴评论中的填充内容。即兴口语评论是一种现场性的议论,准备时间较短,所需要的资料也无法提前查阅,因此需要我们有一定的知识储备以及素材积累。论据可以分为事实论据和道理论据,但无论是哪种论据都应真实可靠。

论证则是使用论据证明论点的过程,一般来说有归纳论证、演绎论证和类比论证。

【案例分析】

1.11月29日晚间消息,国家企业信用信息公示系统显示,北京字节跳动科技有限公司旗下"今日头条"在未取得医疗广告审查证明的情况下发布医疗广告,违反了《广告法》第四十六条规定。北京市工商行政管理局海淀分局对今日头条违法发布同仁堂保健食品广告以及非处方药非法广告,共计罚款300万元,处罚决定日期为2018年11月19日。

具体行政处罚内容为:(1)对当事人发布"同仁堂葛根山药胶囊"保健食品违法广告的行为,罚款1,000,000元;(2)对当事人发布"同仁堂安欣胶囊"保健食品违法广告的行为,罚款1,000,000元;(3)对当事人发布"芪冬养血胶囊"非处方药违法广告的行为,罚款1,000,000元。

目前,字节跳动向新浪科技表示对此事暂无回应。

这不是今日头条第一次受罚,系统显示,2018年3月30日,字节跳动也因为广告违规问题,被北京市工商行政管理局海淀分局没收广告费共计235,971.6元、处广告费用三倍的罚款,罚款707,914.8元。

(新浪网,2018年11月30日)

核心提示:针对此事件的评述,应当紧紧围绕"法律"这一关键词,主要可以分为两个层次。第一,法律面前人人平等,法治建设人人有责。"今日头条"是网络平台,网络不是法外之地。第二,"今日头条"二次受罚证明该平台知法犯法,应从平台本身及监管部门提出建设性意见。

2.8月30日中午12点多,家住成都麓山国际社区的邓女士下楼到超市买东西,顺便将家中6个月大的金毛带出门溜,赶时间的她并未拴牵引绳。就在超市门口,活泼的小金毛摇着尾巴朝一名小孩跑去,小孩家长立即护住小孩,另一名家长则一脚将狗踹开。

邓女士见狗被踹,上前理论,双方随后发生肢体冲突。邓女士称,对方一家三口将其打伤,并造成全身多处伤口,"尤其是脸,已经一半毁容了,我还是一个主持人,靠脸吃饭,如果好不了,今后都做不了工作"。

9月1日,《成都商报》客户端记者了解到,就此事,当事双方目前正在派出所调解,事件性质等均在取证调查中,尚无定论。同时,对方代表律师表示,将配合调查,根据警方的调查结果进行调解、赔偿等处理。

(新浪网,2017年9月2日)

核心提示: 首先,双方在解决问题纠纷的方式上出现了错误。邓女士护狗,对方爱子,但拳头相向是粗鲁的行为,并不为文明社会所倡导,且根本解决不了问题。如果双方能够及时认识到自己的错误,文明解决问题,就不会对双方造成伤害。其次,打人固然不对,养狗也需遵规。根据《成都市养犬管理条例》第三十三条规定:养犬人携犬出户,应当将犬装入犬笼、犬袋或者由完全民事行为能力人使用犬绳牵领;避让老年人、残疾人、孕妇和儿童及其他行人;及时制止犬吠和攻击行人的行为。

3.一名戴着眼镜的老师在讲台前甩开胳膊,击打学生脸部,啪啪的打脸声非常响亮。更令人不解的是,这个被打脸的学生还不是个例。在这段打学生的视频里,居然有20多名同学被老师掌掴。这位老师是合肥北城世纪城初级中学八年级语文老师张某,而当天被掌掴的学生共有40多人。同学们证实,班上46个人中43个人挨打,大家表示被打得很疼。

据北城世纪城初级中学八年级数学强化二班的部分学生介绍,"学生排队被打脸"事发于9月1日,也就是开学的第一天。事发起因是在前一天,语文老师张某要求学生们回家预习四首古诗,次日必须会背诵默写。"我们那些同学没背古诗,所以被老师打的,他说错一个字打一下。"

虽然班上的学生被语文老师逐一扇耳光,但是当时并没有同学敢站出来反抗老师的掌掴行为。这个张老师是这学期刚调来的,9月1号当天是第一次正式上课。不过在8月底的开学报到和入学教育期间,他就曾出手打过人。"有两个同学没有值日,然后就被打了一下下,好像是脸还是哪里。"

掌掴学生的张某今年30岁出头,是一名新来的老师,之前一直在长丰县下塘实验中学任教,8月20日才到北城世纪城初级中学报到,担任八年级数学强化二班班主任,并兼任两个班级的语文老师。由于张某此前考核成绩不错,因此打人事情发生后,北城世纪城初级中学校长孙涛在网上看到视频时也感到非常震惊。

孙校长说:"不可思议,发生这件事情!从我了解的情况来看,他从教有11年了,这个底线和红线他应该知道的,应该是个很有经验的老师,犯这个低级错误实在不能理解。"

北城世纪城初级中学副校长陶有升表示,事发后,他们也与张老师进行了沟通,具体了解他体罚学生的原因。"他当时的初衷肯定是好的,因为他刚来就想让学生规范、规矩一点,只是他这种方式,可能太过激了,就造成了很不好的影响。"

目前,北城世纪城初级中学已对张某做出了停职处理,免去了其班主任职务,长丰县教体局也给予了张某行政警告处分。同时,校方主要负责人也代张某逐一向挨打的学生及其家长赔礼道歉。

(看看新闻网,2017年9月2日)

核心提示:看到这样一则新闻,相信每一个人都会对那位班主任的暴力行为愤怒,对孩子们的遭遇痛心。对于老师来说,最大的责任是传道授业解惑,不管这位老师出于何种目的,他的行为都给孩子带来了极大的伤痛,更给孩子心里留下了无法抹去的阴影。我国《教育法》严令禁止对学生打骂。一名合格的人民教师应当尊重学生的人格,不应当歧视学生。如果学生真的犯错,教师应当正确引导,不应当对学生实施体罚、变相体罚或者侮辱学生的人格尊严。

4.小男孩过斑马线后突然停下来,向等待的车辆鞠躬行礼——这位在宣城人朋友圈里"刷屏"的礼貌小男孩是安徽宣城市第二小学五年级学生施宇。他告诉记者,爸爸教育他要懂得感恩,于是过马路时遇到停车等待他的车辆,他都会鞠躬行礼。施宇的父亲告诉记者,儿子做的只是一件细微的小事,不希望大家的鼓励和点赞让他感到骄傲。

10月10日下午四点多钟,宣城市民张先生开车经过宣城市区薰化路。这条路旁有一所中学和一所小学,下午四点多钟正是学生放学的时间,往来行人很多,车子开得也比较慢。

就在张先生经过宣城市区城南菜市场附近的一个没有红绿灯的斑马线边时,由于有不少学生和行人正在等待过斑马线,张先生和往常一样主动停车等待行人通过。就在此时,一位小学生模样的男孩在过了斑马线后,突然停下来,面朝着张先生的车鞠了一躬后走开了。

"当时觉得非常感动。"张先生昨天告诉记者,虽然一路上行人很多,自己也等候了比较长的时间,但小男孩的鞠躬让他觉得这些等待很有意义。随后他用手机拍下了行车记录仪记录下的那一幕,发在了自己的朋友圈里。这段视频很快在宣城人的微信和微博里流传,大家纷纷给那位鞠躬的小男孩点赞。

10月10号晚上,施宇的妈妈在手机里看到了别人发的小孩鞠躬的视频,发现很像自己的儿子,就拿给施宇看,施宇告诉妈妈,那就是自己。"妈妈当时抱了我一下。"施宇笑着说。

施宇告诉记者,老师在班上表扬了他,同学们都知道了他做了什么,但爸爸告诉他,不能骄傲。"希望不要太夸大报道,他只是做了一件应该做的小事。"施宇的爸爸昨天告诉记者,平时他教育儿子要有感恩的心,对人要尊重。他担心大家的关注和点赞会让儿子觉得骄傲,"小孩还是很纯真的,我希望他以后还能好好做人"。

（新浪网,2017年10月17日）

核心提示：本则评述可以从以下两个方面入手。首先是文明交通出行方面。不少城市都已经推行"车让人"的文明出行行动,这则新闻中小男孩鞠躬致谢"车让人司机",对于推行政策的落地实施具有积极意义,促使司机养成良好驾驶习惯,弘扬社会美德。其次是学会感恩。家长在孩子小的时候进行感恩教育,让孩子对生活中的一切充满感恩之情,有利于培养孩子善良的品质,对其今后人生路途都有益处。

第四节 即兴评述的分解训练

一、复述新闻事件

1.国家公共信用信息中心网站3日发布《8月份新增失信联合惩戒对象公示及公告情况说明》,新增因严重失信行为而限制乘坐火车严重失信人247人。记者注意到,高铁"霸座男"孙赫出现在"黑名单"中,被限制乘坐所有火车席别。

名单于9月3日(9月第一个工作日)在"信用中国"网站发布,自发布之日起7个工作日为公示期,公示期内,被公示人可向有关部门提出异议,公示期满,被公示人未提出异议或者提出异议经审查未予支持的,开始受到相关限制。

近日,在济南开往北京的G334次列车上,孙赫因强行霸占女乘客座位而成为"网红"。8月24日,中国铁路济南局集团公司公布了对"霸座"男的处罚：对其治安罚款200元,在铁路征信体系中记录该"旅客"信息,并在一定期限内限制其购票乘坐火车。

据了解,今年3月,国家发展改革委、中央文明办、最高人民法院、铁路总公司等八部委联合印发了《关于在一定期限内适当限制特定严重失信人乘坐火车推动社会信用体系建设的意见》,并于5月1日正式实施。

8月21日,一段"女乘客在G334次列车上遇座霸"的视频在网络上疯传。一名男子在女乘客上车前先坐在了属于女乘客的座位上,并拒绝与乘务人员的沟通,称"无法起身,不能归还座位",并要求乘务员"给我找个轮椅"。

随后,被占座的女乘客被安排到商务车厢的位置,列车长让她稍等一会,如果解决了就回自己的座位坐。"但后来等到的结果是列车长和乘警过去劝他无果,我就在商务车厢坐到了终点。"事件发酵之后引起网友关注和热议。

网上的事发现场视频,让众多网友对男乘客的行为感到愤怒。有网友表示,希望铁路部门该出手时就出手,呼吁铁路部门应将其纳入黑名单,限制其乘坐火车。

此外,在事发视频中,男乘客的面貌清晰可辨,其车票信息也隐约可见,一些网友以此为线索对其进行人肉搜索,陆续找到其姓名、出生年份、籍贯、微信号、手机号、支付宝账号等个人信息。多位网友尝试添加当事男乘客微信,在验证信息中对其进行指责,但由于"操作过于频繁",其微信号已无法添加。

8月22日晚,当事男子孙先生也进行了回应,称自己当时态度不太好,现在对自己的行为很后悔,并向女乘客表示道歉。"霸座"男子孙先生在道歉视频中表示:对于网上曝光本人乘高铁霸占座位这一事件,我深表悔恨和自责,在此,我向当事人和全国人民表示诚挚道歉。8月23日,济南铁路局方面回应男子高铁"霸座"事件时称,涉事男乘客的行为属于道德问题,不构成违法行为。目前济南铁路公安局已介入调查,如有调查结果将及时对外公布。

(齐鲁网,2018年9月3日)

核心提示:在国家公共信用信息中心网《8月份新增失信联合惩戒对象公示及公告情况说明》中,高铁"霸座男"孙赫被限制乘坐所有火车席别。孙赫8月份在乘坐高铁时,霸占某位女乘客座位并拒绝与乘务人员的沟通,称自己无法起身,要求乘务员找个轮椅。

2.江歌事件整整过去一年了,直到今年8月,案发时的第一现场人也是江歌的朋友,在媒体的协助和舆论的压力下终于站出来,刘鑫哭着向江歌的母亲道歉。然而,这一切都太迟了。

在去年(2017年)深秋的夜里(11月3号)12时,江歌接到刘鑫的电话,希望她到车站接她回家。江歌于是赶到车站接回刘鑫,但是在抵达居住的公寓楼时,刘鑫的前男友等在公寓楼前,三人发生了争辩。随后江歌叫刘鑫先进房间,自己与这名男子辩论,并挡着这名男子不许其进屋。

接着,刘鑫和邻居听到了尖叫声,马上报警,江歌倒在走廊里,脖子被刺数刀(最大伤口长达10cm),直冒鲜血。警察赶到后将江歌立即送往医院,但是因为失血过多,没能挽回她的生命。江歌的母亲说,在江歌去车站接刘鑫的时候,俩人一直在通话,这一通话,一直持续到女儿遇害前的18分钟。

2017年11月24日,日本警方确认嫌疑人系刘鑫前男友,在接受日本警方询问时,陈世峰称案发时在家未外出,对罪行予以否认。事发42天后日本警方以杀人罪起诉嫌疑人。在得知陈世峰不一定被判死刑后,江歌母亲发起了"征集判决陈世峰死刑签名的活动"。

据《法制晚报》介绍,该案将于2017年12月11日在东京开庭审理。1992年出生在山东青岛的江歌,生活在单亲家庭,从小和母亲相依为命。2016年4月,考入日本法政大学研究生院。还有两个月就完成学业的她准备毕业后留在日本工作,并打算在五年内攒够300万日元环游世界。

然而这一切都在那个午夜的残害中戛然而止。凶案发生后,江歌母亲一直在找刘鑫,她想了解女儿遇害时的情况,但近300天的时间里,刘鑫一直没有和江歌母亲见面。江歌遇难第13天,刘鑫没有回复江母的微信。后来她说,当时每天去警察局作笔录,浑浑噩噩的,不怎么看手机。刘鑫答应当时来参加江歌葬礼,但她并没有出现。而刘鑫当时正在葬礼现场马路对面的警察车里,她哭了一上午请求参加江歌葬礼但被日本警察拒绝。在日本警察下发了对嫌疑人陈世峰的逮捕令时,消失13天的刘鑫终于在微信上出现了。她给江歌母亲讲了些前男友陈世峰的个人信息和辨认照片。第二天经过简短的交流后,刘鑫又消失了,不再回答江歌母亲提出的任何问题。

此后的一百多天里,江歌母亲一直在找刘鑫。江歌母亲在家里看着女儿的照片,思女心切,每天以泪洗面,她泣不成声地说:"这十刀捅在我身上多好啊! 我每天都很痛苦,这是你在想妈妈吗? 我的小歌子……"她既为女儿替人挡刀、惨死他乡而痛苦,也为江歌的室友刘鑫迟迟不肯现身,告知案发当晚的情况而焦灼。尤其是在刘鑫父母把她电话拉黑之后……

江歌母亲曝光了刘鑫全家人的家庭住址、工作单位、车牌号等一些个人信息,她说这么做是想把刘鑫逼出来。随后,她收到刘鑫的微信,要求她把这些家庭信息从网上删除,说这已经侵犯隐私权了,否则就不协助警方办案。

在"江歌案件"进行调查的一年时间里,由于刘鑫长时间没有回应江母加之家庭信息被曝光事件,两人从私人线上的沟通转向到微博上公开的争论,江歌母亲和刘鑫两人之间的矛盾越来越大,最后在媒体的协助下,终于在当地的村委会办公室见了这迟到249天的第一面。

(凤凰网,2017年11月12日)

核心提示:2017年11月3号,江歌从车站接回刘鑫抵达住所时,刘鑫的前男友等在公寓楼前，三人发生了争辩。随后江歌叫刘鑫先进房间，自己与这名男子辩论，不许其进屋。不幸的是，江歌被该男子刺杀身亡。在这之后，刘鑫却迟迟没有露面。事件过去一年，在多方协调下，刘鑫哭着向江歌的母亲道歉。

3.今年6月9号，曾就读于中山大学、北京大学的中国访问学者章莹颖在美国伊利诺伊大学厄巴纳香槟分校失联。如今，距离章莹颖失联已经过去了整整100天，她仍然下落不明，生死未卜。那么，我们先来回顾一下在这100天里，各方力量在寻找章莹颖下落方面的努力。

当地时间6月9号下午2点左右，章莹颖在伊利诺伊大学所在的伊利诺伊州香槟市失踪，根据监控画面显示，她是被一辆黑色土星阿斯特拉轿车接走的。

6月10号，美国警方正式对章莹颖失踪事件立案。

6月17号，章莹颖的父亲第一次出国寻找女儿，并与校方和当地警方见面。

6月19号，章莹颖的父亲召开新闻发布会，并公布调查结果。

6月29号，当地执法部门监听到了克里斯滕森承认自己绑架了章莹颖的语音并对他进行了抓捕。但章莹颖仍然在失踪状态，基于当时所有调查的信息，执法部门认为章莹颖已经遇害。

7月3号，关于章莹颖被绑架案展开第一次聆讯，嫌犯克里斯滕森闭口不谈犯罪过程。

7月12号，联邦大陪审团决定正式起诉章莹颖案嫌犯克里斯滕森，起诉的罪名仍是绑架，如果被定罪，嫌犯将面临最高终身监禁的刑罚。

7月20号，美国伊利诺伊中部联邦地区法院正式提审犯罪嫌疑人克里斯滕森。而辩护律师表示要对克里斯滕森进行无罪辩护。

8月19号，章莹颖全家抵达芝加哥，他们为寻找自己的亲人，特意向美国总统特朗普提交了请愿信。

8月22号，章莹颖的家人在香槟市首次召开记者会，会上展示了章莹颖日记本的最后一页。

9月8号，案件再次开庭，法官审理并同意了该案嫌犯原律师团提出的要求解除代理的动议，并指定了新的律师来代理该案嫌犯克里斯滕森。

这100天，对于章莹颖的家人来说是人生中最难熬的100天。随着时间的推移，章莹颖失踪案件的热度也远不如最初。由伊利诺伊大学厄巴纳香槟分校和章莹颖家人筹办的章莹颖失踪百天烛光纪念会即将举行。据章莹颖家属的代理律师王志东介绍说，该活动旨在希望大家有一个表达自己意愿的机会,同时让大家不要忘记章莹颖,能继续为章莹颖的家人提供有关这个案子的帮助。那么除此之外,章莹颖的家属现在都在做什么？庭审方面又有什么最新进展呢？

王志东：目前检方的动作就是辩方自己雇的律师退出了,又有新的公辩律师指定了。最新的就是上个星期四已经确定在这个情况下,下一步按照检方说法应该是十月份提出追加起诉。家人没有采取新的动作,更多是依赖美国警方,警方FBI来操作这件事情。他们大概觉得没有有效的手段能够找到章莹颖。警方也和家人讲,他们目前并没有特别直接的线索。孩子已经失踪100天了,家人的焦虑和无可奈何,是任何人都可想而知的。

而很多关心章莹颖下落的人,同时也会关注对绑架章莹颖的嫌犯克里斯滕森的处理结果。人们既期待嫌犯说出章莹颖的下落,又希望美国法院能为章莹颖家属做出公正的审判。对此,章莹颖家属代理律师王志东表示,即使克里斯滕森自始至终保持沉默,也不会逃过法律的制裁,检方已经对他追加了新的罪名。

王志东：从审判来说嫌犯目前被指控的是绑架,检方认为以绑架罪名对他起诉有足够的证据。至于追加起诉之后是什么样的罪名我们现在还在等待,如果绑架致死,在联邦的刑法当中最低的是终身监禁,最高的是死刑。证明绑架致死毫无疑问比证明绑架的难度会大一些,但是如果检方以绑架致死做追加起诉的话,相信检方是有足够的证据才会这样做,这件事情如果被定有罪就是终身监禁到死刑,并不一定要有尸体才能定绑架致死。

著名刑事鉴识专家、美籍华人李昌钰教授一直关注章莹颖案件,他表示之前有过被绑架100天的被绑架者还生还的案例。这些案例通常是嫌犯没有被抓到或者是警方担心打草惊蛇故意不抓,嫌犯将被害人藏在某个地方。但是现在章莹颖案件中涉嫌绑架的嫌犯已经被羁押,假如是绑架的话,被害者生还的机会就比较渺茫了,除非嫌犯有共犯,或者有其他的人协助。但章莹颖家属代理律师王志东表示,目前没有确凿的证据表明嫌犯克里斯滕森存在同伙。

王志东：李教授讲的肯定有他的判断。从现在警方和检方透露的信息来看没有第二个嫌犯是他们在关注的,所以我没办法评论是否有同伙。

(中国之声《新闻纵横》,2017年9月18日)

核心提示：2017年6月9号,中国访问学者章莹颖在美国伊利诺伊大学厄巴纳香槟分校失联。距离章莹颖失联100天,仍然下落不明、生死未卜。各方力量仍在为寻找章莹颖下落努力。截至目前,绑架章莹颖的嫌犯克里斯滕森依旧保持沉默,没有确凿的证据表明嫌犯克里斯滕森有同伙。章莹颖家人仍依赖美国警方,希望能够有更多的线索。

4.11月24日,据河南长葛女子黄伟霞称,25年前她堂姐黄风玲冒名顶替她去上了师范,害了自己的一生。此后,其堂姐丈夫现身,并向记者出示了多个"人证"表明并未冒名顶替。

11月25日,当地相关部门表示,将在三个月内给出调查结果。

11月29日,长葛市教体局纪检组长段记告诉记者,目前调查结果已基本明确。"目前没有找到当年的中招考试试卷,所以没办法针对试卷进行笔迹鉴定。不过根据纪检组的最新调查结果,已经收集到了除'人证'以外的切实物证。"

段记说,经过调查,黄风玲的确存在顶替学籍的问题,届时将按规定处理。

黄伟霞(自称曾用名为黄海霞)说,自己1993年中考498分,这个成绩当年在长葛本属于相当优秀,可以被许昌师范学校录取。奇怪的是,她并未收到该院校的录取通知书,随后,认为自己考试失利的黄伟霞便外出打工了。

2003年,机缘巧合下,黄伟霞发现了自己当年未能入学的"真实原因":自己的学籍被二伯黄新法调换给了大伯黄国法的女儿,即黄伟霞的堂姐——黄风玲(曾用名,现名黄海霞)。据河南电视台报道,黄伟霞提供的"初中毕业生登记表"显示,其中登记的姓名为黄海霞,照片是黄海霞本人,而在"考生体格检查表"里,照片则变为了黄风玲的照片,姓名仍是黄海霞。

黄伟霞说,那时她才明白,这些年的辛苦生活竟全是自己的大伯二伯一手造成的。若是没有自己的堂姐"抢占"学籍,她原本可以过上另一种人生:进入许昌师范读书成为师范生,然后拥有一份在当地比较体面的教师工作。愤懑难平的黄伟霞,开始了她十几年的上访之路,希望为自己讨个公道。

据黄伟霞称,此后,她接到了一通神秘的"求和电话"。按她描述,这通求和电话是堂姐黄风玲一家让某位中间人打过来的,目的就是希望能用钱私了,不要再追究过去的错误,"要多少钱说个数!"

黄伟霞说,如今她已经40多岁了,用多少钱都买不回自己的青春,所以她说什么也要坚持"讨回公道"。

据河南电视台报道,长葛市纪律检查委员会受理了"黄海霞学籍被顶替一事",并表示将在三个月内给出调查结果。河南电视台报道中称,早在2010年,长葛市公安局就曾对此事进行了调查,并回复了答复意见书:黄风玲存在顶替黄伟霞在官亭职中的学籍档案问题。而2011年,长葛市教体局的调查结果认定顶替许昌师范学籍一事并不存在。黄伟霞在接受采访时表示,官方对她的情况进行了两次调查,却得出了截然相反的结论,显得疑窦重重。

自称关注此事的法律人士韩东言分析,这两份看似矛盾的调查结果其实并不矛盾,因为公安局调查的是官亭职中的学籍问题,而教体局调查的则是许昌师范的学籍问题。韩东言说,至于为什么黄风玲的官亭职中学籍会存在"顶替",是因为往届生不允许中考考师范,所以勤奋好学但一次考试失利的人,只能借用退学学生的学籍才能再次考试,才能顺利升学。

(快资讯,2018年11月30日)

核心提示:河南长葛黄伟霞称,25年前被堂姐黄风玲冒名顶替被许昌师范学校录取。之前,公安局、教体局的调查结果截然不同但并不矛盾。目前,经过再次调查,黄风玲的确存在顶替学籍的问题,届时将按规定处理。

5.5月4日,北大校长林建华,在北大120周年校庆致辞时,把"鸿鹄(hú)志"念成了"鸿浩(hào)志"。此事一出,引起轩然大波,林建华本人立刻成为网上舆论狂欢的消费对象。

随后有细心网友扒出,林校长在致辞中碰到这个字的时候,没有直接念出错误读音,而是卡顿了很久,才念出来,就此怀疑稿子可能不是他本人所写。而且,林校长在这篇致辞里念错的词,还不止"鸿鹄"一个,还把"莘莘(shēn shēn)学子"读成了 jīng jīng 学子。

"鸿鹄志"出自司马迁《史记·陈涉世家》,原句是:燕雀安知鸿鹄之志哉。语文老师应该都知道,这是初中的必考知识点。

林建华先后在重庆大学、浙江大学、北京大学三所重点大学任校长。还有网友进一步扒出,林建华在浙江大学当校长时,曾把浙大说成了重大。虽说"人非圣贤,孰能无过",读错字是人之常情的事。但是堂堂北大校长,把初中生都知道的"鸿鹄之志"读成"洪浩之志",确实太过讽刺。

5月5日,林建华校长写了一封诚意满满的道歉信,并表示会努力修炼文字水平。

道歉信全文如下:

亲爱的同学们:

很抱歉,在校庆大会的致辞中读错了"鸿鹄"的发音。说实话,我还真的不熟悉这个词的发音,这次应当是学会了,但成本的确是太高了一些。

我想,我的这个错误会使很多同学和朋友失望,觉得作为一个北大校长,不应该文字功底这样差。说实话,我的文字功底的确不好,这次出错是把这个问题暴露了出来。

上中小学时,正赶上"文革",教育几乎停滞了。开始的几年没有课本,后来有了课本,也非常简单。我接受的基础教育既不完整也不系统。我生活在内蒙古的一个小农场,只有几十户人家。现在人们很难想象当时的闭塞状态,农场离县城几十公里,距离虽不能算远,但乘马车要一整天时间。当时不但没有现在发达的互联网,连像样的书都很难找到。最近,我刚出了一本书《校长观念——大学的改革与未来》,其中还提到了当时的情况:

"'文化大革命'开始时,我小学五年级,几年都没有课本,老师只是让我们背语录和老三篇。十几岁时是求知欲最强的时候,没有其他的书,只能反复读《毛选》和当时一本干部培训用的苏联社会主义教程。我的中国近现代史知识,最初都是通过读《毛选》和后面的注释得到的。《矛盾论》和《实践论》当时都读过,中学政治课又学了一遍。一分为二、对立统一、主要矛盾和次要矛盾等,这些概念都滚瓜烂熟,也深深影响了我们这一代人的思想观念。"

我很幸运,77级的高考语文考试作文占了80分,词句和语法只有20分,否则我可能就考不上北大了。我只是在考试前的几天,读了一本语法方面的书,刚刚知道什么是主语和谓语。语法概念不清,上大学之后学英语也多费了很大的劲。

我写这封信,告诉大家这些,并不是想为自己的无知或失误辩护,只是想让你们知道真实的我。你们的校长并不是一个完美的人,也有缺点和不足,也会犯错误。另外,我还想告诉大家,我所有重要讲话,也包括上面提到的那本书,都是自己写的,其中的内容和思想都是我希望大家了解的。

我会努力的,但我还是很难保证今后不会出现类似的错误,因为文字上的修炼并非一日之功。像我这个年纪的人,恐怕也很难短时间内,在文字水平上有很大的进步了。

真正让我感到失望和内疚的,是我的这个错误所引起的关注,使人们忽视了我希望通过致辞让大家理解的思想:"焦虑与质疑并不能创造价值,反而会阻碍我们迈向未来的脚步。能够让我们走向未来的,是坚定的信心、直面现实的勇气和直面未来的行动。"

再次致以歉意!

热爱你们的校长,

林建华

(搜狐网,2018年5月6日)

核心提示:北大校长林建华在北大120周年校庆致辞时,将"鸿鹄(hú)志"错念成了"鸿浩(hào)志"。事后,林建华校长写了一封诚意满满的道歉信,解释原因并表示会努力修炼文字水平。林校长还呼吁大家以此为鉴,直面自己的错误并积极改正。

二、提炼观点

1.网络上流传的一篇文章《外卖,正在毁灭我们的下一代》以耸人听闻的方式渲染着外卖行业发展带来的白色污染问题。一时间,舆论将外卖平台推上了风口浪尖。

9月初,百度外卖、饿了么、美团外卖的主体公司分别因环境污染责任纠纷被重庆市绿色志愿者联合会(下简称"重庆绿联会")诉讼至法院。而在这背后,是外卖行业迅速扩张带来的环境污染难题。

《第40次中国互联网络发展状况统计报告》(下简称《报告》)显示,截至2017年6月,我国网上外卖用户规模达到2.95亿,较2016年底增加8,678万,增长率达到41.6%。该《报告》同时提出,食品安全和送餐交通安全仍是外卖行业面临的两大发展难题,但并未涉及外卖餐盒垃圾带来的环境污染问题。

然而根据饿了么、美团外卖、百度外卖提供的数据,三大外卖平台全国日订单量约在2,000万单左右。若按照每单外卖使用1个塑料袋、2个外卖餐盒、1双一次性筷子计算,则三大外卖平台每天消耗2,000多万个塑料袋、4,000多万个外卖餐盒,以及2,000多万双一次性筷子。

据数据平台发布的《2017年上半年中国移动互联网发展分析报告》中的监测结果,饿了么、美团外卖、百度外卖三大外卖巨头的外卖App日活用户数(DAU)加起来也不到1,300万,何况只登录了App但并不下订单的人数也算进日活数,所以"每周最少有4亿份外卖飞驰在中国的大街小巷"来历不明。

数据指出,我国2016年的塑料制品产量为7,500万吨,其中,食品包装袋、农用薄膜却达到了1,300万吨,对比12万吨的外卖垃圾,这相差甚远的数量级清楚地说明,单单揪出"外卖"做罪魁祸首,实在是太冤了。

(新浪网,2018年7月15日)

核心提示:从材料最后一段可以得出这样一个结论——外卖行业虽然产生大量的塑料垃圾,但污染环境的其他塑料制品数量更加惊人。因此,我们在观点切入时,可以先分析理性对待外卖垃圾的相关污染问题,再总结其他造成白色污染的可能,并对此提出建设性意见。

2.近些年来,许多人认为社会上"阴柔之风"盛行,"娘化"现象越来越严重,而且在青少年中蔓延非常快,引起了不少人的担忧。

"娘化"现象,一般指男子穿着女性服饰或进行装扮后达到女性化外貌。他们大多为拥有标致五官的年轻男性,在穿上女装后常常带有很强的萌属性。

这种"娘化"现象并非近些年才出现,也不是现代才有。从定义上来看,古代的男扮女装就应属此列。中国历史上还出现过男扮女装而受到追捧的名人。唐代,有一个唱戏的李伶,虽然年过五十,但一经打扮就如少女一般,在舞台上娇羞百媚,被称为"假面娘子"。

但很多人认为,"阴柔之风"盛行让人缺少了"阳刚之气",在网络上还出现了"拯救男孩"的说法,希望能够培养男孩的男子汉气概。许多培训机构甚至为此推出了课程。

"娘化"其实是一种生活方式,不能因为一个男子着装像女性,就让他无法在社会立足。无论是古代,还是今时,都是如此。而且在多元化社会中,我们更应该包容这些并不一定是主流的现象。

中国古代社会讲究伦理纲常,男性在社会上的地位比较高,很多女性往往需要女扮男装才能建功立业。比较著名的就是花木兰替父从军的故事,在军营里她只能以男性角色出现。但即使是男性占主导地位的古代社会,对于那些长相秀美、爱着女装的男子也是十分包容的。特别是在隋唐时期,喜爱男扮女装的风气自上而下地在社会上传播,这也显示当时社会风气的开放和包容。

现代社会是一个多元社会,对"娘化"现象当然应该以一种开放包容的心态来看待。所谓多元,就是指不是只存在一种价值观或一种生活方式。试想,如果一个社会只有一种生活方式,每个人每天都按照同样的方式生活,那社会就会没有活力,显得单调乏味。正是因为出现了不同的生活方式,才让社会变得更加丰富多彩,也为个人提供了多种选择。

过去对男性的角色认定,主要集中在孔武有力、阳刚之气上。但正如很多人所说,打扮并不是女性的特权,男性当然也可以。既然可以女扮男装,那为什么不能男扮女装,借鉴一些女性的生活方式呢?

不过,凡事应该有个度。对"娘化"现象,有些人担忧其蔓延也不无道理。如今,"娘化"现象在青少年中影响很大。如果青少年过于沉迷在"阴柔之美"中,审美出现"一边倒"的态势,那就会产生很大的负面影响。

凡事如果过度就需要矫正。因此,应该有针对性地增加对青少年的性别教育,通过合理引导,教育他们正确认识"娘化"现象,帮助他们树立正确合理的价值观和对潮流文化的正确态度,这样才能帮助他们长远全面发展。

(腾讯网,2018年8月13日)

核心提示:本段材料汇集了对于"娘化"现象的观点,因此在提炼时需要大家探讨利与弊。首先,现代社会是一个多元社会,对"娘化"现象当然应该以一种开放包容的心态来看待。其次,凡事应该有个度。对于青少年的性别教育,应当合理引导,树立正确的价值取向。建议大家在提炼观点时,注意从正反两方面入手,理清逻辑脉络。

3.近年来,国学热逐渐升温,源于中华民族五千多年文明历史所孕育的中华优秀传统文化,受到了国人乃至全球的重视和青睐。然而,如何学习和继承国学,取其精华去其糟粕,也一直存在争议。

近日有家长爆料,参加济南一家"私塾"的培训,却被灌输"三从四德""男尊女卑"等"女德"。记者调查发现,这家机构不仅培训成人,还开设针对孩子的"学堂",通过全日制的每日读经来将孩子塑造为"大才",甚至"大家""圣贤"。

带着疑问,记者走进这家名为"普明学堂"的机构(又名济南普明传统文化教育咨询中心),探究"圣贤教育"下读经孩子的学习和生活。

普明学堂的官方微信显示,其20多家教学点遍布济南各区,且大部分都分布在居民楼里。记者了解到,目前普明的班级设置为胎教班:父母参加学习;幼儿班:0—3岁;童蒙走读班:3—10岁;童蒙寄宿班:6—15岁;少年寄宿班:12—20岁;成年寄宿班:18岁以上;夏冬令营:6—18岁。

在佛山苑的教学点,虽然是白天,但门口依然挂着锁。《生活日报》记者以给孩子报名的由头咨询,这里的老师十分热情地接待了记者。

步入客厅,右手边挂着一幅孔子像,像前有香案,供奉着一些果品。书架上摆放着《论语》《老子》《弟子规》等国学书籍。屋内较暗,温度不高,但没有开灯也没有开空调,老师解释"学堂节水节电"。

几个六七岁的孩子刚刚午睡醒来,蓬松着头发在客厅里嬉戏。记者问他们读经的情况,一个6岁左右的小女孩骄傲地背诵了一段《论语》。但问她"能不能明白",孩子干脆地回答了一句"不明白"。

"这里不少孩子都是全日制学习"。普明的老师介绍,教学内容主要是德行礼仪、读经开慧等,主要诵读《弟子规》《孝经》《论语》《易经》等。数学等科目不专门进行学习,鼓励孩子13岁以后自学。"现在孩子之所以觉得数学难,是因为太提前学了。等到初中再回头看小学数学,即便没学过,也会觉得很简单,因此小学完全没有必要学数学。"

在记者和老师聊天的一个多小时里,教室里 6 个孩子一直在念《论语》。据介绍,最小的孩子 5 岁,最大的孩子 15 岁。没有老师领读,也不解经,学生全凭经书上的拼音和录音机上循环播放的磁带来读经识字。

记者提出这样念经是不是"死记硬背"的疑惑,这名老师回答:"不用解经,一直念就行了。背诵经典能打开智慧,记忆力就会变强,学其他东西会更快。就算这些孩子将来回去上学,只需要 3 至 4 个月的时间,就能把所有的学校教材都学完。"

此外,对于没有学籍的担忧和孩子们未来的出路,这位老师表示,"学籍无用",读经的孩子们是未来的"大才""大家",只要打下了传统文化的底子,学习任何知识都会很简单。"选择的方向很多啊,可以自考、出国,能高考,也可以回去上学,或者是出去开国学班,任何一种都行。现在教育培养的只是'工程师''医生'等,培养不出来像孔子一样的'大家',我们的目标是培养'大家'。"

据了解,想让孩子到普明入学,家长首先要参加普明的家长约谈会,观看创始人之一江洪波演讲的视频等进行学习,完全认同了普明的教育理念后才能让孩子入学。

一位姓王的"堂主"介绍,前来入塾的首要一点是家长认同,对于孩子,则"不必征求孩子的意愿"。

12 月 21 日 9 点多,记者以"义工"身份来到位于名士豪庭的普明的一个教学点。大约 70 平方米的两室一厅,客厅里摆放着黑色的书桌和小板凳,集教室、餐厅于一体。书柜里除了经书之外,还有类似《拥抱幸福人生》等女性鸡汤书。目前有 6 个女孩在这里寄宿制读书,年龄最小的 7 岁,最大的 12 岁。一个老师负责她们的生活和学习。

10 点 50 分左右,到了中午做饭的时间。厨房里早上煮的面条剩了两碗,已经坨了,头一天煮山药的锅还没洗,除了白菜就只剩下西红柿。"做啥饭呢?没得做。"在厨房转悠了一圈之后,老师皱着眉头决定了当天的菜谱:白菜炖粉条。半棵白菜,一把粉条;早上剩下的面条添三碗水煮成汤,蒸米饭。这就是孩子们中午的食谱。

记者询问为什么不吃肉,老师解释这是学堂一直以来的规定。这时一位 9 岁的学生插了一句:"肉很恶心。"

饭熟了,老师先去盛出一碗,放到孔子像前祭拜。午餐时间到,孩子们依次坐下,原本的书桌变成了餐桌,首先是餐前"训诫",用餐要严格遵循"食不言,寝不语"。吃完午饭后,孩子们去洗碗、打扫卫生,之后统一午睡。由于场地有限,地上放了一张大的泡沫板,再横铺上一张褥子。老师告诉记者,刚开始睡的时候她"被硌得浑身酸疼"。

从早上9点多到学堂,到下午3点多离开,5个小时左右的时间里,记者只听到孩子们背诵了四句:蒹葭苍苍,白露为霜。所谓伊人,在水一方。这几句是老师写在纸上的,"蒹"字写成了"聚",孩子们还是认真地誊抄到了自己的笔记本上。

在2017年9月5日教育部举行的新闻发布会上,教育部基础教育司司长吕玉刚表示,近年来兴起的"在家上学"和"退学上私塾"的行为,违背了义务教育法。吕玉刚强调,适龄儿童少年入学接受义务教育,既是权利也是义务,具有强制性。

在李玉刚看来,家长想让孩子多接受一些国学方面的教育,这和上学并不矛盾。目前,国家统编的义务教育语文、道德与法治、历史三科教材都进一步充实了中华优秀传统文化的篇目,如果仍觉得不够,可以在业余时间到相关机构去学习。但是,这种学习"只能是学校教育的补充,不能替代我们正规的、规范的学校教育"。

(网易网,2017年12月30日)

核心提示: 本段材料紧紧围绕"国学"这一话题,对此,大家可以从两个方面切入。第一,学习中华民族的传统文化,是我们每个人丰富内心、树立文化自信的途径。但我们要擦亮双眼,明辨社会上打着"国学"旗号的各类机构,取其精华,去其糟粕。第二,受教育是每个孩子应当享受的权利。每一位适龄孩子都要到我国的九年义务教育规定的正规学校学习,传统文化教育也可以在义务教育中获得。

4.如果可以选择,你是想要一个会烤串的医生给你做手术,还是想要一个会做手术的烤串师傅给你上菜?

现在可能可以一起选了。青年医生王建和程丝联合了16位来自北京大学和清华大学毕业的校友,在北京市西直门附近开了一家以"柳叶刀"为名的烧烤店。

柳叶刀烧烤刚开业,就在医学界受到不少关注,最近他们又火了一把——因为一篇《发了SCI就免单,这家学霸开的烧烤店是要上天吗》的文章,北京柳叶刀烧烤微信公众号的阅读量在1小时内突破10万。文章宣布近5年内SCI(Science Citation Index,科学引文索引)、SSCI(Social Sciences Citation Index,社会科学引文索引)、CSSCI(Chinese Social Sciences Citation Index,中文社会科学引文索引)的第一作者或通讯作者均可拿凭证到店获得最高30%的折扣。

留言里网友热烈讨论:"明年研究机构科研实力综合排名,柳叶刀烧烤跻身前三""最会科研的烧烤店以及最会烧烤的科研机构"。

(北方网,2017年10月10日)

核心提示:一群医生过着截然不同的两种生活,他们可以是"医生",也可以说是"烧烤店老板"。医生这样一种职业,有时不被人理解,他们无时无刻不承受着巨大的焦虑、压力。而柳叶刀烧烤店,为他们打开了一扇解忧之窗。他们可以在这里和热爱学术、热爱研究的人们一起热闹地撸串、喝酒、聊天,享受着属于他们的放松。除此之外,他们在做好自己本职工作的同时,又将自己的兴趣变成了副业。从医院到烧烤店,看似跨界很大,但正如王建所言:"做医生面对的是患者,开烧烤店面对的是顾客,都是服务别人,而且我们努力给大家提供安全健康的食物,本质上和治病救人是一样的。"其实,他们只是完成了自己的梦想而已,但这并不简单。

三、细致分析、逻辑缜密

1.毛坦厂中学与金安高级中学近日发布2017年招收补习生收费标准(第一学期)。这份收费标准相当吸睛,是按学生自己本年度高考成绩分数与一本招生分数段相差多少进行收费的,其最少收费2,800元,最多收费4.8万元。

此事颇具争议性。支持者认为,民办学校在招生收费方面有较大自主权,金安中学为毛坦厂中学参股的学校,性质上属于民办中学。在市场条件下,以金安中学的名义办补习班,不应当被过度干涉。更何况,学校分梯度收费也是利用价格杠杆,过滤掉部分学生,否则,学校师资也难以满足所有报考学生就读。

但如此想法,未免失之偏颇。

尽管毛坦厂中学设立复读班使用金安中学的名义,但是在招生和宣传的时却利用了毛坦厂中学的名声和师资,并且在实际操作中以此绕过有关部门的审核。因此,毛坦厂中学所设立的补习中心,难说是纯粹民办性质。

况且,《安徽省中小学办学行为规范》早有规定,严禁公办学校校内设置民办校或民办班。而该补习中心就设在毛坦厂中学的内部,招生简章上,也出现了毛坦厂中学的字样,如此做法,是否属于违规招生呢?

其实,类似做法绝非只有毛坦厂中学一家,而属于大部分超级中学的通病,理应加以遏制。以衡水中学与某企业合作建立的衡水一中为例,衡水中学在全国范围内大办分校时,往往以衡水一中的名义进军全国市场。如此操作,既可以利用衡水中学名气,又可在招生时间、收费方面拥有更多自主权。譬如刚刚被推上舆论风口浪尖的衡水一中平湖分校,以及刚刚获批落地的衡水一中兰州分校,都是此类变通操作的产物。

学校由于师资和硬件所限,难以容纳所有报考学生,其难处可以理解。但理应使用其他手段进行筛选,设定最高接近5万元的补习费极不合理。直接使用价格杠杆过滤学生数量,无疑是剥夺了部分平民家庭进入毛坦厂中学补习中心的资格。

最不合理之处在于,毛坦厂中学在筛选学生的时候,也渗入了自身利益和成本观念。它实际上只欢迎两种学生:一是高分复读生,因为他们能够帮助学校提升升学率,间接提高学校名气;二是愿意支付高学费的学生,他们可以为学校带来直接可见的物质回报。如此做法,自然是排斥了成绩平平的寒门子弟,也与"有教无类"的教育理念相悖。

毛坦厂中学作为一所超级中学,在很长一段时间内被看作是平民突破阶层限制、向上浮动的绝佳平台。但是,毛坦厂中学最高4.8万元的收费标准正在拒绝平民子弟。

(《中国青年报》,2017年6月6日)

核心提示:细读本篇材料,我们可以清晰地看出,文中已经针对此事形成了两方截然不同的观点。观点一:此类民办学校招生收费有自主权,学校分梯度收费是利用价格杠杆,过滤掉部分学生,更好地利用师资力量;观点二:此类学校将自身利益和成本观念最大化,为成绩平平的平民子弟关上了门。我们在作答时,可以先将两种观点进行简单的整合总结,然后挑选自己较为赞同的一方观点,或双方观点各有利弊进行详细作答,结合实际、言之有理即可。

2.因为一则"学生会干部任命公告",中山大学学生会猝不及防地成为"网红"。

在中山大学学生会官方微信公众号7月19日发布的《中山大学学生会2018—2019学年度干部任命公告》中,按照三个层级公示了200多个学生干部岗位,而在"秘书机构"和"组成部门"两层级中,还特别标明了职位是"正部长级"还是"副部长级"。

一堆"正部长级""副部长级",被安在一个个青年大学生头上。简单幼稚的仿制,良莠不分的嫁接,荒诞喜剧的即视感扑面而来,让很多网友忍俊不禁,一边嬉笑一边转发。

社交媒体上的评论是一边倒的批判:

"定岗定级,满满官僚。"

"一堆'正部长级''副部长级',这官瘾是有多大?"

"官僚要从学校抓起?区区学生会有组成部门,有直属机构,一堆'正部长级''副部长级',有主持工作的常务副职,有享受'正部长级'的副部长。"

……

诚然,社会需要的人才,是真抓实干,而非巧舌如簧;是一心为公,而非好大喜功;是追求进步,而非贪图荣华。高校里的这种歪风早该刹一刹了,否则"学生会干部"迟早将会成为一个人职业生涯的"负资产"。

显然是感受到了汹涌而至的舆论压力,发布者迅速删除了这则"学生会干部任命公告"。7月20日,中山大学学生会发布《关于学生干部聘任公告的说明》,表示"在公告中,我们错误使用了级别的表述,对此深表歉意"。

道歉、改正,这样的态度和行动,值得肯定。对青年来说,犯错误是不可避免的,也并不可怕,能够认识并改正错误,就是好事情。

但知错改错之后,更需要沉下心来,思考如何"保持朝气蓬勃、展现清风正气,让人迎面就能感受到一种干净、一份纯粹、一身担当",并以此为契机,改变一些不合时宜、与"大气候"格格不入的陈规陋习、陈腐风气,去除人为制造的科层制和刻意强化的层级感,跟官气、躁气、暮气说再见。

革故鼎新,不应是"一个人的战斗",包括学校管理层、团委和教育主管部门以及社会各界,都需要给青年成长的时间和成熟的空间,在他们出现过失的时候少些"大棒""板砖"和"紧箍",而是给予春风化雨的指导、正人先正己的引导,从而使其在面对象牙塔之外的纷繁世事之时,有活力又有定力,不至于老气横秋,也不至于被一时名利"浮云遮望眼"。

毕竟,青年就如海绵,他们展示的是黑还是白,取决于从学校、社会的"大缸"中吸收了什么。此外,别忘了,海绵还有强力去污的另一面。正所谓"青年兴则国家兴,青年强则国家强",青年应是驱秽的清风、未来的希望,需要更好地呵护与守望。

(新华网,2018年7月21日)

核心提示:精读这篇材料,我们可以将这一热点事件及社会反应分为三个层次。第一层次,大学学生会任命尽显"官僚主义";第二层次,知错就改是一个人的良好品质,作为一个青年人更是应当勇于承担错误及一切后果;第三层次,大学风气乃至社会风气需要每一个人的努力,青年人更应当明辨是非,去除糟粕,不断丰富自己的内心,共同建设文明社会。我们可以循序渐进,按照这三个层次进行作答,并结合其他案例说明理由。

3.近日,安徽省住建厅、省教育厅、省公安厅、省民政厅、省人社厅、省市场监管局联合出台了《安徽省校外培训机构设置标准(试行)》(以下简称《标准》)。今后,我省校外培训机构设置将更加规范。

此前,各地的校外机构名称没有统一标准,五花八门。按照最新《标准》,今后,我省各地的校外培训机构只能使用一个名称,且不得有损于国家利益、社会公共利益及其他组织和公民的合法权益,不得违背社会道德风尚。不得冠以"中国""中华""全国""国际""世界""全球"等字样。

非营利性教育机构一般表述为：××培训(课外培训、课外教育、辅导等)学校或中心。营利性教育机构名称依次由行政区划名称、字号、行业或者经营特点、组织形式四部分组成。一般表述为：××培训(课外培训、课外教育、辅导等)学校(或中心)有限公司或者股份有限公司,且不得使用简称。此前名称不符合有关规定的,应变更。

在人员配备上,今后校外培训机构也将更规范。按照《标准》,校外培训机构的行政主要负责人应当具有中国国籍,国内定居,一般不超过70周岁;有大学专科及以上学历、5年以上相关教育管理经验。同时,应配备具有专业能力的财务人员,会计和出纳不得兼任;配备安全管理人员。

值得一提的是,今后,校外培训机构应当配备专职教学管理人员,教学管理人员应具有大学专科及以上学历、3年以上相关工作经历。校外培训机构应当配备相对稳定的师资队伍,不得聘用中小学在职教师。从事语文、数学、英语及物理、化学、生物等学科知识培训的教师,应具有相应的教师资格。

在办学地点方面,安全性、稳定性、舒适性都必不可少。此次《标准》明确,校外培训机构教学用房建筑面积不少于办学场所总建筑面积的2/3;同一教学时段内,生均教学用房建筑面积不少于3平方米,确保不拥挤、易疏散。招收小学生的校外培训机构,只能设置在建筑的4层及以下;招收中学生的,只能设置在建筑的5层及以下。

以租用场所办学的,应当提供具有法律效力的租赁合同,租赁期限自申请办学之日起不得少于3年。不得使用居民住宅、地下室、架空层、医疗卫生用房、简易住房等作为办学场所。办学场所应当避开影响学生身心健康和可能危及学生人身安全的场所,远离殡仪馆、医院的太平间、传染病院、监狱和看守所等建筑。

在配套服务方面,最新的《标准》提出,招收寄宿学员的培训机构,其宿舍生均建筑面积应按照培训对象年龄分别符合国家和省相关建设标准,同时还应当配备与寄宿学员规模相匹配的阅览、生活与运动场所。

另外,校外培训机构的建筑每层应分设男、女卫生间;培训规模较小的,男、女卫生间可隔层设置。提供餐饮服务的校外培训机构,应当建立健全食品安全管理制度,落实食品安全防范措施。供餐单位必须取得相应的食品经营许可。

(新浪网,2018 年 11 月 29 日)

核心提示:校外培训机构纷繁复杂,一直都是社会关注和担心的问题。《安徽省校外培训机构设置标准(试行)》积极将整顿与改革付诸行动,并从机构名称、人员配备、教师资质、地点场所、配套设施等诸多方面提出了较为详尽的整改办法。今后,安徽省校外培训机构办学有法可依,家长为孩子报班学习也有了一定的考量标准,有利于提高学生的学习成绩。但相关规定的落地实施还需要相关部门加强日常监管,发现不合格的机构予以严重处罚,切实将这一利民为民的好举措进行到底。

四、纵论热议

1. 10 月 3 日,记者从国家税务总局以及江苏省税务局获悉,今年 6 月初,群众举报范冰冰"阴阳合同"涉税问题后,国家税务总局高度重视,即责成江苏等地税务机关依法开展调查核实,目前案件事实已经查清。

从调查核实情况看,范冰冰在电影《大轰炸》剧组拍摄过程中实际取得片酬 3,000 万元,其中 1,000 万元已经申报纳税,其余 2,000 万元以拆分合同方式偷逃个人所得税 618 万元,少缴营业税及附加 112 万元,合计 730 万元。此外,还查出范冰冰及其担任法定代表人的企业少缴税款 2.48 亿元,其中偷逃税款 1.34 亿元。

对于上述违法行为,根据国家税务总局指定管辖,江苏省税务局依据《中华人民共和国税收征管法》第三十二、五十二条的规定,对范冰冰及其担任法定代表人的企业追缴税款 2.55 亿元,加收滞纳金 0.33 亿元;依据《中华人民共和国税收征管法》第六十三条的规定,对范冰冰采取拆分合同手段隐瞒真实收入偷逃税款处 4 倍罚款计 2.4 亿元,对其利用工作室账户隐匿个人报酬的真实性质偷逃税款处 3 倍罚款计 2.39 亿元;对其担任法定代表人的企业少计收入偷逃税款处 1 倍罚款计 94.6 万元;依据《中华人民共和国税收征管法》第六十九条和《中华人民共和国税收征管法实施细则》第九十三条的规定,对其担任法定代表人的两户企业未代扣代缴个人所得税和非法提供便利协助少缴税款各处 0.5 倍罚款,分别计 0.51 亿元、0.65 亿元。

依据《中华人民共和国行政处罚法》第四十二条以及《江苏省行政处罚听证程序规则》相关规定,9 月 26 日,江苏省税务局依法先向范冰冰下达《税务行政处罚事项告知书》,对此范冰冰未提出听证申请。9 月 30 日,江苏省税务局依法已向范冰冰正式下达《税务处理决定书》和《税务行政处罚决定书》,要求其将追缴的税款、滞纳金、罚款在收到上述处理处罚决定后在规定期限内缴清。

依据《中华人民共和国刑法》第二百〇一条的规定,由于范冰冰属于首次被税务机关按偷税予以行政处罚且此前未因逃避缴纳税款受过刑事处罚,上述定性为偷税的税款、滞纳金、罚款在税务机关下达追缴通知后在规定期限内缴纳的,依法不予追究刑事责任。超过规定期限不缴纳税款和滞纳金、不接受行政处罚的,税务机关将依法移送公安机关处理。

经查,2018 年 6 月,在税务机关对范冰冰及其经纪人牟某广所控制的相关公司展开调查期间,牟某广指使公司员工隐匿、故意销毁涉案公司会计凭证、会计账簿,阻挠税务机关依法调查,涉嫌犯罪。现牟某广等人已被公安机关依法采取强制措施,案件正在进一步侦查中。

国家税务总局已责成江苏省税务局对原无锡市地方税务局、原无锡市地方税务局第六分局等主管税务机关的有关负责人和相关责任人员依法依规进行问责。同时,国家税务总局已部署开展规范影视行业税收秩序工作。对在 2018 年 12 月 31 日前自查自纠并到主管税务机关补缴税款的影视企业及相关从业人员,免予行政处罚,不予罚款;对个别拒不纠正的依法严肃处理;对出现严重偷逃税行为且未依法履职的地区税务机关负责人及相关人员,将根据不同情形依法依规严肃问责或追究法律责任。

(网易娱乐,2018 年 10 月 3 日)

核心提示:范冰冰作为一名演艺明星,国家税务部门根据举报对其进行调查及巨额处罚,堪称中国演艺界乃至整个中国社会的一个标志性事件。法网恢恢疏而不漏,无论一个人官职多大,或是多么富有,都要心怀感恩,在遵纪守法方面比普通人更加严格要求自律,这是范冰冰偷税事件带给我们的教训。演艺明星具有一定的社会影响力,每一位公众人物都应当做好道德示范,多为社会增添正能量。

2.安徽怀远县一小学副班长兼语文科代表,拥有检查作业、监督背书的权力。他多次以检查别人作业及学习进度为由,收受其他学生"贿赂"几万元。这个班只有 7 个人,他上网、上学,都有专门的孩子骑车接送(自行车),

他要来的钱,有专门的孩子替他保管……实际上,他个头矮小,不过13岁,却把这点权力运用到了极致。五年多来,他硬生生地从6个零花钱很少的小朋友手里搜刮出两万多元,平均一年靠此收入4,000余元,令人震惊。

他的受贿模式是这样的:老师把检查背课文的权力交给了他,他说背了就是背了,没背就是没背(获取了可靠的实际权力)。假设我们把他事件中所有人都换成成年人,这是不是一个值得纪委注意的"大老虎"?如何让他们不敢腐不想腐,看来纪律检查工作要从娃娃抓起。

发生"受贿"的班级,从最开始的20多人,到六年级时,已经只有7个人。这7个孩子是:班长小东2003年12月生;副班长小赐13岁;小运2002年2月出生;小然2002年生;小江2000年8月生;小岩2003年6月生;小邢17岁。

"每次背书时,孩子们必须拿钱给小赐。不给,则会喝尿吃屎。"家长们找到学校,把情况汇报到了怀远县教育局。学校召集了双方家长在学校见面,小赐承认6名学生拿钱给他,也承认让对方吃屎喝尿的情况,小赐父母表示要归还孩子们的钱。但小赐及其家长同时称,一切都系同学们自愿。次日,小赐转到了其他学校。

按照学生们的讲述,小赐制定的规则是这样的:每次背书时,孩子们必须拿钱。他会根据每个孩子向家里拿钱得手的难易程度,以及各家的经济状况,制定拿钱的数量。如果家里经济条件不错,钱好拿,那就会要求多拿,反之就少拿。

如果不拿钱,作业检查肯定过不了。这一点,小然的父亲贾波曾经有过疑问。因为老师布置了作业,儿子回家后,他们就督促儿子写字,写了整整两个本子,他也检查了。可次日,就接到了老师的电话:"你家小然作业又没有写!200个字,就有180个字写错!"

所有的孩子都有类似遭遇:给了钱,过不了关也能过;不给钱,过得了的也不能过。逼人吃屎喝尿、打人、"专车"接送、指定"会计"、专人买早餐……这个7个人的班级,就像是小赐的王国。

怀远县教育局纪工委的调查人员有些不解:喝尿的事为什么不告诉老师家长?小东回答:"没有告诉,怕小赐打。"小东的说法,代表了所有的孩子。

从最初的几块钱,到后来的几十块上百块,再到上五年级时几百几百地要。一位已经转学的女孩子称,在五年级时,曾一次从家里偷了800块给小赐。

事情败露后,小赐给小江发来QQ信息称,你等着,放假弄死你。现在事情真相大白,受害学生的家长开始纷纷自责。这些年来,孩子老是偷钱,被发现后就对孩子毒打，孩子却只是咬定钱掉了。

小静被妈妈打得太凶，奶奶还报过警。所有的孩子，都变得沉默，不敢说话，也不敢直视父母的目光。可家长们万万没想到，孩子偷钱的原因，是因为在学校受到了霸凌。如果发现了孩子偷钱、骗钱，这些家长能及时调查清楚背后的原因，或许孩子受到班干部霸凌的事情能更早更快地水落石出，孩子们也不会平白无故遭受这么多威胁和委屈了。

后来，怀远县警方介入调查，教育局很快认定了部分事实，并作出处理：撤销班主任顾利珍的教师资格，调离火星小学；撤销校长职务，调离火星小学。而让人匪夷所思的是，就在安徽电视台记者采访后，班主任顾利珍还冒充钱惠打电话给记者，称所有的事情都是假的，是孩子们嫉妒小赐成绩好编造的。

在这件事中，真正悲哀的是：这五年里这些孩子一次也没想反抗过。学校、家长、小赐、社会、被欺凌的孩子自己全都有问题，他们紧紧地纠葛在一起，酿成了这一次悲剧。

学校的领导和相关责任老师撤职了，事情就彻底得到解决了吗？已经受到威胁、产生了心理阴影的孩子们怎么办？何况事发后，这位班主任矢口否认班级里的贪污威胁事件，家长们该如何给孩子讨回公道？而且这样的班干部滥用职权、班主任玩忽职守的事件，未必只是个案。

(搜狐网，2018年5月26日)

核心提示：这篇材料令人触目惊心。俗话说"三岁看大，七岁看老"，本新闻事件中小学生的行为如果没有被及时制止并受到正确的教育引导，未来会成为一个怎样的成年人呢？发生此事，首先班主任失职。作为班主任，班干部的任命应当充分考量学生的德智体美劳，并深入学生当中充分考察。在平日的班级管理过程中，也应当积极了解学生情况。其次，学生家长也有较大的问题。家长应当与班主任多交流、多沟通，互通孩子在校在家的表现。最后，针对此事，引导孩子们树立正确的价值观也势在必行。孩子的价值观正处于建设阶段，需要多方力量共同努力，让他们成为一个有责任、有担当、辨是非的人，对不良行为勇敢说"不"。

3.近日，陕西西安一名8岁的男童因模仿抖音上"胶带粘门"的整人视频，导致6岁的表弟绊倒摔伤。受伤男孩家长表示，类似带有危险性的恶搞视频，对于未成年儿童存在极大安全风险，呼吁平台做出相应的安全提示。

据媒体报道，南先生的6岁儿子蛋蛋放学后去姨妈家玩，后来姨妈发现蛋蛋在门框附近摔伤，身上和地上全是鲜血，门框上还有一截透明胶带。姨妈询问后才知道,是她8岁的儿子模仿抖音视频,将胶带粘在门框上故意整表弟玩。

南先生得知儿子受伤的原因后,立马在手机上删掉了抖音,还对媒体称,蛋蛋受伤不是第一例,相信也不是最后一例,对于抖音上的这些危险视频,他也希望抖音能给个安全提示。

用户模仿抖音视频内容受伤的新闻今年已发生了几起。2月,长沙一大二女生组织亲戚一起挑战高难度动作,在录制过程中不慎被"甩飞"摔伤,后被确诊为右踝关节骨折。3月,武汉一个爸爸抓住两岁女儿向上翻转180度时失手,孩子头部着地,致脊椎严重受损,上半身已无法动弹。

抖音在3月回应称,已经注意到有部分用户模仿动作时发生意外,已经在开发相关产品功能,将专门上线"风险提示系统"。

4月2日,抖音短视频正式上线风险提示系统。相关产品负责人介绍,这一系统将对站内可能有风险、引人不适的视频内容进行标注提示,防止用户盲目模仿。

中国互联网协会信用评价中心法律顾问赵占领认为,危险性动作视频可能会对未成年人带来不良的示范效应,也可能存在人身安全隐患。这需要平台尽到提醒的义务。

8岁男童模仿抖音"胶带粘门"致6岁表弟受伤事件发生后,抖音回应称,看到孩子受伤,他们感到很难受。抖音很早就注意到一些视频内容存在安全隐患,3月份的时候停止推荐所有"胶带"类视频,4月份上线了风险提示系统,并对可能有风险的视频内容进行标注。

记者使用抖音时发现,搜索"胶带"等字样已无法搜索到相关视频,但在抖音平台上仍能够看到不少用户分享高难度动作瞬间的视频,也有趁人不注意抽凳子整人或者用刀背劈红酒等可能致人受伤的视频,但均未看到标注提示。

(新浪网,2018年5月16日)

核心提示:抖音等短视频平台一时间兴起,不少网民纷纷拿起手机拍摄视频分享自己的生活。然而,短视频兴起的背后,"跟风"也成了一大问题,尤其是未成年人用户。作为短视频的运营商,不仅要提供分享交流的平台,更要担当起维护社会安全、加强社会教育的责任。面对未成年用户颇多的现象,平台应当设置多项提醒、标识,尽到相应的责任与义务。而作为家长,也应当及时对孩子进行安全教育,文明上网,安全娱乐,才不至于酿成惨剧。我们可以结合自己看到的、遇到的实际情况评述,加入自己的真实体验。

4.山西临汾红丝带学校的16名毕业生将在该校设立的标准化考场单独进行高考的新闻引起舆论热议,有声音指单独考场是"歧视行为"。临汾红丝带学校校长郭小平对《新京报》记者表示,"设立单独考场的目的是让我们在熟悉的环境中进行高考,为了保证我们更好地发挥水平"。

临汾红丝带学校是中国唯一一所艾滋病患儿学校。媒体报道称,经批准,临汾红丝带学校高中班的16名毕业生,将在该校设立的标准化考场单独进行高考。

临汾红丝带学校校长郭小平对《新京报》记者表示,这些孩子在这里待了很多年,在独立的考场安静地考试有利于他们更好地发挥。

郭小平说,毕竟艾滋病的常识还没有人人普及,有人还可能会惧怕。他担心如果这些学生和其他考生在一起考试,可能会引起其他学生和家长的抗议。如果出现不理智的行为,对谁都不好。

临汾红丝带学校的学生们第一次参加高考,郭小平说他比孩子们还紧张。他说,在高考这个关键点上,不想让孩子们有丝毫的闪失和差错,孩子们经不起折腾。

今年四五月份,他们为此预估了很多情况,其中之一就是考场地点。于是,郭小平和当地政府打了报告,说明情况,希望能够设立单独考场。当地政府非常重视,予以批准。

然而,"单独考场"在舆论场上掀起的"歧视"言论,让郭小平有点始料不及。此前,他在接受当地媒体采访时,称"这是中国首次为艾滋病感染者设立独立的高考考场,具有划时代的意义"。

他说,非常感谢网友的关注,这说明大家关心这些孩子。但是有时候,网友们可能不理解现实的情况。他们必须要依照孩子的现实情况来决定。"感谢网友们加入这个讨论,这其实就是一个反歧视的讨论。在当下的情况下,我觉得这个决定对孩子们更好一点。"

(新京报网,2017年6月1日)

核心提示:对于艾滋病,人们往往是谈"艾"色变,避犹不及。目前,仍有部分人对该病存在认知上的误解,我们应该倡行关爱,消除不必要的歧视和害怕。山西临汾红丝带学校为16名艾滋病毕业生在该校设立的标准化考场考试,充分展现了校方对他们的关心与爱护。借由这一新闻,社会各界广泛讨论,由此搭建了一个交流认知的平台,带大家了解和认识艾滋病,以爱之名、消除歧视、拒绝恐艾,不仅传递了对这16位毕业生的美好祝愿,也表达了对每一位艾滋病患者的关爱与祝福。

5.前几天,家住在山西省朔州市开发区的小李,在某社交软件上收到了一条添加好友的请求信息,小李就同意了。对方问小李是不是想买某一款游戏中的角色,售价为65,000元,小李经常玩这个游戏,他就同意了。随后对方把该游戏的账号给小李登录查看,小李看完以后很满意,于是就给网友先发了1,000元的订金,随后又通过某社交软件转了64,000元。等钱全部转过去的时候,小李方现对方竟然把自己拉黑了,他赶紧报警。

当地派出所经过侦查,嫌疑人小张在临汾被抓获。这几年,随着科技的不断发展、互联网和移动支付的普及,我们的生活发生了天翻地覆的变化,娱乐、消费以及出行越来越方便,但是网络犯罪也成为我国目前第一大犯罪类型。

其中,网络诈骗的类型可谓花样百出,让很多人都防不胜防。我们对任何支付资金的要求都要提高警惕,尤其是在陌生的交易平台和不熟悉相关交易规则的情况下,我们必须要核实对方的身份,千万不要和没有经过官方认证的联系方式进行交易,不要因为自己的一时"昏头"而追悔莫及。

温馨提示:千万不要安装自己不了解的任何软件,不要轻易地相信陌生人的电话和短信,也不要随意点击信息中的任何网站链接。更重要的是不要按照陌生人的电话或者短信的内容要求进行转账和汇款,不然遭受的损失会很难追回来。网络本是虚拟的世界,它给我们带来了方便和快捷,但是我们也要认清网络里面的任何事物,不要让网络诈骗犯得逞,发现有任何不对劲的地方要立即报警寻求帮助。

(快资讯,2018年11月30日)

核心提示:针对此段材料,我们可以从两个方面着手。首先,分析网络诈骗的成因与危害。新技术是一把双刃剑。近年来花样不断翻新的网络诈骗手段,有不少是钻了技术的空子。移动支付创造了高效便捷的付款方式,也成为网络金融风险的"重灾区"。除了财产损失,网络诈骗还会给受害人带来难以消弭的心理创伤,甚至酿成生命悲剧。可以说,网络诈骗污损了网络生态,侵蚀了社会诚信土壤,给人们的日常生活带来阴霾。其次,如何有效地识别网络诈骗呢?作为治理网络诈骗的关键,网民不仅需要"技术防护",更需要"思想防护"。增强网络防骗意识与能力,筑牢思想认识"防护线",堵住信息"决堤口",才能最大限度地压缩网络诈骗的生存空间。

第五节　新闻评述专项训练与常见问题规避

一、新闻评述专项训练

1.广东省茂名市中级人民法院近日对一起特大拐卖儿童案进行一审宣判,共有26人因犯拐卖儿童罪或收买被拐卖的儿童罪而被判处刑罚,其中主犯张某啟被判死缓。

此案系最高人民检察院、公安部联合挂牌督办案件。茂名中院经审理查明,张某啟等人为非法牟利,从云南省富宁县等地获取婴儿后,亲自或由他人带到董某娟住宅,由董某娟、陈某娟直接或通过相关被告人联系收买人进行交易,劳某宽等人在贩卖过程中参与接送、游说、收取赃款、提供交易场所等犯罪行为。这些婴儿被以73,000元至98,000元不等的价格贩卖给冯某平等人。2016年9月,兰某金与董某娟、蓝某花、张某权等人实施贩卖婴儿的犯罪行为。

2014年初,陈某娟得知陈某弟想收买一名男婴,便联系梁某寿实施买卖男婴的犯罪行为,并从中获取好处费。

法院认为,张某啟、董某娟、兰某金等18人拐卖儿童的行为均已构成拐卖儿童罪,冯某平等8人收买被拐卖儿童的行为均已构成收买被拐卖儿童罪。

综合各被告人犯罪的事实、犯罪的性质、情节和对社会的危害程度,茂名中院判处张某啟死刑、缓期两年执行,并没收其个人全部资产。董某娟被判处无期徒刑,兰某金等16人被判有期徒刑5年至10年,并处罚金5万元至20万元,冯某平等8人被判处有期徒刑1年3个月至1年6个月。

(新华网,2018年2月1日)

核心提示:根据本段材料,我们可以找到评述的两个角度,即拐卖儿童的社会影响与社会治理。首先,拐卖儿童是侵犯儿童的人身自由权利与人格尊严的犯罪行为,无论是对被拐儿童本人、对被拐儿童亲生家庭还是对收买被拐儿童家庭及社会等都具有严重的危害。其次,社会上对于拐卖儿童的谴责声日益激烈,以及国家相关部门对打击拐卖儿童犯罪日益深入。我们可以结合真实案例或者由真实故事改编的影视作品

(如《亲爱的》)进行评述。

2."老师摸我下面",如果不是瑶瑶(化名)对妈妈悄悄说的这句话,贵州毕节大方县瓢井镇中寨村小学学前班多名幼女被猥亵一事,不知何时才会被发现。

今日(5月25日)下午,《新京报》记者从大方县公安局获悉,猥亵一事属实,犯罪嫌疑人韦会平系学前班负责人,因涉嫌猥亵,目前已被刑拘。

5月11日晚9时许,6岁半的瑶瑶(化名)洗完澡后,在妈妈耳旁悄声说:"老师摸我肚子,后来又摸我下面。"第二天一早,瑶瑶父亲联系女儿班上其他家长发现,同班的十多个孩子都反映了类似情况。

5月12日,学生家长找到学校校长理论,但被告知需要证据,否则自己承担后果。次日,部分受害家长专程把孩子送往毕节市第一人民医院检查,"检查结果基本上都是阴道口充血、处女膜撕裂和发炎"。5月14日,4名受害儿童家属前往瓢井镇派出所报案。

据家长统计,目前至少确定有7名女童被韦会平猥亵并报案,"还有个别家长不愿意说,应该有十几个"。据悉,这些孩子年龄基本都在6到7岁,多为留守儿童。

今日下午,其中一名孩子家长称,去年9月1号,她将孩子从浙江送回老家上学前班,后来孩子告诉她,"上学第二天,老师就摸我了"。另有受害女童家属称,孩子已记不清被摸多少次,"但可以肯定的是至少从去年就开始了"。一名受害女童家属说,老师每次摸完后会给一两元不等的现金,让孩子不要告诉其他同学和家长。

据家长介绍,猥亵孩子的是学前班老师韦会平,今年50多岁,租借了中寨村小学教学楼办私人学前班。"他与中寨村小学校长有亲戚关系,"家长称,每个学生每学期收费310元,班上有50多个学生。

"他就是一个农民,自己办了一个学前教育班。"大方县公安局一负责人称,犯罪嫌疑人1964年出生,目前因猥亵已被刑拘。

(《新京报》,2015年5月25日)

核心提示:虽然有法律规定,但是猥亵儿童案件近年来仍频频发生。保护孩子,家长、政府、社会组织,都有不可规避的责任。一方面,作为孩子的监护人应增强意识,在时刻保持警惕的同时,给孩子创造一个相对安全的环境。另一方面,家长、学校、社会也要加强性教育的力度,让孩子们明白怎样的行为涉嫌性侵,在遭受性侵时应当怎样保护自己的权益。同时,教育行政部门应尽快健全行业准入制度,尤其要重视教师职业道德考察,发现有道德品质问题的教师应及时清退,对犯罪分子坚决予以严惩。评述时应理清思路,弄清楚从哪些方面进行阐述,做到条理清晰。

3.今日,大型公益节目《开学第一课》引发热议。缘由则是《开学第一课》在2018年9月1日晚比预告播出时间推迟13分钟,先播了众多课外辅导类商业广告。《开学第一课》被调侃为"广告第一课",此事迅速引起了家长和社会公众的关注。

自2008年起,教育部就和中央广播电视总台密切合作,于每年新学年开学之际推出《开学第一课》。教育部办公厅于8月22日发文,要求全国中小学生在开学9月1日晚8点完成第一项作业:观看中央广播电视总台录制的大型公益电视节目《开学第一课》,一些学校还要求家长和孩子一同观看,并拍照上传以证明完成了作业。今年节目邀请成龙、俞敏洪、王源等嘉宾,以"创造向未来"为主题,分别介绍"梦想、奋斗、探索、未来"。

《开学第一课》中,不但全国中小学生多看了15分钟电视广告,还被强迫接受了培训机构的"广告轰炸"。

今日,央视广告经营管理中心发表致歉:"9月1日晚,央视综合频道《开学第一课》播出前广告太多,影响了家长和同学们准时收看。谨向家长和同学们表示诚挚歉意!感谢您的关心!我们将不断改进工作,更好地为观众服务。"

教育部对此也回应称,"仅参与了节目本身制作,节目编排等其他事情我们还不大清楚"。对于播出不守时的问题,教育部解释道:"往年《开学第一课》都是在晚上8点播出,据央视方面反馈,今年是有'特殊情况',前面的《新闻联播》已经超了20来分钟,所以后面的节目都相应延后了。"

值得一提的是,有网友质疑本届《开学第一课》未免与明星合作太多,而这也引起了高度关注。

据环球网报道称,虽然晚点播出且太多课外辅导广告刷屏,但《开学第一课》本身还是收获了好评,节目里,成龙分享儿时梦想:正义感让我立志当一个英雄,撒贝宁分享成龙"勋章"故事,从头到脚一身伤仍为梦想而拼搏;"大眼睛"拍摄者解海龙分享追梦故事,寻梦路上点燃孩子们的希望;俞敏洪回顾高考三次"闯关",如何从英语33分到被北京大学录取。

(新浪网,2018年9月2日)

核心提示:这篇材料针对《开学第一课》提出了三个主要观点。第一,《开学第一课》"迟到",这无疑给孩子的诚信教育造成了负面影响。即便因前序节目超时,也应当提前做好解释工作。第二,广告太多。目前而言,广告植入成为节目的经济来源,是全媒体时代的特征,这本无可厚非。但在孩子教育类的节目长时间播放广告,并没有充分考虑受众的感受。第三,虽然节目被网友吐槽,但节目整体的教育意义也是实打实的,用真人真事正确引导孩子的价值观。我们在评述时,重在梳理材料中涵盖的几种观点。

4.受到社会关注的《肿瘤生物学》集中撤稿事件的相关事实核查工作已完成。27日,科技部、教育部、卫生计生委、自然科学基金会、中国科协等五部门联合召开新闻通气会公布调查处理结果。

科技部政策法规与监督司司长贺德方介绍,这107篇论文的事实情况总体已经核查清楚。经核查,107篇论文中,有2篇论文系《肿瘤生物学》重复发表;1篇系《肿瘤生物学》期刊自身错误撤稿,作者没有过错,《肿瘤生物学》已公开澄清;101篇存在提供虚假同行评议专家或虚假同行评议意见的问题,其中95篇由第三方机构提供虚假同行评议专家或虚假同行评议意见,6篇由作者自行提供虚假同行评议专家或虚假同行评议意见。这101篇论文中,有12篇系向第三方机构购买;其余的89篇由作者完成,经学术评议认定,其中的9篇存在内容造假,其他80篇系作者完成、内容未造假。

这107篇论文共涉及作者521人,其中486人不同程度存在过错,其他尚待查实的24人将按程序先纳入科研诚信"观察名单"。314人未参与造假且未利用论文获取科技计划项目、科技奖励等相关利益,但存在对学术成果和论文发表疏于管理的问题。对这314人,由涉事作者所在单位主要负责人对其开展科研诚信诫勉谈话后,不记入科研诚信严重失信行为记录数据库。

科技部已暂停了21名涉事作者参加的20个国家科技计划项目(课题)的立项程序,待责任确定后,对无过错作者的项目将恢复立项程序。自然科学基金会对将撤稿论文作为研究工作基础列入2017年度科学基金申请书中的51个项目采取了终止项目评审的措施。工程院暂停了1名涉事作者的院士候选人资格。

(搜狐网,2017年7月28日)

核心提示:学术造假一度成为热门话题,学术造假决不能"宽容"。人才需要保护,但保护不能失去原则。本材料的评论可以从三方面循序引入。第一,为何会出现学术造假?第二,学术造假会带来怎样的危害与影响?第三,如何严查治理学术造假?我们可依据自己的评述脉络,结合实际作答。

二、评述常见失误与心理提示

(一)即兴评论中常出现的几种表达失误

1.卡壳

在口语表达的时候,无论是经过专业训练的主持人、记者,还是没有接受过专业训练的普通人,都会出现说话的时候"突然头脑一片空白、完全不知道自己要说什么"的情况。而我们有时候因为准备时间有限或其他临时状况,很容易产生紧张的情绪,常常说着说着就忘记自己要讲什么了,这就是语流缺失的表现。语流缺失是指口语表达中的意外停顿,也就是我们所说的"卡壳"。

日常口语表达中如果出现卡壳的状况,说话者可以及时做出补充或修正,并不影响交流的正常进行。但如果是从事媒体工作的记者或主持人,在采访或直播的过程中出现卡壳,会影响精准、正确地传递信息。而且一旦出现卡壳的情况,记者就容易更加紧张,希望自己不要再出错,然而由于此时注意力被分散、思路被打断,所进行的表达可能更糟。

其实在直播时,主持人及出镜记者的卡壳现象时有发生。那么,这种言语失畅的行为究竟是如何产生的呢?

口语表达的语言环境是动态的,在这样的动态语境中,说话者思维的流畅程度、心理稳定素质以及头脑清醒程度都会影响语流的正常输出。除了上述这些说话者个体的主观因素外,还有一些客观原因,比如,说话现场环境嘈杂,或是所要表达的内容比较复杂拗口,等等。

首先,卡壳可能是由于注意力不集中造成的。在即兴口语表达过程中,说话者由于直面现场,眼前并无固定的文稿一类的参考物,这样容易使说话者的注意力分散,特别是在长时间进行口语表达后,人的精神通常会出现疲惫的状况,因此,这时候的言语输出就容易因为思绪受阻而出现卡壳。此外,由于说话者的口语表达往往受先前文本的影响,所以说话者的话语输出其实有潜在的依赖倾向,而当说话者对先前文本的记忆没有那么清晰时就会产生不自信的情绪。

其次,卡壳是由于词汇积累不足造成的。当口语表达者脱离文本进行话语输出时,他所能调动的词汇是先前学习过程中所储备积累的。我们说一个人"滔滔不绝""口若悬河",是因为表达者储备了足够的话语素材,才能在口语表达时有料可用。相反,如果一个人储备的词汇不够充足,那么在口语表达时很难表现自如。

最后,卡壳是由于气息控制不当造成的。气息对发声的重要性不言而喻,口语表达者常常会因为情绪波动而导致用气不足或者用气过猛。这些随意换气的方式都容易导致卡壳状况的出现。在口语表达的过程中,有的人会因为情绪激动加快速度,提高语调,但是当表达者需要换气再说话时,却发现下一句话在上一句话换气的档口卡住了,造成了表达的卡壳。

那么我们如何规避卡壳呢?首先,我们应当注意情绪的稳定,给自己足够的自信心,相信自己可以掌控情绪,集中注意力。其次,我们在平时应注意词语的积累储备,灵活掌握同义词和近义词的替换,当有词语挂在嘴边表达不出来的时候要及时使用近义词或同义词,避免卡壳的出现。最后,我们在平时练习的时候就应当注意加强对气息的控制,越是在紧张、特殊的情况下,越要保持气息的稳定,切忌一口气说一大段话。

2.口误

在口语表达时一些不是发自内心的、偏离了原本所要表达意义的话语就是我们所说的"口误"。即便是经验丰富的播音员、主持人也会出现口误。

最常出现的一种口误就是将某个音节的声母与韵母误发、错发、漏发或者混发。这类失误对于语意的表达影响相对较小,但是还是会影响受众的听觉体验,影响我们的话语表达效果。

比如,某位主播在播报灾难事件中的伤亡人数时说"使桑"。可以看出,主持人原本要表达的应当是"死伤",主持人说成了"使桑",混淆了声母"sh"和"s"的发音。除了"sh"和"s"的混淆,比较容易出现口误的还有"h"和"f",比如"发挥""挥发""花费""话费""化肥"等。

还有一种口误是将句子的成分混合杂糅,比如句子成分提前,词语搭配不当或者语义重复。

【案例1】

> 要求马方提供马联失联客机更加详细准确的信息。

马航MH370失联后,某新闻节目对外发布国内官方表态,新闻主播将"马航失联客机"连续发音,说成了"马联失联"。

【案例2】

> 昨天下午在安徽,有一位老子,有一位老人肚子疼痛难忍,需要送医急救。

新闻主播原本是要说"有一位老人肚子疼痛难忍",但是却将"老人"和"肚子"混合在一起,造成了"老子"的笑话。

【案例3】

　　下面请听,独子笛奏。

主持人将"笛子独奏"的字序颠倒了,变成了"独子笛奏"。

【案例4】

　　今天是"五一"国际劳动节,祝所有劳动节节日快乐。

本来主持人要祝愿"所有劳动者节日快乐",但是受前面"劳动节"的影响,将"劳动者"误说为"劳动节"。

在口语表达的过程中,人名、地名、专有名词往往是雷区,比较容易出现口误,尤其是翻译过来的比较拗口的人名,尤其要注意表达的准确性。还有一种是潜意识对表达的影响,比如一个学生正在抄黑板上老师布置的作业,恰巧有一个同学挡住了他的视线,于是他说"你挡住我看电视了"。可能这位同学刚刚想到了与电视有关的事情,于是将"电视"和"黑板"混淆造成口误。再有就是意思相近或者相反的词语往往会互相干扰,造成表达者"言不及义"的口误。词义干扰发生的过程较为复杂,简单说来,就是人在接受某一个词语的高频刺激或在口语表达之前频繁接受某一词的记忆刺激,那么就可能对与之相关的词语造成干扰。

造成口误的原因各有不同,结果也可大可小。应保持头脑清醒,调整说话状态,集中注意力,并且要注意自己的情绪,无论是什么样的话题,我们都应该控制情绪,把观点准确清楚地讲明白。一旦情绪受到影响,语言输出的准确性也就会大打折扣。平时练习应注意语音发声的基本功练习,注意文化知识的累积和基本常识的补充。一旦出现口误,也不必过于紧张,不能自乱阵脚,避免口误后因为紧张然后卡壳,使语流进一步断裂。

3.口头禅

口头禅是指未经处理、脱口而出的毫无意识的表达。"什么""是吧""反正""然后""这个""那个""嗯""啊"……这类词是人们在口语表达时较常见的口头禅。口头禅的形成与个人的生活环境、社会身份等因素息息相关。

尽管口语表达想要完全避免口头禅是件较为困难的事情,但是在表达的时候我们还是要提高对口头禅的警觉意识。应经常反思和回顾在口语表达的时候是不是出现了口头禅,出现了多少次,可以请周围的人对自己进行监督,有意识地规避口头禅;另外要尽可能通过丰富自身话语的表达,尝试在表达的时候用不同的词语替换口头禅,在某种程度上减少口头禅出现的频率。

(二)临场紧张情绪的缓解

怎样才能调节好状态呢？首先，平时一定要多积累、多练习。其次，切忌一看到材料就自乱阵脚，这个时候试着做几个深呼吸，让自己冷静下来，先什么都不要想，把注意力从"我不会""我完了"的心态中调整过来。最后，扎实的理论支撑是缓解紧张情绪的利器。

后 记

当下,关于播音主持训练和学习的教材颇丰,不乏有识之士展开系统的教学探讨。本书编辑了较具时新性的理论框架、训练方案和练习素材,较以往的同类出版物突出强调贴近现实需求的系统性学习方略。因为编撰匆忙,挂一漏万处在所难免,但笔者和写作团队真诚地希望为相关学习者带来专业性的启发和思考。

全书由笔者提出基本框架,学生团队执笔,最终本人统筹。特别感谢本人的学生,澳门城市大学研究生冀鹏、深圳大学戏剧影视学专业研究生刘思雨、深圳大学播音主持专业本科生陈俊陶、范家宁,以及我的太太,也是吉林大学研究生穆童在写作中的辛劳付出。

具体写作分工如下:

章节名称	编者姓名
绪　论　走进播音主持艺术大门	刘思雨
第一章　前提:学好普通话	冀　鹏
第二章　基础:表达技巧与情感驾驭	范家宁
第三章　朗诵稿件的类型与案例分析	刘思雨、范家宁
第四章　新闻播音的表达规范与训练技巧	陈俊陶、刘思雨
第五章　即兴评述的表达方式与训练方案	穆　童

图书在版编目(CIP)数据

播音主持综合训练教程新编/战迪主编.--北京:中国传媒大学出版社,2019.12(2023.9重印)
播音与主持艺术专业"十三五"规划教材　21世纪播音与主持艺术专业简明教材
ISBN 978-7-5657-2664-4

Ⅰ.①播…　Ⅱ.①战…　Ⅲ.①播音－语言艺术－教材 ②主持人－语言艺术－教材
Ⅳ.①G222.2

中国版本图书馆CIP数据核字(2019)第293396号

播音主持综合训练教程新编
BOYIN ZHUCHI ZONGHE XUNLIAN JIAOCHENG XINBIAN

主　　编	战　迪
副主编	冀　鹏　刘思雨　穆　童
责任编辑	曾婧娴
封面设计	拓美设计
责任印制	李志鹏
出版发行	中国传媒大学出版社
社　　址	北京市朝阳区定福庄东街1号　　邮　编　100024
电　　话	86-10-65450528　65450532　　传　真　65779405
网　　址	http://cucp.cuc.edu.cn
经　　销	全国新华书店
印　　刷	三河市东方印刷有限公司
开　　本	787mm×1092mm　1/16
印　　张	14.5
字　　数	284千字
版　　次	2019年12月第1版
印　　次	2023年9月第4次印刷
书　　号	ISBN 978-7-5657-2664-4/G · 2664　　定　价　49.00元

本社法律顾问:北京嘉润律师事务所　郭建平